국가평생교육진흥원에서 제시한 과목별 평가영역에 맞춘 최고의 수험서!

독학사 최고의 권위서!

Bachelor's Degree

학위취득의 지름길!

| 한 권으로 끝내기 |

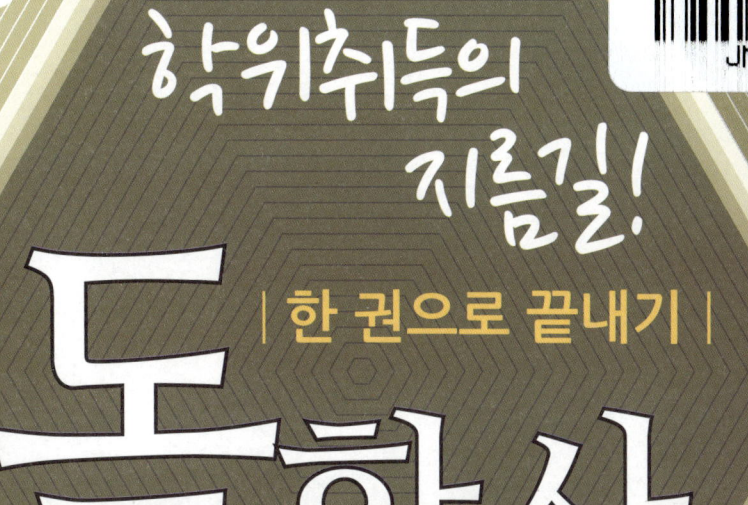

독학사

국내 최고의 권위서!

교육부인정교과서지정업체
은하출판사
Eunha Publishing Co.

Bachelor's
Degree

독·학·사 머리말
Preface

"뜻이 있는 곳에 길이 있다."고 했다. 그러나 아무리 훌륭한 여행계획을 세웠다 하더라도 방 안의 천정만 바라보고 앉아 있다면 그 계획이 무슨 소용이 있겠는가?

반면 여행의 길을 떠났다 하더라도 계획없이 이리저리 방황만 하고 돌아왔다면 몸만 고되고 허탈감만 남게 될 것이다. 여기서 우리는 계획과 실천이 동시에 중요함을 알게 된다. 여러분은 이미 마음의 각오와 계획을 세웠으리라 생각한다. 다만 이 계획을 실천할 지침서가 필요한 것이다. 현재 다른 방면의 참고서는 다양하면서도 여러분들이 필요로 하는 참고서는 자신있게 추천할 만한 것이 없는 실정이다.

본사는 한국방송통신대학이 개원되면서부터 각 학과의 부교재인 참고서를 30년 넘게 오랫동안 발행해 온 노하우를 바탕으로 학습시간이 절대적으로 부족한 독학사를 준비하시는 여러분들을 위하여 시간과 노력을 절약하고 시험준비에 완벽을 기할 수 있도록 국가평생교육진흥원에서 제시하고 있는 과목별 평가영역에 맞추어 자신있게 본 책을 출간하였다.

현재 독학학위 취득시험은 2008년 2월 '평생교육법'의 전부개정으로 한국방송통신대학이 관장하던 독학학위 취득업무가 "국가평생교육진흥원"으로 이관되었으며, 국가평생교육진흥원 홈페이지에서는 과목별 평가영역을 구체적으로 제시해 주고 있다. 따라서 독학사 시험을 대비하는 여러분들은 본 교재를 기준으로 열심히 학습에 매진하면 될 것이다.

본서의 특징은

첫째 독학학위 취득시험을 주관하는 국가평생교육진흥원의 평가영역에 맞추어 내용을 심도있게 다루고 있으며,

둘째 본문의 '내용' 및 'Key Point'에서는 기출문제를 분석하여 출제내용을 핵심적으로 기술하고 있고,

셋째 '실전예상문제' 부분에서는 그 동안 출제되었던 최근의 기출문제를 파악하여 그에 기준한 다양한 문제와 그에 해당하는 자세한 해설을 수록하고 있으며,

넷째 최소의 시간으로 최대의 효과를 거둘 수 있다는 점을 들 수 있다.

다양한 자료와 예시를 통해 더욱 구체적인 학습을 할 수 있도록 구성·편집된 본서가 여러분의 학습에 절대적인 도움이 되리라 확신하면서 앞날에 큰 영광이 함께 하길 기원한다.

교육부은하원격평생교육원 학위취득연구소

독학사 안내

독학학위제도

독학학위제는「독학에 의한 학위취득에 관한 법률」에 의해 독학자(獨學者)에게 대학졸업자격에 해당하는 학사학위(學士學位) 취득의 기회를 줌으로써 평생교육의 이념을 구현하고 개인의 자아실현과 국가·사회의 발전에 이바지하는 것을 목적으로 하는 제도입니다.

- 고등학교 졸업이나 이와 같은 수준 이상의 학력을 가진 사람이면 누구나 응시할 수 있습니다.
- 대학교를 다니지 않아도 스스로 공부해서 학위를 취득할 수 있습니다.
- 일과 학습의 병행이 가능하여 시간과 비용을 최소화할 수 있습니다.
- 언제 어디서나 학습이 가능하며, 평생학습을 통해 자아실현을 할 수 있습니다.

독학학위제는 4개의 과정(교양, 전공기초, 전공심화, 학위취득 종합) 시험으로 이루어져 있습니다. 그러나 개인적으로 취득한 다양한 자격과 학습이력에 따라 1~3과정의 일부 과목 시험은 면제받을 수 있습니다. 4과정인 학위취득 종합시험은 반드시 응시하여야 하며, 종합시험에 합격하면 교육부장관 명의의 학사학위를 취득하게 됩니다.

응시자격

2016년부터 고등학교 졸업이나 이와 같은 수준 이상의 학력을 가진 사람이면 누구나 과정별 합격 여부와 관계없이 1~3과정(교양, 전공기초, 전공심화 과정) 인정시험에 자유롭게 응시할 수 있으며, 4과정(학위취득 종합시험)은 1~3과정 시험에 모두 합격(면제)하는 등 일정 응시자격을 충족해야만 응시할 수 있습니다.

가. 교양과정 인정시험(1과정), 전공기초과정 인정시험(2과정), 전공심화과정 인정시험(3과정)

- 고등학교 졸업자
- 「초·중등교육법 시행령」제98조 제1항에 따라 상급학교의 입학에 있어 고등학교를 졸업한 사람과 같은 수준의 학력이 있다고 인정되는 사람
- 「평생교육법」제31조 제2항에 따라 지정된 학력이 인정되는 학교 형태의 평생교육시설에서 고등학교 교과과정에 상응하는 교육과정을 마친 사람
- 「보호소년 등의 처우에 관한 법률」제29조에 따른 소년원학교에서 고등학교 교육과정을 마친 사람

Bachelor's Degree

나. 학위취득 종합시험(4과정) : 전공분야별 동일전공 인정(학)과에 한함

- 교양과정 인정시험, 전공기초과정 인정시험 및 전공심화과정 인정시험에 합격한(면제받은) 사람
- 대학(「고등교육법」제2조 제2호, 제3호 및 제5호에 따른 학교와 다른 법령에 따라 설립된 대학을 포함) 및 이에 준하는 각종 학교(학력인정학교로 지정된 학교만 해당)에서 3년 이상의 교육과정을 수료하였거나 105학점 이상을 취득한 사람
- 수업연한이 3년인 전문대학을 졸업한 사람 또는 이와 같은 수준의 자격이 있다고 인정되는 사람(졸업 예정자는 응시자격 없음)
- 「학점인정 등에 관한 법률」 제7조에 따라 105학점(전공 16학점 이상 포함) 이상을 인정받은 사람
- 외국에서 15년 이상의 학교교육 과정을 수료한 사람

응시자격 유의사항

- 학사학위 취득자는 동일한 전공의 시험에 지원할 수 없음
- 유아교육학 및 간호학 전공자가 학위취득 종합시험 합격 시, 학사학위만 수여되며 자격증(면허증)은 발급되지 않음
- 고졸 이상 학력 소지자의 경우 1~3과정 시험은 순서 상관없이 응시 가능하며, 4과정(학위취득 종합시험) 응시를 위해서는 1~3과정 전 과목(17과목)을 합격하거나 일정 응시자격을 충족해야 함
- 간호학 전공(학위취득 종합시험만 운영)
  - 4년제 대학 간호학 전공(과)에서 3년 이상 교육과정 수료 또는 105학점 이상 취득자 응시 가능
  - 3년제 전문대학 간호학과 졸업자(졸업 예정 제외) 응시 가능
    - 간호사 면허증만으로는 응시자격이 될 수 없음(면허증 제출 불필요)
- 유아교육학 및 정보통신학 전공(전공심화과정 인정시험과 학위취득 종합시험만 운영)
  - 유아교육학 및 정보통신학 전공은 1~2과정 시험을 운영하지 않으므로, 자격·학력 등으로 1~2과정 면제 요건을 충족하고 3과정 합격한 경우 또는 기타 4과정 응시자격을 충족하는 경우에만 응시 가능

독·학·사

과정별 시험과목

가. 교양과정 인정시험 : 5과목 합격(필수 3과목, 선택 2과목)

구 분	과 목 명
필 수	국어, 국사, 외국어(영어, 일본어, 중국어, 독일어, 프랑스어 중 1과목 선택)
선 택	사회학개론, 심리학개론, 경영학개론, 법학개론, 문화사, 컴퓨터의 이해, 문학개론, 자연과학의 이해, 교육학개론, 경제학개론, 현대사회와 윤리, 철학의 이해, 기초통계학, 일반수학, 한문 중 2과목 선택

나. 전공기초과정 인정시험 : 6과목 합격(8과목 중 택 6)

구 분	과 목 명
국어국문학	국어학개론, 국어문법론, 국문학개론, 국어사, 고전소설론, 한국현대시론, 한국현대소설론, 한국현대희곡론
영어영문학	영어학개론, 영국문학개관, 중급영어, 19세기 영미소설, 영미희곡Ⅰ, 영어음성학, 영문법, 19세기 영미시
심리학	이상심리학, 사회심리학, 생물심리학, 발달심리학, 성격심리학, 동기와 정서, 심리통계, 감각 및 지각심리학
경영학	회계원리, 인적자원관리, 마케팅원론, 조직행동론, 경영정보론, 마케팅조사, 생산운영관리, 원가관리회계
법학	민법Ⅰ, 헌법Ⅰ, 형법Ⅰ, 상법Ⅰ, 법철학, 행정법Ⅰ, 노동법, 국제법
행정학	지방자치론, 정치학개론, 기획론, 정책학원론, 헌법, 조사방법론, 조직행태론, 전자정부론
가정학	인간발달, 복식디자인, 영양학, 가정관리론, 의복재료, 주거학, 가정학원론, 식품 및 조리원리
컴퓨터공학	논리회로설계, C프로그래밍, 자료구조, 객체지향프로그래밍, 웹프로그래밍, 컴퓨터구조, 운영체제, 이산수학

다. 전공심화과정 인정시험 : 6과목 합격(8과목 중 택 6)

구 분	과 목 명
국어국문학	국어음운론, 학국문학사, 문학비평론, 국어정서법, 구비문학론, 국어의미론, 한국한문학, 고전시가론
영어영문학	고급영문법, 미국문학개관, 영어발달사, 고급영어, 20세기 영미소설, 영어통사론, 20세기 영미시, 영미희곡Ⅱ

Bachelor's Degree

구 분	과 목 명
심리학	상담심리학, 심리검사, 산업 및 조직심리학, 학습심리학, 인지심리학, 학교심리학, 건강심리학, 중독심리학
경영학	재무관리론, 경영전략, 투자론, 경영과학, 재무회계, 경영분석, 노사관계론, 소비자행동론
법학	헌법Ⅱ, 민법Ⅱ, 형법Ⅱ, 민사소송법, 행정법Ⅱ, 지적재산권법, 형사소송법, 상법Ⅱ
행정학	행정법Ⅰ, 행정계량분석, 도시행정론, 공기업론, 정부규제론, 한국정부론, 복지정책론, 거버넌스와 NGO
유아교육학	유아교육연구 및 평가, 부모교육론, 유아교육기관운영관리, 아동복지, 유아언어교육, 유아사회교육, 유아수학·과학교육, 놀이이론과 실제
가정학	가족관계, 가정자원관리, 식생활과 건강, 의복구성, 육아, 복식문화, 주거공간디자인, 식품저장 및 가공
컴퓨터공학	운영체제, 인공지능, 소프트웨어공학, 컴퓨터네트워크, 컴파일러, 프로그래밍언어론, 컴퓨터그래픽스, 임베디드시스템, 정보보호
정보통신학	회로이론, 데이터통신, 정보통신이론, 임베디드시스템, 이동통신시스템, 정보통신기기, 정보보안, 네트워크프로그래밍

라. 학위취득 종합시험 : 6과목 합격(교양 2과목, 전공 4과목)

구 분	과 목 명
국어국문학	국어·국사·외국어 중 2과목 선택, 국어학개론, 국문학개론, 한국문학사, 문학비평론
영어영문학	국어·국사·외국어 중 2과목 선택, 영미문학개관, 영미소설, 영어학개론, 고급영어
심리학	국어·국사·외국어 중 2과목 선택, 임상 및 상담심리학, 산업조직 및 소비자심리, 발달 및 사회심리학, 인지신경과학
경영학	국어·국사·외국어 중 2과목 선택, 재무관리, 마케팅관리, 회계학, 인사조직론
법학	국어·국사·외국어 중 2과목 선택, 민법, 헌법, 형법, 상법
행정학	국어·국사·외국어 중 2과목 선택, 인사행정론, 조직행태론, 재무행정론, 정책분석평가론
유아교육학	국어·국사·외국어 중 2과목 선택, 유아교육론, 유아발달, 유아교육과정, 유아교육교수법
가정학	국어·국사·외국어 중 2과목 선택, 패션과 의생활, 소비자론, 식이요법, 주거관리
컴퓨터공학	국어·국사·외국어 중 2과목 선택, 알고리즘, 통합프로그래밍, 통합컴퓨터시스템, 데이터 베이스
정보통신학	국어·국사·외국어 중 2과목 선택, 전자회로, 정보통신시스템, 네트워크 및 보안, 멀티미디어통신
간호학	국어·국사·외국어 중 2과목 선택, 간호연구방법론, 간호과정론, 간호지도자론, 간호윤리와 법

문항 수 및 배점

과 정	일반 과목			예외 과목		
	객관식	주관식	합계	객관식	주관식	합계
1~2과정	40문항×2.5점 =100점	—	40문항 100점	25문항×4점 =100점	—	25문항 100점
3~4과정	24문항×2.5점 =60점	4문항×10점 =40점	28문항 100점	15문항×4점 =60점	5문항×8점 =40점	20문항 100점

합격 사정

가. 교양과정 인정시험, 전공기초과정 인정시험, 전공심화과정 인정시험
각 과목 100점 만점에 60점 이상 득점한 경우에 합격으로 하고, 과목합격을 인정(합격 여부만 결정)

나. 학위취득 종합시험

구 분	총점합격제	과목별합격제
합격기준	6과목 총점(600점) 중 360점(60%) 이상 득점하면 합격(과목 낙제 없음)	각 과목(교양 2, 전공 4) 100점 만점의 60점(60%) 이상 득점하면 합격
유의사항	• 6과목 모두 필수 응시 • 기존 합격과목 불인정	• 기존 합격과목 재응시 불가 • 기존 합격과목 포함하여 총 6과목을 초과하여 선택할 수 없음

C_O_N_T_E_N_T_S

제1장 섬유

01 섬유의 특성 …………………………………………………………………… 12
02 천연섬유 ……………………………………………………………………… 19
03 인조섬유 ……………………………………………………………………… 25
■ 실전예상문제 ………………………………………………………………… 35

제2장 실(絲)

01 실의 종류 및 특성 …………………………………………………………… 80
02 방적사 ………………………………………………………………………… 83
03 직방사와 텍스처사 …………………………………………………………… 86
■ 실전예상문제 ………………………………………………………………… 88

제3장 옷감

01 직물 …………………………………………………………………………… 100
02 편성물 ………………………………………………………………………… 111
03 부직포, 펠트 및 기타 피복 재료 …………………………………………… 112
■ 실전예상문제 ………………………………………………………………… 115

제4장 가공

01 일반 가공 ……………………………………………………………………… 146
02 심미 가공 ……………………………………………………………………… 148
03 기능 가공 ……………………………………………………………………… 151
■ 실전예상문제 ………………………………………………………………… 157

CONTENTS

제5장 염색

01 염색의 이해 …………………………………………………………………… 170
02 염색의 개념과 종류 …………………………………………………………… 173
　■ 실전예상문제 ……………………………………………………………… 182

제6장 신소재

01 감성 지향 소재 ………………………………………………………………… 204
02 기능성 지향 소재 ……………………………………………………………… 207
　■ 실전예상문제 ……………………………………………………………… 211

부록

　■ 최종모의고사 ……………………………………………………………… 221

01 섬유

 단원 개요

의류소재를 구성하고 있는 기본적인 물질인 섬유의 종류에는 크게 나누어 천연에 존재하는 섬유와 인간에 의해 합성되어 제조되는 섬유가 있다. 천연 또는 인조섬유는 화학적인 성분에 따라서 세분류된다. 이 단원에서는 의류소재에 활용하고 있는 각각의 섬유들이 공통적으로 가지고 있는 특성에 대하여 익히고 구별하여 학습한다.

천연섬유는 자연에서 가늘고 긴 섬유상태로 얻어지는 것으로, 독특한 형태(단면과 측면)와 성질을 가지고 있다. 최초로 만들어진 인조섬유는 1880년대에 프랑스의 샤르도네 백작에 의해 발명된 레이온이다. 1930년대 후반에 이르러 합성섬유인 나일론이 발명되었으며, 제2차 세계대전 이후 다른 여러 가지 합성섬유가 개발되었다.

 출제 경향 및 수험 대책

이 단원에서는 해마다 출제비율이 약간씩 달라지기는 하지만 평균 6~7문제 정도는 출제되고 있는 편이다. 그 출제 내용을 살펴보면 섬유를 만드는 화합물의 특성, 섬유의 분류, 섬유의 내부구조와 겉모양, 섬유의 기계적 성질, 화학적 성질 및 생물학적 성질, 천연 셀룰로오스 섬유와 천연 단백질 섬유, 재생 인조섬유, 축합중합체 합성섬유, 부가중합체 합성섬유, 무기섬유 등에 대해서 묻는 문제들이 출제되고 있는 바, 자세하고 철저한 학습이 요구된다.

1

01 섬유의 특성

1 섬유를 만드는 화합물

(1) 셀룰로스

① 면, 아마, 모시 등의 식물성 섬유와 레이온 등은 셀룰로스(cellulose, 섬유소)라는 화합물로 되어 있다.

② 글루코스

　㉠ 섬유를 만드는 기본 화합물이며, 셀룰로스(중합체)를 산과 함께 가열하면 완전히 용해되어 글루코오스(단량체)가 생긴다(가수분해).

$$(C_6H_{10}O_5)n + nH_2O \xrightarrow[\text{가열}]{H^+} nC_6H_{12}O_6(\text{글루코스})$$

　㉡ 글루코스의 종류 : α-글루코스와 β-글루코스의 두 가지 입체적 이성질체가 있는데, 셀룰로스를 구성하고 있는 글루코스는 β-글루코스로서, 셀룰로스를 β-글리코시드결합(β-glycosidic linkage)에 의하여 이루어진 중합체라고 한다.

③ 중합도 : 중합체를 이루는 단위 분자의 수(단량체의 수)를 말하며, 셀룰로스를 구성하는 글루코스 수를 셀룰로스의 중합도라 한다.

(2) 단백질

① 단백질의 화학 구조

　㉠ 양모, 견 등의 동물성 섬유는 단백질로 되어 있고 탄소(C), 수소(H), 산소(O), 질소(N)를 함유하고 있으며 종류에 따라 황(S)도 함유한다.

　㉡ 단백질을 산과 함께 가열하면 가수분해되어 여러 가지 아미노산의 혼합물을 얻으며, 단백질은 펩티드(peptide) 결합에 의해 이루어진 중합체이다.

② 단백질의 종류

　㉠ 섬유상 단백질 : 용매에 잘 용해되지 않고 소화도 잘 안 된다. 예 양모의 케라틴, 견의 피브로인, 혈관이나 건(힘줄)의 엘라스틴, 피부와 연결조직의 콜라겐
　　• 피브로인 : 견섬유의 구성단백질로, 분자간에 수소결합이 잘 발달되어 있다.
　　• 케라틴 : 양모, 사람의 머리카락, 기타 헤어섬유 등의 구성단백질로서, 분자사슬이 나선상으로 되어 있고, 시스틴결합, 조염(造鹽)결합을 한다. 그리고 분자사슬과 분자사슬 사이를 화학결합에 의하여 연결하여 주는 것을 분자간 가교라고 한다.

　㉡ 구상 단백질
　　• 물 또는 용매에 잘 용해되며 소화도 잘 된다.

추가 설명

셀룰로스
- 셀룰로스는 탄소(C), 수소(H), 산소(O)로 구성되며 조성비는 6:10:5이며, 실험식은 $C_6H_{10}O_5$가 된다.
- 면, 아마, 모시 등 식물성 섬유의 레이온 등은 셀룰로스라는 화합물로 되어 있다.
- 셀룰로오스는 글루코스(단량체)가 많이 모여 이루어진 중합체로서, 의복의 재료로 널리 쓰이는 천연중합체의 명칭이다.

중합체와 단량체 : 중합체는 간단한 분자가 다수 결합되어 이루어지며 이 중합체를 만드는 간단한 분자를 단량체라고 하고 중합체를 이루는 단량체의 수를 중합도라고 한다.

양모 케라틴
- 시스틴결합 : 시스틴이라는 황을 함유하는 아미노산이 있어 두 개의 단백질 분자사슬을 묶어 주는 역할을 한다.
- 조염(造鹽)결합 : 글루탐산, 아스파르트산 등 산성인 아미노산과 아르기닌, 라이신과 같은 염기성 아미노산이 있어서 단백질 분자 사이에 서로 염을 만들면서 결합한다.

- 달걀의 알부민(albumin), 우유의 카제인(casein) 등 식용단백질과 생사(生絲)의 세리신(sericin) 등이 있다.

(3) 합성중합체

① 부가(첨가)중합체
  ㉠ 부가반응 : 2중결합 또는 3중결합 분자의 결합이 끊어지면서 거기에 다른 원자 또는 원자단이 결합되는 반응이다.
  ㉡ 부가중합체는 2중결합이 열리면서 단량체가 중합되므로, 단량체를 이어주는 것은 탄소와 탄소결합이며 축합중합체처럼 단량체를 이어주는 특별한 원자단을 가지지 않는다.
  ㉢ 부가중합체로부터 만들어진 합성섬유 : 아크릴, 폴리프로필렌, 폴리비닐알코올(비닐론), 비니온, 사란 등

② 축합중합체
  ㉠ 축합반응(축합중합반응) : 축합반응은 두 개의 분자 사이에서 물 또는 아주 간단한 분자가 분리·생성되면서 결합하는 화학반응을 말하며, 축합반응에 의해 중합체를 얻는 반응을 축합중합반응이라 한다. 그리고 얻어진 중합체를 축합중합체라고 한다.
  ㉡ 축합반응에 의해 만들어진 섬유 : 폴리에스테르, 폴리아미드(나일론), 폴리우레탄(스판덱스)

③ 공중합체 : 공중합체는 둘 또는 그 이상의 단량체를 섞어서 중합시켜 중합체내에서 몇 가지 단량체가 혼성되어 있는 중합체이다. 단독중합체에서는 얻을 수 없는 독특한 성질을 얻을 수 있어서 섬유의 제조와 개질(改質)에 많이 이용된다.

2 섬유의 분류

(1) 천연섬유

① 셀룰로스섬유(식물성 섬유)
  ㉠ 종모섬유 : 면, 케이폭
  ㉡ 인피섬유 : 아마, 저마, 대마, 황마
  ㉢ 엽맥섬유 : 마닐라마, 사이잘마
  ㉣ 과실섬유 : 야자섬유

② 단백질섬유(동물성 섬유)
  ㉠ 수모섬유 : 양모섬유, 헤어(낙타모, 모헤어, 캐시미어)섬유
  ㉡ 견섬유 : 가잠견(집에서 키우는 누에), 야잠견(들에서 자라는 누에)

③ 광물성 섬유 : 석면

(2) 인조섬유(화학섬유)

① 재생섬유 : 자연에서 산출되는 중합체 원료로 만든 인조섬유를 말한다.
  ㉠ 레이온(rayon) : 비스코스레이온, 구리암모늄레이온
  ㉡ 아세테이트(acetate) : 디아세테이트, 트리아세테이트

추가 설명

아미노산(단량체) : 양모, 견 등 단백질 섬유를 이루고 있는 화합물을 만드는 간단한 물질이다.

추가 설명

히드록시산(HORCOOH)

분자내에 −OH와 −COOH를 가지고 있어 축합할 수 있는 관능기 2개를 가진 분자이다. 히드록시산 두 분자가 축합을 하면 한 분자의 −OH기와 다른 분자의 −COOH기 사이에서 물이 분리되고 에스테르결합에 의해 2개의 히드록시산이 결합한 에스테르가 생성된다.

HORCO−OH + H−ORCOOH
히드록시산(단량체)
→ HORCOORCOOH + H_2O
　에스테르　　　물
　(히드록시산 2량체)

이렇게 얻어진 생성물, 즉 에스테르는 히드록시산(단량체) 2개가 결합되어 얻어진 것이므로 2량체라고 한다.

추가 설명

공중합체의 개념과 공중합체를 섬유제조에 활용하는 방안 : 두 가지 이상의 원료로 된 중합체로 섬유의 성질 개선을 목적으로 많이 사용된다.

> **추가 설명**
>
> 생산방법에 따른 섬유의 분류
> 천연섬유와 인조섬유로 구분된다.
> - 천연섬유 : 구성성분에 따라 셀룰로오스섬유, 단백질섬유, 광물성 섬유로 분류된다.
> - 인조섬유 : 원료의 제조방법에 따라 재생인조섬유, 합성섬유, 무기섬유로 구분된다.

ⓒ 단백질섬유(azion) ⓔ 알긴산섬유(alginate)
ⓜ 고무섬유(rubber)

② 합성섬유
　ⓐ 축합중합체섬유 : 폴리아미드(nylon), 폴리에스테르(polyester), 폴리우레탄(spandex)
　ⓑ 부가중합체섬유 : 아크릴(acrylic), 모드아크릴(modacrylic), 폴리프로필렌(polypropylene), 폴리비닐알코올(vinal), 폴리염화비닐(vinyon), 폴리염화비닐리덴(saran), 폴리비닐리덴디니트릴(nytril), 폴리테트라플루오르에틸렌(fluoroethylene)

③ 무기섬유 : 유리섬유, 금속섬유, 탄소섬유, 암면

3 섬유의 내부 구조와 겉모양

(1) 섬유의 내부 구조

① 가늘고 긴 분자
　ⓐ 섬유를 만들 수 있는 분자는 다수의 단위분자, 즉 단량체가 선상으로 길게 결합된 중합체인데, 이 중합체를 선상중합체 또는 쇄상중합체라 한다.
　ⓑ 섬유는 이러한 선상중합체가 무수히 집합하여 이루어지는데, 이때 분자들을 접착시키는 힘으로는 여러 가지가 있지만 가장 중요한 역할을 하는 것은 수소결합과 반 데르 발스(Van der waals) 인력이다.
　ⓒ 반 데르 발스 인력이 발달할 수 있는 규칙적인 화학 구조를 가진 선상중합체는 좋은 섬유를 만들 수 있다.
　ⓓ 의복재료용 섬유로 사용되려면 그 길이가 길어야 하고 선상중합체여야 한다.

> **추가 설명**
>
> 합성섬유의 분류 : 중합의 방법에 따라 축합중합체섬유와 부가중합체섬유로 분류된다.

> **추가 설명**
>
> 합성섬유의 특징
> - 석유화학공업에서 얻어지는 원료로 단량체를 만들고, 이 단량체를 중합하여 얻어진 합성중합체를 원료로 하여 만든 섬유이다.
> - 중합체를 합성하는 방법에는 축합중합과 부가중합의 두 가지 방법이 있는데 따라서 합성섬유를 축합중합체 합성섬유와 부가중합체 합성섬유로 구분한다.

② 나란히 배향되어 있을 것
　ⓐ 섬유를 이루는 중합체는 그 분자들이 섬유의 길이 방향으로 평행하게 배열되어 있어야 하는데, 분자들이 평행으로 배열되어 있는 것을 배향되었다고 한다.
　ⓑ 배향이 잘 되어 있으면 강도가 증가하고 광택도 좋아진다. 그래서 섬유 제조시에는 '연신(drawing)'이라는 공정으로 배향되게 한다.

③ 결정을 형성할 수 있는 것
　ⓐ 섬유를 이루는 중합체는 부분적으로 결정을 이루고 있는 부분과 비결정부분이 섞여 있는데, 결정부분의 분자들은 치밀하고 강력히 결합되어 있는 반면 비결정부분의 분자들은 엉성하고 불규칙하게 얽혀 있다.
　ⓑ 섬유 내에 결정이 발달되어 있으면 섬유의 강도와 탄성률이 커지며, 비결정부분이 많으면 신도가 커지고 흡습성, 염색성이 좋아진다.

> **추가 설명**
>
> 연신 : 방사구에서 나와서 응고된 고체상의 섬유를 수배의 길이로 잡아당겨 늘여주어서 섬유 내 분자의 배향을 좋게 하는 것으로 강도가 향상되지만 신도는 줄어든다. 용도에 따라 연신의 정도가 결정된다.

④ 분자간에 약간의 가교가 있으면 좋다.
　ⓐ 중합체간에 적당한 가교가 존재하면 리질리언스(탄성)를 향상시키고 내추성을 가지게 된다는 원리에 따라 셀룰로스섬유에서 분자간에 이러한 가교를 형성하여 줌으로써 내추성(구김이 잘 가지 않는 성질)을 증가시킬 수 있게 되었다. 그러나 분자간 가교가 너무 많으면 딱딱한 물질이 되어 섬유로서의 특성을 잃어버린다.

ⓒ 양모가 좋은 내추성과 리질리언스를 가지는 이유 : 시스틴결합이나 조염결합 등의 분자간 가교를 가졌기 때문이다.
ⓒ 분자간 가교형성 가공 : 워시 앤드 웨어(W & W)가공, 퍼머넌트 프레스 가공 등은 수지를 써서 섬유 내 셀룰로스 분자사이에 가교를 형성시켜 준 것이다.

(2) 섬유의 외부형태

① 섬유의 굵기
　㉠ 섬유의 굵기 표시 : 데니어와 텍스가 보다 널리 사용되고 있다.
　　• 데니어(denier) : 9,000m의 섬유 무게를 g수로 표시한 것으로 9,000m 길이의 섬유가 1g이면 1데니어(denier)이다. 데니어 수가 커질수록 섬유나 실의 굵기가 굵어진다.
　　• 텍스(Tex) : 1km의 섬유의 무게를 g수로 표시한 것이다.
　㉡ 길이에 따른 실의 명칭
　　• 스테이플 파이버(스테이플) : 면, 양모, 마섬유처럼 한정된 길이를 가진 섬유로 함기량이 많아서 따뜻하고 촉감이 부드러우며 통기성과 투습성이 필라멘트사보다 좋다.
　　• 필라멘트 파이버(필라멘트) : 견섬유와 같이 무한히 긴 섬유로 실이 치밀하며 광택이 좋고 촉감이 차다.

② 섬유의 단면
　㉠ 섬유 단면의 모양이 미치는 영향 : 섬유 단면의 모양은 섬유의 광택, 리질리언스, 피복성(被覆性), 촉감 등 섬유의 성질에 많은 영향을 미친다.
　㉡ 각종 섬유의 도면과 그 특성

| 그림 1-1 | 각종 섬유의 단면

추가 설명

분자간 가교
• 섬유내에서 분자와 분자 간의 화학결합을 분자간 가교라고 한다.
• 양모는 시스틴결합(공유결합), 조염결합(이온결합) 등과 같은 화학결합에 의하여 연결되어 있다. 이러한 결합은 굴곡, 압축과 같은 외부로부터의 힘이 작용하더라도 결합이 끊어지지 않는다. 따라서 외부로부터의 힘이 없어지면 곧 본래의 상태로 돌아감으로 구김이 고정되지 않는다.

추가 설명

텍스 = $\dfrac{d(\text{데니어})}{9}$

추가 설명

섬유의 단면
• 비스코스레이온 : 그 단면형이 심하게 주름이 잡혀 있어서 촉감이 거칠다.
• 아세테이트 : 비스코스레이온처럼 주름이 날카롭지 않고 둥글기 때문에 보다 부드럽다.
• 면 : 편평한 단면을 가지고 있어 평면에서의 빛의 반사가 커서 피복성은 좋지만 촉감은 다소 거칠다.
• 이형 완면섬유 : 인조섬유를 제조할 때 섬유의 단면을 삼각형이 되도록 하면 광택, 촉감, 리질리언스, 그리고 피복성이 향상된 섬유를 얻을 수 있다. 이와 같이 특수한 단면형을 가진 인조섬유를 이형단면섬유라고 한다.

- 원형 : 촉감이 부드러우나 피복성이 나쁘고 필링이 잘 생기며, 오구가 확대되어 보이므로 보다 불결하게 보인다. 예 나일론, 폴리에스테르, 폴리프로필렌 등 용융방사법에 의해 만들어지는 섬유의 대부분
- 편평 단면 : 광택과 피복성은 좋으나 촉감이 거칠다. 예 면
- 삼각 단면 : 단면이 삼각형에 가깝다. 우아한 광택, 좋은 촉감 예 견

③ 권축
  ㉠ 권축 : 섬유가 그 길이 방향으로 물결 모양 또는 꼬임을 가지는 형태를 총칭한 것으로 양모는 권축이 잘 발달되어 있다.
  ㉡ 권축의 효능 : 섬유가 권축을 가지고 있으면 방적성과 리질리언스가 향상되고 함기성이 좋아져 직물의 보온성, 통기성, 투습성, 촉감이 좋아진다.

4 섬유의 성질

(1) 초기 탄성률

① 섬유의 신장의 초기에 있어서의 신장률과 하중의 비를 말한다.

$$초기\ 탄성률(g/d) = \frac{하중}{신장률}$$

② 초기 탄성률은 섬유의 유연 또는 강직의 정도를 나타내는 것으로, 초기 탄성률이 큰 섬유(예 마, 견 등)는 강직한 섬유이며, 초기 탄성률이 작은 섬유(예 양모, 나일론, 아세테이트 등)는 유연한 섬유이다.
③ 섬유의 초기 탄성률은 아주 작은 신장을 가져오는 데 필요한 힘의 크기로 옷감의 드레이프성을 좌우한다.

(2) 강도와 신도

① 강도 : 섬유가 인장에 견디는 능력을 말하는데, 그 단위로는 g/t 또는 g/d를 사용한다. 나일론 〉 폴리에스테르 〉 견 〉 아크릴 〉 면 〉 레이온 〉 아세테이트 〉 양모의 순서이다.

$$강도 = \frac{절단하중}{섬유의\ 강도(텍스\ or\ 데니어)}$$

② 신도 : 섬유에 절단하중이 가해졌을 때, 섬유가 절단되기까지 늘어나는 길이를 섬유의 원길이의 백분율(%)로 나타낸 것으로, 양모 〉 아세테이트 〉 아크릴 〉 폴리에스테르 〉 나일론 〉 레이온 〉 견 〉 면의 순서이다.
③ 강신도 곡선 : 섬유의 한끝을 고정하고 다른 한 끝에 하중을 가하여 이 하중을 점차 증가

추가 설명

인공적으로 권축을 만드는 방법
- 기계적 권축 : 열가소성 섬유에 이용되는 방법
- 화학적 권축 : 인조섬유를 방사할 때 특성이 다른 2종류의 원료를 한올의 필라멘트로 접착시켜 만든다(복합섬유 또는 이성분섬유).

추가 설명

옷감의 함기율을 크게 하기 위한 방법 : 원료 섬유를 꼬아주거나 파형을 가지게 하면 된다.

추가 설명

섬유의 초기 탄성률
- 옷감의 유연 또는 강직의 정도를 나타내는 지표가 된다.
- 아주 작은 신장을 가져오는 데 필요한 힘의 크기로, 섬유의 드레이프성, 강연성을 좌우한다.

추가 설명

강도
- 섬유가 끊어질 때 이 섬유에 가해진 하중을 절단하중 또는 강력(强力)이라고 하고 이 절단하중을 섬유의 섬도(텍스 또는 데니어)로 나누어 준 값을 강도라고 한다.
- 그 단위로는 g/t(grams per tex) 또는 g/d(grams per denier)를 사용한다.

시켜 가면 섬유는 하중의 증가에 따라 더 늘어날 것이며, 하중이 어느 한계에 이르면 섬유는 끊어질 것이다. 이와 같은 섬유의 하중에 따른 신장·절단 관계를 그림으로 나타낸 것을 '강신도 곡선'이라 한다.

(3) 리질리언스
① 섬유가 외력에 의해 굴곡, 압축 등의 변형을 받았다가 외력이 사라졌을 때 원상으로 돌아가는 능력을 리질리언스라 한다.
② 리질리언스는 섬유의 탄성, 굵기, 단면형, 권축 등과 관계가 깊다.
③ 리질리언스는 피복 재료의 내추성과 밀접한 관계를 가지고 있다.
④ 이형단면(3각) 섬유가 원형단면 섬유보다 리질리언스가 좋아서 카펫이나 솜에 많이 이용된다.

(4) 탄성
① 탄성 : 섬유가 외력에 의해 늘어났다가 외력이 사라졌을 때 본래의 길이로 돌아가는 능력을 말하며, 섬유의 탄성은 섬유 제품의 구김, 형체 안정성과 밀접한 관계를 가진다.
② 탄성 회복률

$$\frac{(신장된 길이) - (회복된 길이)}{(신장된 길이) - (본래의 길이)} \times 100$$

③ 탄성 회복률은 나일론 > 양모 > 폴리에스테르 > 폴리프로필렌 > 아세테이트 > 견, 아크릴 > 면 > 비닐론 > 마의 순이다.
④ 섬유의 탄성은 구김에 견디는 내추성(구김이 잘 가지 않는 성질)과 가장 밀접하다.
⑤ 양모가 천연섬유 중에서 탄성회 복률이 가장 좋다.

(5) 비중
① 일반적으로 밀폐된 중공 부분을 포함한 전용적에 대한 비중을 표시한다.
② 실제 비중과 느끼는 중량감과는 차이가 있다.

(6) 마찰강도와 굴곡강도
① 이 성질은 섬유의 내구성을 결정해주는 중요한 인자가 된다.
② 굴곡강도와 마찰강도는 실험 장치에 따라 크게 차이가 있다.

(7) 열가소성
① 물체가 외부의 힘에 의해 영구적인 변형이 생기는 것을 가소성(可塑性)이라 한다.
② 열가소성을 이용한 열처리 공정을 열고정이라고 하는데, 폴리에스테르 주름치마, 나일론 스타킹, 스트레치사 등은 열고정을 이용한 것이다.

추가 설명
섬유의 리질리언스
압축을 받는 카펫에 사용되는 섬유, 침구용 솜의 성능으로 중요하다.

추가 설명
탄성 회복률
- 외력에 의해 섬유가 늘어난 길이에 대한 외력이 제거된 후의 회복된 길이의 백분율로 나타낸다.
- 양모와 견은 탄성 회복률이 좋아 구김이 덜 생긴다.

추가 설명
섬유의 비중
- 면 : 1.54
- 아마 : 1.50
- 양모 : 1.32
- 나일론 : 1.14
- 폴리에스테르 : 1.38
- 아크릴(캐시밀론) : 1.17
- 유리섬유 : 2.56
- 견 : 1.33~1.45
- 레이온(비스코스) : 1.53
- 아세테이트(2초산) : 1.32
- 모드아크릴(다이넬) : 1.31
- 비닐론 : 1.26
- 폴리프로필렌 : 0.90
- 사란 : 1.71

추가 설명
열가소성 : 열과 힘의 작용으로 영구적으로 변형이 생기는 성질로서, 열고정이 가능한 이유가 된다. 예 기계 주름 스커트

③ 열가소성이 좋은 섬유 : 트리아세테이트, 나일론, 폴리에스테르, 폴리프로필렌 등의 인조 섬유들은 좋은 열가소성을 가지고 있다.

(8) 내열성과 내연성

① 잘 타는 섬유 : 면, 마, 레이온, 아세테이트, 아크릴, 스판덱스
② 힘들게 타는 섬유 : 불꽃 속에서 잘 타지만 불꽃 밖에서는 힘들게 타다가 대개는 저절로 꺼지는 섬유 예 양모, 견, 나일론, 폴리에스테르
③ 자연성(自燃性)이 없는 섬유 : 불꽃 속에서는 타지만 불꽃 밖에서는 저절로 꺼지는 섬유 예 모드아크릴, 사란, 비니온
④ 전혀 타지 않는 섬유 : 석면, 유리섬유, 스테인리스강섬유

> **추가 설명**
> 내연성 섬유
> • 자연성이 없는 섬유
> • 전혀 타지 않는 섬유

(9) 대전성

① 섬유가 마찰되었을 때 정전기가 발생하는 것으로, 섬유가 대전되면 속옷과 겉옷이 달라 붙고, 오염이 잘되고 세탁에 의해서도 깨끗이 오염이 제거되지 않으며, 옷을 입거나 벗을 때 방전하여 불쾌하게 느끼게 한다.
② 섬유의 대전성은 섬유 자체의 화학적 조성에도 관계가 있으나 섬유의 흡습성과 밀접한 관계가 있어 대체로 흡습성이 작은 섬유일수록, 대기가 건조할수록 대전이 심하게 나타난다.

(10) 보온성

① 보온성은 1차적으로 섬유 자체의 열전도도에 영향을 받는다.
② 양모, 견 등은 열전도도가 낮으므로 보온성이 좋다.

> **추가 설명**
> 보온성에 영향을 미치는 요인
> • 섬유 자체의 열전도에 영향을 받는다.
> • 섬유의 형태와 직물이나 편성물의 조직에도 관계가 있다. 이것은 공기의 열전도도가 매우 작으므로 섬유제품의 함기율이 보온성에 크게 영향을 미치기 때문이다.
> • 섬유의 보온성에서 복사, 즉 열이 직접 섬유를 투과하는 것도 무시할 수 없다. 예 인조섬유들은 열선도 잘 투과시키므로 열을 차단하는 능력이 적어서 보온성이 떨어진다.

(11) 방적성

① 실을 뽑을 수 있는 성능을 방적성(紡績性) 또는 가방성(可紡性)이라고 한다.
② 방적성은 섬유장, 강도, 권축, 표면 형태, 표면마찰계수 등 섬유의 여러 가지 특성에 의해 복합적으로 나타나는데, 최소한 길이가 5mm 이상, 강도가 1g/d 이상은 되어야 방적이 가능하다.

(12) 내균·내충성

① 천연섬유 : 세균, 곰팡이 등의 미생물이 기생하며 이에 의해 섬유가 변색되고 분해되어 강도가 떨어질 수 있다. 예 양모, 견
② 합성섬유 : 일반적으로 해충이나 미생물의 침해를 받으나 해충이나 미생물이 섬유 자체보다도 부착되어 있는 첨가물이나 더러운 때에 기생하는 때가 많다.

> **추가 설명**
> 미생물의 기생을 막는 방법 : 섬유제품은 보관에 앞서 깨끗이 세탁하고 완전히 건조한 다음, 밀폐용기에 방습제와 방충제를 함께 넣어 습기와 해충의 침입을 막아야 한다.

(13) 내일광성과 취화

① 내일광성 : 내일광성은 햇빛에 의해 변색하거나 퇴색하지 않고 견디는 성질이다. 견, 나일론 등이 가장 약하고, 면, 레이온, 아세테이트 등이 좋다. 합성섬유 중 아크릴 섬유가

가장 좋다.
② 취화 : 섬유는 공기 중 산소에 의해 산화되어 강도가 떨어지며, 산소, 열, 수분, 일광 등은 이런 변화를 촉진한다. 이를 취화라고 한다.

(14) 내약품성
① 단백질 섬유 : 산에는 강하나 알칼리에 약하기 때문에 염소계 표백제 사용은 불가능하다.
② 셀룰로스 섬유 : 대체로 알칼리에 견디나 산에는 비교적 약하여 염소계 표백제 사용이 가능하다.
③ 아세테이트 : 알칼리에 의해 가수분해되므로 알칼리와의 접촉은 피해야 한다.

(15) 염색성
① 섬유 중에 염료와 결합할 수 있는 원자단을 가지고 있어야 염색이 가능한데, 셀룰로스 중의 -OH, 단백질 중의 -OH, -NH$_2$, -COOH 등은 원료를 잘 흡착하는 원자단이다.
② 섬유 내에 비결정 부분이 많은 섬유가 염색성이 좋아지고, 결정이 발달되고 배향이 좋아질수록 염색성은 나빠진다.
③ 아세테이트, 폴리에스테르, 아크릴은 분산 염료를 써야 하며, 폴리프로필렌은 보통 방법으로 염색이 불가능하여 원액 염색을 하게 된다.

(16) 흡습성
① 섬유를 만드는 화합물이 -OH, -NH$_2$, -COOH 등과 같이 친수성 원자단을 많이 가진 섬유는 흡습성이 크다.
② 수분율

$$\frac{\text{함수 시료의 무게} - \text{건조 시료의 무게}}{\text{건조 시료의 무게}} \times 100(\%)$$

③ 섬유의 수분율 측정 조건 : 온도 20℃, 상대습도 65%(→ 표준 수분율)
④ 흡습성은 열가소성, 대전성, 보온성과 관계가 깊다.

> **추가 설명**
> 흡습성이 작은 섬유를 사용한 소재로 된 의복의 특성 : 세탁 후 쉽게 마르고 열가소성이 좋으며 관리상 편리하다. 그러나 속옷이나 여름 옷감으로 위생상 부적당하다. 그리고 대전성이 커진다.

02 천연섬유

1 천연셀룰로스섬유

(1) 면
① 면의 역사
  ㉠ 기원전 3000년부터 인도에서 생산·이용되었으며, 기원전 2000년경 남미 페루에서

> **추가 설명**
> 면의 품종
> • 시아일랜즈면 : 가장 우수한 품종
> • 미면 : 시아일랜즈면을 제외한 미국에서 생산되는 모든 면의 총칭(캘리포니아, 애리조나, 뉴멕시코 등지에서 재배되는 피마면, 미면의 주류를 이루고 있는 품종인 육지면)
> • 이집트면 : 시아일랜즈면 다음 가는 우수한 품종으로 품종간 품질의 격차가 크다.
> • 중국면 : 황허와 양쯔강 유역에서 재배되는 면으로, 재배종과 미국 육지면계의 두 가지가 있다.
> • 인디아면 : 미면보다 품질이 떨어진다.
> • 한국면 : 미면과 인디아면의 중간 정도이다.

> **추가 설명**
> **면섬유의 형태** : 면섬유를 현미경으로 살펴보면 측면은 리본상으로 되어 있으며 꼬임을 가지고 있어 방적성, 보온성이 좋고, 단면은 편평에 가까운 관상으로 중앙에 중공이 있다.

> **추가 설명**
> **면섬유의 특성**
> - 내구성이 좋고 위생적이며, 실용적인 섬유로 내의를 비롯한 모든 의복 재료로 사용된다.
> - 탄성과 리질리언스가 좋지 못하나 수지가공의 발달로 겉옷으로도 우수한 재료가 된다.
> - 내알칼리성이 좋아 알칼리성 세제로 세탁할 수 있다.
> - 내열성, 내일광성, 습윤 강도 등 관리 성능이 우수하고 흡습성, 흡수성, 대전성 등 위생적 성능이 우수하다.

인피섬유
천연섬유 중 아마, 저마, 대마, 황마 같은 식물의 인피부에서 분리되는 섬유이다.

  면을 사용하였다.
 ⓒ 우리나라는 고려 공민왕 때(1367년) 문익점에 의해 수입되었다.
② 면의 생산
 ㉠ 아열대 지방이 가장 적당한 재배지이다.
 ㉡ 조면 : 실면(實綿 : 목화에 종자가 붙어있는 상태)에서 종자와 면섬유를 분리하는 과정
 ㉢ 린트(lint) : 조면에서 분리된 긴 섬유
 ㉣ 면린터(cotton linter) : 실면으로부터 장섬유를 제거한 후에 면실에 붙어 있는 짧은 섬유로서 인조섬유 원료로 사용된다.
③ 면섬유의 형태
 ㉠ 면섬유는 단세포로 되어 있으며 섬유의 폭은 12~20㎛ 정도로 균일하다.
 ㉡ 섬유장 : 면 품질 결정의 1차적 요소, 28mm 이상은 장면, 22~28mm를 중면, 22mm 이하를 단면이라 한다.
 ㉢ 측면 : 리본상으로 되어 있으며 꼬임을 가진다(천연 꼬임). 천연 꼬임은 섬유에 좋은 방적성, 탄력 등 기타 방적용 섬유로서의 좋은 특성을 가져다 준다.
 ㉣ 단면 : 편평에 가까운 관상으로 되어 있으며 중앙에 중공(中空)이 있다.
④ 면섬유의 성질
 ㉠ 흡습성 : 표준 수분율 8.0%로서 내의, 하복감, 수건용으로 적당하다.
 ㉡ 비중 : 1.54로 무거운 편이다.
 ㉢ 탄성과 리질리언스 : 탄성과 리질리언스가 좋지 않아 구김이 잘 생기고 형체 안정성이 좋지 못하다.
 ㉣ 강도와 신도 : 신도는 거의 일정하고, 강도는 습윤 상태에서 약간 증가한다.
 ㉤ 내균·내충성 : 온도와 습도가 높으면 곰팡이와 세균의 침해를 받아 변색되고 강도는 저하된다. 반대좀(衣魚)의 침해를 받는다.
 ㉥ 내일광성 : 천연섬유 중 비교적 좋다.
 ㉦ 내열성 : 150℃에서 장시간 방치하면 황변하면서 서서히 분해되고, 250℃ 이상에서는 바로 분해된다. 220℃의 다림질에서도 안전하다.
 ㉧ 내약품성
  • 면은 무기산에 의해 쉽게 분해된다.
  • 머서화(mercerization) : 면섬유를 짙은 알칼리용액으로 처리하면 섬유는 크게 팽윤되어 수축되면서 섬유의 단면이 원형으로 변하고 천연 꼬임이 없어지고 투명도가 증가한다. 이때 긴장하여 수축을 방지하면 광택이 증가하고 흡습성, 염색성도 향상된다. 이러한 처리를 머서화라 한다.
  • 면은 모든 표백제로 표백이 가능하다.
 ㉨ 염색성 : 아주 좋다.
⑤ 면의 용도 : 속옷을 비롯한 의복 재료 및 솜으로 방한복이나 이불에 많이 사용된다. 최근

수지가공의 발달로 내추성과 방축성을 가진 면직물 생산으로 탄성과 리질리언스가 향상되어 외의(外衣)용으로도 널리 사용된다.

(2) 저마

① 저마의 내력 : 우리나라에서는 신라시대부터 재배되어 왔으며 중국의 중남부, 일본, 필리핀, 인도, 인도네시아 등지에서 재배된다.

② 저마의 형태
　㉠ 저마섬유는 단면은 타원형으로 큰 중공(中空)을 가지고 있고, 측면은 곳곳에 마디를 볼 수 있으며, 섬유의 끝은 둥글다.
　㉡ 섬유장은 인피섬유 중에서 가장 길어 10~180cm이다.

③ 저마섬유의 성질
　㉠ 셀룰로스 섬유 중 결정성과 배향성이 가장 좋은 섬유이다.
　㉡ 습윤 시에 강도가 약간 증가한다.
　㉢ 탄성과 리질리언스가 나빠서 구김이 잘 생기고 형체안정성이 좋지 못하다.

(3) 아마

① 아마의 역사 : 인류가 재배한 가장 오래된 섬유로서 기원 전 4000~5000년부터 이집트에서 재배하였다. 뉴질랜드, 아일랜드, 네덜란드, 폴란드 등이 주요 생산국이다.

② 아마섬유의 형태
　㉠ 아마섬유는 단섬유의 집합체이고 실제 단섬유의 길이는 10~36mm이며 폭은 10~20μm 정도이다.
　㉡ 현미경으로 보면 단섬유는 다각형으로 외피 부분이 두껍게 보이고 중심에 작은 중공이 있으며, 측면은 비교적 불규칙하고 길이 방향의 조선(條線)이 보이고 중공에 의한 중앙의 선을 볼 수 있다. 그리고 곳곳에 마디가 있고 섬유의 끝이 뾰족하다.

③ 아마섬유의 성질
　㉠ 흡습성 : 아마는 표준 수분율이 9%(면은 8%)이나 건조는 면보다 빠르다.
　㉡ 비중 : 1.5로서 다른 셀룰로스섬유와 비슷하다.
　㉢ 탄성과 리질리언스 : 탄성이 나쁘고, 리질리언스도 좋지 못해서 구김이 잘 생기고, 일단 생긴 구김살은 잘 펴지지 않는다.
　㉣ 강도와 신도 : 강도는 대단히 크며, 흡습에 따라 강도가 증가하며 초기 탄성률이 크다. 그러나 신도는 작다.
　㉤ 내균·내충성 : 곰팡이에 의한 저항력이 좋다.(습기 주의)
　㉥ 내일광성과 취화 : 일광에 의해 강도가 점차 감소한다.
　㉦ 내열성 : 섬유 중 좋은 편이며, 안전다리미의 온도는 230℃이다.
　㉧ 내약품성 : 면과 비슷하나 표백제에 대한 내성이 면보다 떨어져, 강력한 정련, 표백에 의해 섬유가 많이 손상된다.

추가 설명

저마의 용도
- 섬세하고 광택이 아름다워서 여름용 한복감으로 이용된다.
- 대부분 폴리에스테르와 혼방하여 드레스, 셔츠 등에 이용된다.

추가 설명

아마의 생산
- 생경 : 종자와 잎을 제거한 정제된 줄기
- 침지 : 생경으로부터 섬유를 분리하기 위하여 목질부와 인피섬유를 접착시키고 있는 펙틴질을 발효에 의해 분해시키는 과정
- 간경 : 침지가 끝나서 건조한 것
- 제선 : 간경으로부터 섬유를 분리하는 과정
- 쇄경 : 분쇄기를 넣어서 목질부를 분쇄하여 섬유가 분리되기 쉽게 하는 과정
- 정선 : 간경으로부터 목질부를 제거하고 분리된 섬유
- 즐소 : 정선을 빗질하여 단섬유와 불순물을 제거한 깨끗한 섬유를 얻는 과정
- 장선(라인) : 즐소로 얻어진 긴 섬유
- 조선(단선) : 제선과 즐소 과정에서 분리된 짧은 섬유

추가 설명

아마섬유의 특성
- 열전도성이 좋고 수분의 흡수와 건조가 빠르다.
- 탄성이 나쁘다.
- 우아한 광택을 가지며 섬세한 실을 뽑을 수 있다.

ⓐ 염색성 : 다른 셀룰로스섬유와 차이가 없다.

(4) 기타 셀룰로스섬유

① 황마 : 61%의 셀룰로스가 다량의 리그닌과 결합되어 있으며, 마대나 융단의 기포 등에 이용된다.

② 대마
　㉠ 원산지는 인도, 페르시아 등이며 우리나라에서는 삼베라 하여 여름 옷감으로 사용된다.
　㉡ 강도가 크고 내수성·내구성이 좋아 로프, 융단의 기포, 구두나 가방의 봉사로 사용된다. 그러나 신도가 작고 탄성과 리질리언스가 나쁘다.

③ 사이잘마 : 용설란의 잎에서 얻는 엽맥섬유로서, 품질이 마닐라마보다 떨어져 마닐라마의 대용으로 주로 육상용 로프에 사용한다.

④ 마닐라마 : 아바카(Abaca) 나무의 잎에서 분리된 엽맥섬유로서, 강도가 대마의 1.2배가 되고 가볍고 내수성이 좋아 선박용 로프에 사용한다.

⑤ 야자섬유 : 야자열매의 표피층에서 얻어지는 과실섬유로서 코이어(coir)라고도 부르며, 로프나 솔 등에 사용된다.

⑥ 케이폭 : 종자섬유로서 원통상이며 천연 꼬임은 없다. 섬유내의 중공은 완전한 밀폐 공간으로 물이 침투하지 못해 부유성이 좋아서 구명구의 충전용으로 사용되며, 가볍고 탄력과 보온성이 좋아 침구의 충전용으로 사용된다.

2 천연단백질섬유

(1) 양모

① 양모의 역사
　㉠ 약 만년 전부터 중앙아시아 지방에서 사육하였으며 가장 오래된 모직물은 이집트에서 발견(4000~5000년 전의 것으로 추정)되었다.
　㉡ 유럽에서 양모를 사용한 흔적은 기원전 1500년의 것이다.
　㉢ 현재 오스트레일리아 〉 뉴질랜드 〉 아르헨티나의 순으로 생산한다.

② 양모의 생산
　㉠ 면양은 보통 1년에 1회, 봄, 따뜻한 시기에 전모(剪毛)한다.
　㉡ 플리스(fleece) : 전모(剪毛)하여 얻어지는 한 장의 양모를 말한다.
　㉢ 양모는 정련에 앞서 품질에 따라 선별하게 되는데, 양모의 위치에 따라 양모의 품질에 상당한 차이가 있다.
　㉣ 생산과정 : 전모 → 선모(選毛) → 정련 → 묽은 황산 침지 → 건조 → 탄화
　　• 선모 : 정련에 앞서 용도에 알맞은 품질로 분리하는 공정
　　• 정련 : 양모에 붙어 있는 라놀린과 이에 엉겨 있는 불순물을 제거하는 과정이며, 정련이 끝난 양모를 정련모라고 한다.

추가 설명
아마의 용도
- 수분의 흡수와 건조가 빠르고 세탁성, 내균성이 좋아 손수건, 행주, 식탁보 등에 적합하다.
- 열전도성이 좋고 수분의 흡수와 건조가 빠르고 촉감이 차서 여름용 옷감으로 좋다.
- 강도와 내수성이 좋아 천막, 범포(帆布), 소방용 호스 등에 이용된다.
- 큰 강도를 필요로 하는 구두, 가방 등의 봉사(縫絲)에 사용된다.

추가 설명
황마섬유
- 리그닌과 결합되어 있어, 일광에 의해 강도가 현저히 떨어진다.
- 표백이 어렵고 표백에 의하여 강도가 크게 떨어진다.
- 강도는 3g/d이고 습윤되면 강도가 떨어진다.

추가 설명
면양의 품종
- 재래종 : 양고기를 목적으로 사육한 품종으로 레스터, 링컨, 햄프셔, 시롭셔, 블랙페이스 등이 대표적이다.
- 메리노종 : 체질이 비교적 약하고 풍토에 따라 부적합한 것이 많다(가장 우수한 양모 생산).
- 잡종 양모 : 굵고 거칠어 메리노보다 품질이 떨어지나 탄력성이 좋다.
- 카펫양모 : 중국, 인도, 파키스탄, 러시아 등지에서 사육되는 재래종으로부터 얻은 양모로서 열등품질로 주로 카펫 제조에 사용된다.

- 탄화 : 정련 후 양모에 남아 있는 식물성 불순물을 제거하기 위해서 묽은 황산에 담갔다가 건조시키는 공정으로 이 공정을 거친 양모를 탄화 양모라고 한다.
  ㉥ 양모마크
  - 울마크 : 99.7% 이상의 신모를 사용한 순모제품에 사용
  - 울블렌드마크 : 60% 이상의 신모를 사용한 혼방제품에 사용

③ 양모섬유의 형태
  ㉠ 케라틴(keratin)이라는 단백질로 되어 있다. 케라틴은 단백질 분자사슬이 나선상으로 되어 있다.
  ㉡ 시스틴결합과 조염결합 등의 분자간 가교가 있어 탄성과 리질리언스가 좋다.
  ㉢ 단면은 원형 또는 타원형이며 3층으로 되어 있다. 가장 밖에는 스케일(scale)이라는 표피 세포층이 있는데, 이것은 방적성을 좋게 하고 양모가 축융되는 원인이 된다.
  ㉣ 메리노 양모가 가장 섬세하고 권축도 발달되어 있으며, 다른 재래종이나 잡종과는 달리 켐프(kemp : 거칠고 백색인 인종의 사모(死毛))를 함유하고 있지 않다.

④ 양모섬유의 성질
  ㉠ 비중 : 1.32로 셀룰로스섬유보다 가볍다.
  ㉡ 탄성과 리질리언스 : 천연섬유 중 탄성과 리질리언스가 가장 좋다.
  ㉢ 강도와 신도 : 천연섬유 중에서 비교적 강도는 약하나 신도는 큰 편이다. 습윤 시에는 강도가 20% 정도 감소한다. 그러나 굴곡강도와 마찰강도가 좋아 내구성은 나쁘지 않다. 초기탄성률은 아주 작다.
  ㉣ 염색성 : 대단히 좋으며 특히 산성 염료가 가장 많이 사용된다.
  ㉤ 흡습성 : 표준 수분율 16%로서 섬유 중에서 가장 크다. 포화수증기 중에서 27%까지 수분을 흡수하며, 수분을 다량흡수한 양모도 축축한 감을 주지 않는다.
  ㉥ 내열성 : 300℃에서 탄화, 135℃ 이상에서 장시간 방치하면 분해되기 시작한다. 불꽃속에서는 머리카락이 타는 듯한 냄새가 난다.
  ㉦ 보온성 : 열전도율이 낮을 뿐만 아니라 권축에 의한 함기성이 크므로 보온성이 좋다.
  ㉧ 축융성 : 양모의 표면에는 생선비늘 모양의 스케일이 있어 양모섬유가 서로 마찰되면 섬유가 엉켜 풀리지 않는다. 그래서 이를 비눗물에 적시고 가열하에서 문지르면 섬유는 엉키면서 두터운 층을 만든다. 이 성질을 축융성이라 하고 축융성을 이용하여 펠트(felt) 제조와 양모직물의 축융가공을 할 수 있다.
  ㉨ 내균 · 내충성 : 좀의 침해를 받기 쉽고 습기찬 곳에는 곰팡이가 생긴다.
  ㉩ 내일광성과 노화 : 일광에 의해 강도가 감소되고 백색 양모는 대기 중에서 산화되거나 약품 작용으로 황색으로 변한다. 황변한다.
  ㉪ 내약품성 : 황산, 질산 등의 진한 무기산용액에서 분해되고 5%의 수산화나트륨(NaOH)용액에서 완전히 용해된다.

> **추가 설명**
> 황산에 의한 탄화 공정 : 양의 털을 깎아 정련을 한 후 식물성 불순물을 제거하는 방법으로 널리 쓰이는 방법이다.

> **추가 설명**
> 양모의 형태
> - 케라틴이라는 단백질로 되어 있으며, 케라틴에는 시스틴(cystine)이라는 황을 함유한 아미노산이 있다.
> - 양모의 표피층의 내부에는 내섬유층이 있고, 이는 오르토와 파라 내섬유로 되어 있기 때문에 권축을 이루게 된다.

> **추가 설명**
> 양모섬유의 성질
> - 양모는 보온성이 좋고 흡습성이 큰 위생적인 섬유이면서 탄성과 리질리언스가 좋아 구김이 잘 생기지 않는 우수한 피복 재료이다.
> - 섬유 형태가 독특하여 여러 가지 성능을 가지고 있으며 염색성도 우수하다.
> - 양모는 스케일(scale)에 의해 축융성이 나타난다.
> - 내추성이 우수하여 옷감에 구김이 잘 생기지 않으며 제품의 형체 안정성이 좋다.

> **추가 설명**
> 클로리네이션(chlorination) : 양모를 염소로 처리하여 양모 스케일의 일부를 용해 · 제거시켜서 축융에 의한 수축을 방지하는 가공방법이다.

(2) 견

① 견섬유의 형태

　㉠ 생사의 단면
- 피브로인 : 선상단백질로서 글리신, 알라닌, 세린, 티로신 등의 아미노산으로 구성되어 있고 그 조성이 단순하고 폴리펩티드 사슬도 거의 직선상으로 배열되어 있다.
- 세리신 : 일종의 견 단백질로 더운물 또는 묽은 알칼리에 의해 용해되므로 정련하면 피브로인만 남는다.

　㉡ 길고 섬세한 섬유로서 천연섬유 중에서 유일한 필라멘트섬유(800~1200m)이다.

　㉢ 피브로인의 단면은 견 특유의 삼각 단면을 가지고 있으며 측면은 투명한 봉과 같이 보인다.

② 견섬유의 성질

　㉠ 비중 : 생사는 1.33~1.45, 정련견은 1.25로 양모와 비슷하다.

　㉡ 탄성과 리질리언스 : 천연섬유 중에서 양모 다음으로 탄성회복률이 우수하고 리질리언스도 좋은 편이다.

　㉢ 강도와 신도
- 생사의 강도는 비교적 강한 섬유이고, 신도는 양모보다 작다. 습윤 상태에서 강도는 감소하고 신도는 증가한다.
- 초기탄성률이 커서 비교적 강직한 섬유에 속한다.

　㉣ 내균·내충성 : 곰팡이나 해충에 침해되는 일은 비교적 적다.

　㉤ 내일광성과 노화 : 일광에 아주 약한 섬유이며, 일광에 의해 강도가 저하된다.

　㉥ 내열성 : 110℃ 이상에서 15분만에 황변하고, 170℃ 이상에서 분해된다.

　㉦ 내약품성
- 내알칼리성이 약해서 강한 알칼리에 쉽게 손상되며 더운 5%의 수산화나트륨(NaOH)에 완전히 용해된다.
- 염소계 표백제 : 사용할 수 없다.

　㉧ 염색성 : 여러 가지 염료에 잘 염색된다.

　㉨ 흡습성 : 포화 수중기 중에서는 25~35%까지 수분을 흡수한다.

③ 견섬유의 용도 : 여성의 옷감, 넥타이, 스카프 등에 이용되며 한복감으로 좋은 재료이다.

(3) 헤어섬유

양모를 제외한 동물모를 헤어(hair)라 하고 섬유에 이용하는 동물모는 다음과 같다.

① 낙타류

　㉠ 알파카
- 안데스산 3,000m 이상의 고지대에서 사육되는 낙타계에 속하는 동물의 털이다.
- 권축은 거의 없고 스케일이 조금 있으며 부드럽고 광택이 좋으며 강도는 양모보다

추가 설명

조사(操絲)
- 고치로부터 생사를 뽑는 과정을 조사라고 한다.
- 4~16개의 고치에서 나오는 섬유를 합쳐 꼬임을 주면서 하나의 실로 뽑는다. 이렇게 얻어진 견사를 생사(生絲)라 한다.
- 생사는 상당량의 세리신을 함유하고 있어 거칠고 광택도 좋지 못하다. 이 생사를 비누와 약한 알칼리 용액과 함께 가열하면 세리신이 용해·제거되어 부드럽고 우아한 광택을 가진 견사를 얻게 되는데 이 공정을 정련이라고 하고 정련이 끝난 견사를 정련견이라고 한다.

추가 설명

견섬유의 단면 형태 : 삼각형에 가까운 모양으로 2가닥의 피브로인을 세리신이 둘러싸고 있다.

추가 설명

견직물의 관리
- 세탁은 드라이 클리닝이 안전하지만 엷은 색의 직물은 드라이 클리닝에 의해 재오염되기 쉬우므로 주의한다.
- 가정에서 할 경우에는 반드시 중성세제와 연수를 사용해야 한다.
- 백색견은 사용중에 황변된다. 따라서 세탁 시 중성세제와 연수(특히 철분이 없는)를 사용하고 물의 온도는 35℃ 이하를 유지하며 직사광선을 피하는 등의 주의가 필요하다.

크다.
- 얇은 직물, 양복감, 특히 안감으로 애용된다.

ⓒ 낙타모
- 쌍봉 낙타의 털을 이용하며 스케일과 권축이 잘 발달되어 있고 촉감도 부드럽다.
- 대개 짙은 색으로 염색해서 사용되며 언더코트, 벨트, 매트, 심 등에 사용된다.

ⓒ 비큐나 : 남아메리카 고지대에서 야생하고 있는 동물의 털로서, 메리노양모보다 섬세하고 부드러워 고급 직물용으로 이용된다.

② 염소류
ⓐ 캐시미어
- 캐시미어 염소로부터 얻은 털로서, 부드럽고 가벼우며 고상한 견광택을 가지고 있다.
- 최고급 섬유로 평가되어 고급 숙녀용 코트, 숄 등에 사용된다.

ⓑ 모헤어
- 산양에서 얻는 털로서, 표면이 매끄럽고 좋은 리질리언스를 가졌으나, 권축과 스케일이 적어서 방적성이 나쁘고 축융성이 없다.
- 실내 장식용 특히 의자커버용 직물, 첨모직물, 여름용 옷감으로 좋다.

③ 토끼털
ⓐ 앙코라 토끼털이 주로 사용되며, 권축과 스케일이 없어서 단독으로는 방적할 수 없고 양모와 혼방하여 방적한다.
ⓑ 모편성물 특히 숙녀용 스웨터, 장갑 등에 사용한다.

03 인조섬유

1 섬유의 제조

(1) 인조섬유의 발달

① 로버트 훅(Robert Hook) : 1665년 인간이 섬유를 제조할 수 있을 것이라고 시사한 바 있다.
② 오디마르스(Audemars) : 1855년 인조섬유의 제조 가능성을 보여주었다.
③ 오자남(Ozanam) : 1862년 방사구를 고안하였다.
④ 스완(Swan) : 1883년 니트로셀룰로스 섬유를 만들고, 이것을 탈질산하여 인화성이 없는 재생섬유로 만들었으며 이 섬유를 이용하여 백열전구를 만드는 데 성공하였다.
⑤ 샤르돈네(Chardonnet) : 1889년 레이온을 만들었다.
⑥ 크로스(Cross)와 비반(Bevan) : 1892년 비스코스레이온이 발명되었다.
⑦ 캐로더스(Carothers) 연구진 : 1937년 나일론 합성에 성공하였다.
⑧ 우리나라는 1963년에 나일론의 생산과 함께 합성섬유공업이 시작되었다.

추가 설명
헤어섬유의 종류 : 모헤어, 캐시미어, 낙타모, 알파카, 비큐나, 토끼털 등이 있다.

추가 설명
모헤어 : 까실까실한 느낌을 주므로 여름용 옷감, 의자커버용 직물 등에 많이 쓰인다.

추가 설명
캐시미어의 특징
- 산양의 일종인 동물에서 얻은 털섬유이다.
- 견광택이 있어 매우 부드러우나 가격이 비싸다.

추가 설명
방사원액 : 인조섬유를 만드는 화학방사과정 중 원료중합체를 녹여 액상으로 만든 것이다.

추가 설명
인조섬유
인공적으로 만들어낸 섬유를 통틀어 이르는 말이다.

추가 설명
인조섬유의 유형
- 재생섬유
- 합성섬유
- 무기섬유

(2) 화학방사

① 일반적인 화학방사법의 공정

㉠ 원료가 되는 천연 또는 합성중합체를 액상으로 만든다. 인조섬유를 만들기 위해 용융 또는 용해된 액체상의 중합체를 방사원액이라고 한다.

㉡ 방사원액을 방사구를 통해 사출(射出)한다.

㉢ 방사구에서 사출되어 나오는 방사원액을 응고, 증발, 냉각하는 등의 방법으로 고체상의 섬유를 만든다.

- 용융방사 : 용융된 방사원액을 찬 공기 속에 사출하여 냉각에 의해 고체섬유를 얻는 간편한 방법 **예** 나일론, 폴리에스테르, 폴리프로필렌
- 건식방사 : 휘발성 유기용매에 용해한 방사원액을 더운 공기 속에 사출하여 유기용매를 증발시켜 다시 섬유상의 중합체를 얻는 방법 **예** 아세테이트
- 습식방사 : 방사원액을 물 또는 약품용액 중에 사출하여 중합체를 응고시켜 섬유를 얻는 방사법 **예** 레이온

② 극세섬유를 만들기 위한 방사법

㉠ 분할법 : 폴리에스테르와 나일론의 팽윤의 차를 이용하여 두 종류의 섬유를 분리분할하면 0.1데니어 정도의 극세섬유가 만들어져 초고밀도직물과 인조스웨이드의 제조에 이용된다.

㉡ 매트릭스-피브릴법(해도법) : 피브릴(fibril : 도)과 매트릭스(matrix : 해)로 된 복합섬유를 만들고 매트릭스 성분을 용제로 용해하여 제거하면 피브릴만 남게 되어 초극세섬유와 투습방수직물을 얻을 수 있다.

③ 필라멘트 토우(filament tow) : 여러 개의 방사구에서 나오는 섬유가 합해져서 굵은 로프상의 섬유를 얻는 것을 필라멘트 토우라고 한다. 여기에 권축을 만들어 주고 적당한 길이로 절단하여 스테이플 파이버를 만들거나 방적사를 만든다.

④ 원액염색 : 염색이 아주 어려운 섬유에 쓰이는 방법으로 방사원액에 색소를 첨가하여 색사를 얻는 염색법이다.

⑤ 무광섬유 : 인조섬유에는 광택섬유와 무광섬유가 있는데, 방사원액에 이산화티탄(TiO_2)을 섞어 주면 무광섬유가 얻어진다.

⑥ 복합섬유 : 방사시 두 종류의 방사원액을 한 구멍으로 동시에 사출하여 생성된 섬유가 두 성분으로 접착된 섬유를 얻어 권축이 생기는데, 이 섬유를 복합섬유 또는 콘쥬게이트 파이버(conjugate fiber)라 한다.

2 재생인조섬유

(1) 아세테이트

① 아세테이트의 특성

㉠ 형태 : 단면에 주름이 잡혀 있기는 하나 비스코스레이온처럼 날카롭지 않고 둥글기

추가 설명

화학방사
천연 또는 합성중합체로부터 인조섬유를 만드는 공정을 화학방사라고 한다.

추가 설명

연신 공정
- 방사구에서 나와 섬유상으로 응고 또는 고화된 그대로의 섬유는 섬유내에서의 분자의 배향이 좋지 못하기 때문에 분자배향을 위하여 방사구를 나올 때의 길이의 수배로 잡아당겨 늘여 준다. 이 공정을 연신이라고 한다.
- 일반적으로 연신에 의해 강도는 향상되는 반면 신도는 줄어든다.

추가 설명

방사구를 사용하지 않은 방사법으로 만든 실
- 스플리트사(split) : 방사구 대신 필름을 사용하여 테이프상으로 쪼개어 고온으로 연신하여 만든 실을 스플리트사라고 한다.
- 슬리트사 : 테이프상의 필름을 연신만 하고 섬유화하지 않은 가는 테이프상의 실을 슬리트사, 필름사, 플래트(flat)사라고 한다.

때문에 촉감이 비스코스레이온보다 부드럽다.
    ⓒ 염색성 : 아세테이트는 셀룰로스의 활성기인 OH기가 아세틸화되어 있어 친수성이 좋지 못하고, 염료를 흡착할 원자단이 없어서 염색이 어려워 분산염료를 사용해야 한다. 짙은 색이 필요할 때는 원액염색을 한다.
    ⓒ 흡습성 : 아세테이트섬유는 셀룰로스의 수산기가 아세틸화되어 있어 친수성이 줄어들어서 셀룰로스섬유에 비해 흡습성이 작다. 표준수분율이 디아세테이트는 6.5%로 면보다 조금 작은 정도인데 비해 트리아세테이트는 3.5% 정도로 나일론보다도 작으며 열고정을 하면 수분율이 2.5%까지 낮아진다. 그리하여 트리아세테이트는 워시 앤드 웨어(wash and wear)성이 좋다.
    ② 비중 : 1.30(트리아세테이트)~1.32(디아세테이트)로 양모(1.32)와 비슷하다.
    ⓜ 탄성과 리질리언스 : 탄성회복률이 매우 좋아서 1% 신장에서 100% 회복되며, 리질리언스도 좋아서 구김이 덜 생긴다.
    ⓑ 강도와 신도 : 습윤되면 강도가 감소하나 비스코스레이온처럼 심하지 않고, 초기탄성률이 26~41g/d로 레이온보다 작아서 보다 유연하다.
    ⓢ 내균·내충성 : 좀벌레나 기타 해충이 아세테이트를 침식하지 못한다.
    ⓞ 내일광성 : 나일론이나 견보다 우수하다.
    ⓩ 내열성 : 디아세테이트는 175℃에서 연화, 트리아세테이트는 230℃에서 연화하여 트리아세테이트는 열가소성이 좋다.
② 아세테이트의 용도
    ⓞ 레이온보다 부드럽고 매끄러워서 드레스의 안감으로 사용된다.
    ⓒ 드레이프(drape)성과 부드러운 촉감으로 인하여 여성 및 아동의 옷감으로 사용된다.
    ⓒ 열고정이 가능하여 주름스커트, 블라우스에 사용된다(트리아세테이트가 월등히 우수).

(2) 레이온

면린터, 목재펄프 등 셀룰로스를 원료로 하여 만든 인조섬유를 레이온(rayon) 또는 인견(人絹)이라 한다. 제조법에는 비스코스(viscose)법과 구리암모늄법이 있다.
① 비스코스레이온
    ⓞ 침지(머서화) : 목재펄프(90%의 셀룰로스)를 수산화나트륨으로 처리하면 알칼리셀룰로스가 된다.
    ⓒ 노성 : 덩어리가 된 알칼리셀룰로스를 분쇄하여 밀폐용기 속에 넣어서 일정 온도에서 일정 시간 동안 방치한다.
    ⓒ 황화 : 노성이 끝난 알칼리셀룰로스를 밀폐용기 속에 넣고 2황화탄소와 작용시켜 셀룰로스 크산테이트를 얻는다.
    ② 숙성 : 셀룰로스 크산테이트를 물이나 묽은 수산화나트륨용액에서 용해시켜 끈끈한 용액을 얻는데 이 용액을 비스코스라고 하며 방사원액으로 사용한다. 이 비스코스를

추가 설명

아세테이트의 제조 : 초산셀룰로스로 만들어진 섬유를 아세테이트라고 하는데, 아세테이트 섬유의 원료로는 면린터나 품질이 좋은 목재펄프를 사용한다.

추가 설명

아세테이트의 특성
- 단면은 주름잡혀 있으나 레이온에 비해 굴곡이 적다.
- 유연하고 탄성과 리질리언스가 좋아 구김이 잘 생기지 않는다.
- 좋은 드레이프성과 부드러운 촉감을 가지고 있다.
- 매끄러워 드레스의 안감으로도 널리 사용되는 섬유이다.
- 열고정이 가능하다.

추가 설명

기타 재생섬유
- 재생단백질섬유 : 단백질을 묽은 수산화나트륨용액에 용해하여 방사원액을 만들어 이 원액을 방사액에 사출하여 섬유를 얻는다. 카제인 섬유, 아라킨 섬유, 제인섬유, 글리시닌 섬유 등이 있다.
- 알긴산섬유 : 미역, 다시마 등이 함유되어 있는 섬유질 성분인 알긴산(alginie acid)을 원료로 하여 만든 섬유로서, 외과수술용 봉사, 또는 용해성을 필요로 하는 섬유 등 특수 목적에 사용된다.

추가 설명

비스코스레이온의 제조과정 : 침지 → 노성 → 황화 → 숙성 → 방사

일정 시간 보존하여 셀룰로스 크산테이트가 완전히 용해되면 방사한다.
ⓜ 방사 : 숙성이 끝난 비스코스는 여과한 후 방사장치에 보내져서 방사구를 통해 응고액 속으로 사출되어 응고되고 셀룰로스로 재생된다.

② 특수 비스코스레이온
  ㉠ 권축레이온 : 노성의 정도가 다른 비스코스를 사용하여 복합섬유를 만들어 권축섬유를 만든다.
  ㉡ 폴리노직레이온과 고습강력레이온
    • 폴리노직레이온 : 원료펄프로 좀더 질이 좋은 것을 사용하고, 제조공정 중 노성과 숙성을 생략하거나 단축하는 등 변화를 주어 중합도가 높고 결정과 배향이 향상된 면과 같은 피브릴(fibril) 구조를 가진 레이온이다.
    • 고습강력레이온 : 강력레이온의 제법에 기초를 둔 것으로 폴리노직레이온과 강력레이온의 중간 정도이다. 이는 방사 속도를 느끼게 하여 연신에 따라 섬유내에서 분자의 결정성과 배향성을 향상시킨다.
  ㉢ 강력레이온 : 좋은 펄프를 사용하고 방사속도를 느리게 하여 분자의 배향을 향상시켜 강도가 큰 레이온을 만든다. 모달(modal)이 대표적이다.

③ 기타 레이온
  ㉠ 리오셀 : 텐셀이라는 상호로 알려져 있으며, 제조과정에서 나타나는 독성과 공해문제를 해결할 수 있는 것으로 알려져 있다.
  ㉡ 비누화아세테이트레이온 : 아세테이트 섬유를 연신하여 알칼리액으로 처리한 섬유인데, 결정과 분자배합이 발달되어 강도가 특별히 크다.
  ㉢ 구리암모늄레이온 : 셀룰로스 원료를 수산화구리(Cu(OH2))의 암모니아 용액에 용해하여 방사원액을 만들어 흐르는 물 속에 사출하여 얻는 것인데, 고급레이온으로 특수한 목적에 사용된다. 벰베르크(Bemberg)레이온이라고도 한다.

④ 레이온의 특성
  ㉠ 형태 : 비스코스레이온은 단면이 불규칙하게 주름이 잡혀 있어 측면에는 이 주름에 의한 평행된 선을 볼 수 있다. 구리암모늄레이온과 폴리노직레이온은 단면이 거의 원형이고 투명하며, 측면은 거의 균일한 봉상(棒狀)이다.
  ㉡ 흡습성 : 흡습량이 많아서 표준수분율이 12% 내외이다. 따라서 수분에 의해 크게 팽윤되므로 습윤상태에서 강도가 많이 떨어진다.
  ㉢ 비중 : 1.5~1.53으로 천연셀룰로스와 비슷하나 천연섬유보다 무겁게 느껴진다.
  ㉣ 탄성과 리질리언스 : 좋지 못하다.
  ㉤ 강도와 신도 : 강도는 크지 않으며 습윤 시 강도는 반 가까이 떨어진다. 따라서 염색이나 세탁 시 특별한 주의가 필요하다. 그러나 신도는 적당해져 습윤 시는 증가한다.
  ㉥ 내균 · 내충성 : 반대좀(衣魚) 및 곰팡이에 의해 침식된다.
  ㉦ 내일광성 노화 : 면보다 쉽게 일광에 손상된다.

추가 설명

노성 : 분쇄된 알칼리셀룰로스를 일정 온도에서 일정 시간 방치하는 공정이다. 노성을 거치면 알칼리셀룰로스는 공기 중의 산소에 의해 산화되어 중합도가 떨어진다.

추가 설명

레이온의 형태 : 레이온은 화학적으로 순수한 셀룰로스로 되어 있다. 그러나 이들 셀룰로스는 천연 셀룰로스와는 차이가 있다. 그러나 이들 셀룰로스는 천연 셀룰로스와는 차이가 있다. 면이나 아마 등 천연섬유는 결정형이 셀룰로스 Ⅰ로 되어 있는데 반해 레이온 등 재생 셀룰로스는 셀룰로스 Ⅱ로 되어 있다.

- ⊙ 내열성 : 220℃에서 다림질 안전, 고온이 장시간 계속되면 황변된다.
- ㉘ 내약품성 : 알칼리에 의하여 크게 팽윤되고 손상되나 폴리노직레이온은 내알칼리성이 좋아서 머서화가공을 할 수 있다.
- ㉚ 염색성 : 천연셀룰로스섬유보다 염색이 쉽게 된다.

⑤ 레이온의 용도
- ㉠ 레이온은 내구성이 좋지 못해서 물과 약품이 자주 접하는 곳, 즉 어망, 로프, 자주 빨아야 하는 속옷 등에는 좋지 않다.
- ㉡ 매끄럽고 광택이 좋으며 표면 전기의 발생이 없으므로 안감으로 우수하다.
- ㉢ 레이온은 안감을 비롯한 의류, 커튼, 레이스 등에 다양하게 사용한다.

3 축합중합체 합성섬유

(1) 폴리에스테르 섬유

① 폴리에스테르의 개념 : 에스테르결합(-COO-)에 의해 이루어진 중합체를 말하는데, 오늘날 테릴렌(Terylene)으로 잘 알려져 있다. 현재 널리 사용하고 있는 폴리에스테르섬유는 에틸렌 글리콜과 테레프탈산을 고온·진공하에서 축합중합하여 얻어진 원액을 용융방사하여 얻는다.

② 폴리에스테르섬유의 성질
- ㉠ 형태 : 중합도는 80 내외로, 단면은 원형으로 투명하다.
- ㉡ 흡습성 : 표준수분율 0.4%, 100% 상대습도에서 0.8%에 지나지 않는다. 따라서 작은 흡습성으로 세탁 후 쉽게 건조되고, 형체의 안정성을 가지고 있어 워시 앤드 웨어성이 좋은 피복을 만들 수 있다.
- ㉢ 비중 : 1.38로 양모와 비슷하다.
- ㉣ 탄성과 리질리언스 : 폴리에스테르는 2% 신장 후의 탄성회복률이 97%로서, 천연섬유보다 우수하나 나일론보다는 뒤진다. 그러나 작은 신장 후의 즉시 회복성은 나일론보다 우수하므로 착용 시 작은 신장을 받는 의복감으로는 좋다. 리질리언스는 아주 좋아서 구김으로부터 회복성이 아주 좋아 열고정된 옷은 다림질을 거의 필요로 하지 않는다.
- ㉤ 강도와 신도 : 강도는 나일론과 함께 강한 섬유에 속한다. 폴리에스테르는 흡습성이 대단히 작아서 습윤 상태에서도 강도가 감소하지 않는다. 신도는 나일론에 비해 좀 작은 편이다. 이것은 신도가 작은 면과 혼방하는 데는 유리한 점이어서 혼방에는 나일론보다 더 많이 사용된다. 흡습성이 작으므로 습윤 상태에서도 신도에는 변화가 없다.
- ㉥ 내균·내충성 : 침식하는 일은 거의 없다.
- ㉦ 내일광성 : 아크릴 다음으로 좋아서 커튼용으로 적당하다.
- ㉧ 내열성 : 좋은 열가소성을 가지므로, 실이나 직물을 높은 온도에서 열고정하면 가정에서 사용하는 열탕이나 다림질에 의해 열고정한 형태가 변하지는 않으며 수축하거

추가 설명

폴리에스테르의 특성
- 작은 신장 후의 즉시 회복성이 우수하다.
- 습윤시 강도 변화가 거의 없다.
- 신도가 작은 편이며, 탄성률이 좋기 때문에 구김으로부터의 회복성이 대단히 우수하다.
- 알칼리 감량가공으로 촉감을 개선한다.
- 축합중합반응에 의해 생성된 중합체로 된 섬유이다.

추가 설명

기타 폴리에스테르섬유
- 코델(Kodel) : 에틸렌글리콜 대신 사이클로헥산디메탄올을 사용한 것으로 비중이 작고 내열성이 좋다. 특히 내열성을 필요로 하는 곳에 사용한다.
- 피비티(PBT) 섬유 : 테레프탈산과 부탄디올을 사용한 것으로 스타킹, 운동복, 카펫 등의 용도에 쓰이나 널리 사용되지 않고 있다.

나 늘어나는 일도 없다. 열고정에 의해 형체의 안정성뿐만 아니라 내추성과 항구적인 주름을 줄 수 있어 위시 앤드 웨어성이 우수한 의복을 만들 수 있다.
ⓒ 내약품성 : 산, 알칼리에 저항성이 강하나 진한 알칼리와 함께 가열하면 섬유 표면의 일부가 용해되면서 강도가 떨어진다. 이 성질을 이용하여 섬유를 처리하면 폴리에스테르 직물의 촉감이 크게 향상된다(알칼리 감량가공).
ⓐ 염색성 : 분산염료를 사용하고 캐리어(carrier)라는 침투제를 사용하든가 고온, 고압 등의 특수 염법이 사용된다.

③ 폴리에스테르의 용도
㉠ 일반 의복으로 가장 많이 사용되는 인조섬유로서 혼방하여 널리 이용된다.
㉡ 열가소성이 뛰어나 주름치마를 만드는 데 좋다.
㉢ 양모나 면, 레이온과의 혼방에 많이 쓰인다.
㉣ 알칼리 감량 가공을 한 폴리에스테르는 견과 매우 비슷하며 죠젯, 크레이프드신 등에 많이 사용된다.

(2) 폴리아미드섬유

① 폴리아미드섬유의 개념 : 아미드기에 의해 단량체가 연결되어 중합체를 이루는 섬유로서 '나일론'이라는 일반명으로 통용되고 있다. 폴리아미드섬유의 대표적인 것으로 나일론 66과 나일론 6이 있다.

② 나일론의 성질
㉠ 형태 : 단면은 원형에 가까우며, 측면은 평활한 봉상(棒狀)이다. 그러나 용도에 따라 이형단면의 나일론을 생산하기도 한다.
㉡ 염색성 : 산성 염료가 많이 쓰이지만 고압염색법이 이용되기도 하며, 분산염료를 사용하기도 한다.
㉢ 흡습성 : 표준수분율 4%로 천연섬유에 비해 흡습성이 낮다. 이로 인해 빨래가 쉽게 건조되고 열가소성이 좋으나, 더운 기후의 옷감에 부적당하고 염색이 어렵다.
㉣ 비중 : 1.14로서 아주 가볍다.
㉤ 탄성과 리질리언스 : 탄성이 아주 좋아서 8% 신장에 100% 회복된다. 리질리언스도 대단히 우수하여 구김이 잘 생기지 않는다.
㉥ 강도와 신도
• 나일론은 큰 항장력을 가진다. 강도 4.8~6.4g/d이고, 습윤 시에 강도는 15% 정도 감소된다. 나일론은 좋은 신도(28~42%)를 가지며 습윤 시 신도는 32~52% 내외로 증가한다.
• 나일론은 가장 좋은 마찰강도를 가지며, 초기탄성률이 낮아서 부드럽지만 옷이 쳐지므로 정장 옷감 직물에는 적당하지 않다.
㉦ 내균·내충성 : 해충이나 미생물의 해를 받지 않는다.

추가 설명

나일론섬유의 제조 : 용융방사하여 만드는데, 방사된 섬유를 냉각하여 고화시킨 다음 4~5배로 연신한다. 이때 섬유는 가늘어지면서 분자배향이 향상되어 강도가 좋아진다. 이 공정을 냉연신(冷延伸)이라 하는데, 다른 인조섬유들은 모두 높은 온도에서 연신한다(고온연신).

추가 설명

천연섬유와 비교할 때 합성섬유의 특성
• 장점 : 관리의 편의성이다. 구김도 잘 생기지 않고, 세탁 후 쉽게 건조되며, 물에 의해 변형이 생기지도 않을 뿐 아니라 알칼리에도 비교적 강하다.
• 단점 : 흡습성이 작기 때문에 위생적인 성능은 좋지 않으며, 사용 후 버렸을 때 썩지 않는다.

추가 설명

나일론의 특성
• 마찰강도가 커 양말, 셔츠 등에 널리 쓰인다.
• 초기탄성률은 낮아 편성물로 많이 사용된다.
• 좋은 신도를 가져 양말, 란제리, 카펫 등에 널리 사용된다.
• 비중은 작은 편으로 가벼운 옷감을 만들 수 있다.
• 일광에는 약하나 신도가 크다.

⊚ 내일광성 : 견보다 우수하나 직사광선에 의해 강도가 현저히 줄어든다.
  ㉣ 내열성 : 나일론은 150℃ 이상의 온도에 장시간 방치하면 황변한다. 열가소성이 좋아서 열고정가공을 이용할 수 있다.
  ㉤ 내약품성 : 약품에 대한 안정성은 비교적 좋으며, 알칼리에는 별로 손상되지 않으며, 묽은 무기산에도 크게 손상되지 않는다.
③ 기타 폴리아미드섬유
  ㉠ 나일론 610 : 헥사메틸렌디아민과 세바스산의 축합중합으로 얻는데, 리질리언스가 좋아서 솔, 카펫제조용으로 사용된다(뒤퐁사 개발).
  ㉡ 나일론 11 : 프랑스에서 개발된 것으로 피마자유를 원료로 하여 만들어지며 릴산(Rilsan)이라고 불린다.
  ㉢ 키아나(Qiana) : 뒤퐁사에서 견의 대용으로 개발한 것이다.
  ㉣ 아라미드(Aramid) : 내열성이 좋고 고탄성률 섬유로서 내열작업복이나 산업용 섬유로 이용된다. 또 강도가 커서 방탄복, 방탄모 등에 사용된다. 현재 노멕스(Nomex)와 케블러(Kevlar)의 두 종류가 생산되고 있다.
④ 나일론의 용도 : 나일론은 의류를 비롯하여 카펫 등의 실내장식이나 자동차 타이어코드, 솔 등의 공업용으로 널리 사용된다. 의류로서는 초기탄성률이 작아서 직물보다는 편성물로 스포츠 웨어, 스타킹, 란제리에 많이 사용된다.

(3) 스판덱스

① 폴리우레탄(polyurethane)의 개념 : 2가 알코올과 디이소시아네이트를 축합중합하여 얻어진 섬유이다. 1950년대 미국에서 폴리우레탄으로 신축성이 큰 섬유인 라이크라(상품명)의 생산을 개시했는데, 이와 같은 폴리우레탄을 주성분으로 하고 고무와 같이 신축성이 큰 섬유를 총칭하여 스판덱스(spandex)라고 부르며 고무 대용으로 여러 곳에 사용된다.
② 스판덱스의 특성
  ㉠ 형태 : 분자간 가교를 이루고 있으며, 방사는 건식 또는 흡식방사에 의해 만들어지며 멀티(multi) 또는 모노(mono) 필라멘트로 생산된다. 단면형은 종류에 따라 다르다.
  ㉡ 흡습성 : 표준수분율은 0.3~1.3%이다.
  ㉢ 비중 : 1.2로서 천연고무보다 무겁다.
  ㉣ 강도와 신도 : 강도는 0.6~0.1g/d 정도이고, 신도는 450~800%, 탄성은 아주 우수하다.
  ㉤ 내열성 : 융점이 230~270℃이다.
  ㉥ 내약품성
    • 내약품성이 좋은 편이나, 고온의 강알칼리에 의해서는 강도가 떨어진다.
    • 염소나 염소계 표백제에 의해서는 색이 변하고 강도가 떨어진다.
  ㉦ 염색성 : 염색이 가능하며, 산성·염기성·분산염료에 의해 좋은 색상을 얻을 수 있다.

추가 설명

나일론의 문제점 : 합성섬유의 공통적인 문제
• 필링이 발생된다.
• 흡습성이 적다 : 불쾌감, 세탁 시 완전히 헹구어야 한다(정전기 발생).
• 기름에 오염되기 쉽고 오염되면 잘 제거되지 않는다.

추가 설명

폴리우레탄의 특성
• 신도가 450~800%로 우수하며 탄성도 우수하다.
• 고무의 대용이나 파운데이션과 수영복 등에 널리 사용된다.
• 높은 온도의 강알칼리나 염소계 표백제에 의해 강도가 저하된다.

③ 스판덱스의 용도 : 피복재료로서의 성질이 천연고무보다 우수하므로 고무 대용으로 코르셋, 거들, 가터, 브래지어 등의 파운데이션과 수영복 등에 널리 사용되고 있다. 그리고 직물에도 혼방하여 탄성이 큰 옷감을 만들기도 한다.

4 부가중합체 합성섬유

(1) 아크릴섬유

① 아크릴섬유의 개념 : 85% 이상의 아크릴로니트릴과 15% 이하의 다른 단량체로 된 공중합체로 만들어진 섬유를 총칭한다.

② 아크릴섬유의 특성
- ㉠ 형태 : 중합도 2,000 정도이며 단면은 일정치 않다.
- ㉡ 흡습성 : 표준수분율이 1.0~2.0%이다. 작은 흡습성으로 인하여 염색이 어렵고 표면 전기가 축적되는 결점이 있다.
- ㉢ 비중 : 1.16~1.18로서 양모보다 가볍다. 더욱이 벌크가공이 된 아크릴섬유는 대단히 가볍게 느껴진다.
- ㉣ 탄성과 리질리언스 : 탄성은 나일론처럼 우수하지는 못하나 2% 신장 후 탄성회복률은 97~99%이다. 리질리언스는 좋다.
- ㉤ 강도와 신도 : 강도는 2.2~4.2g/d이고, 신도는 20~50%이다. 습윤 시 다소 강도가 떨어지는데 큰 변동은 없다.
- ㉥ 내균·내충성 : 침해를 받지 않는다.
- ㉦ 내일광성 : 현재까지 가장 좋은 섬유이다.
- ㉧ 내열성 : 200℃ 이상에서 연화되고, 아크릴섬유는 열에 대한 준안정성(metastable)을 가지고 있는데 이것은 하이벌크사를 얻을 수 있는 장점이 된다.
- ㉨ 내약품성 : 강알칼리에 분해되며 변색된다.
- ㉩ 염색성 : 대체로 캐티온 염료(염기성 염료)에 염색되며, 분산염료에 염색된다.

③ 아크릴섬유의 용도
- ㉠ 하이벌크 가공된 실은 편성물용으로 가장 적당하여 스웨터나 내복 등의 편성물용으로 많이 사용되고 모포에도 많이 사용된다.
- ㉡ 가열신장 한 아크릴섬유와 정상 아크릴섬유와 혼합하여 파일(pile)직을 만들고 열처리를 하면 열신장된 파일섬유는 수축되어 짧아지므로 마치 천연모피의 솜털과 같은 역할을 하고 정상섬유는 긴 그대로 남아 있어 겉털과 같은 역할을 하게 되므로 전체가 천연모피와 매우 비슷해진다.

(2) 모드아크릴섬유

① 아크릴로니트릴을 85% 이상 함유하는 것을 아크릴섬유라 하고, 아크릴로니트릴이 85% 이하에서 35% 이상을 함유하는 섬유를 모드아크릴섬유(modacryl fiber)라고 한다.

추가 설명

신도 : 옷감의 신축성을 좌우하는 원료섬유의 성질로 가장 중요하다.

추가 설명

아크릴섬유의 특성
- 가볍고 부드러워서 널리 쓰이며 내일광성이 특히 좋다.
- 비중은 1.17 정도로 양모보다 가볍고 벌크가공된 것은 리질리언스가 더 우수하다.
- 열에 대한 준안정성을 가지고 있어 하이벌크사를 얻을 수 있으며, 이 실은 부풀어 있기 때문에 함기율이 크다.

추가 설명

아크릴섬유의 용도
- 하이벌크가공된 실은 스웨터나 모포 등 편성물용으로 많이 쓰인다.
- 가볍고 부드러워 양모 대용으로 널리 쓰인다.

② 모드아크릴섬유의 특성
  ㉠ 형태 : 측면은 봉상(棒狀)을 가지고 있으며 단면은 낙화생 모양을 하고 있다.
  ㉡ 물리적 성질 : 강도는 아크릴섬유와 비슷하며 리질리언스와 탄성회복률은 아크릴섬유보다 우수하다.
  ㉢ 내균·내충성 : 침해가 없다.
  ㉣ 내일광성 : 좋은 편이나 아크릴섬유보다는 못해서 장기간 일광에 노출되면 황변된다.
  ㉤ 내열성 : 내열성은 아크릴섬유보다 못하여 낮은 온도에서 수축된다.
  ㉥ 내약품성 : 산·알칼리에 대한 내성이 좋다.
  ㉦ 염색성 : 염색은 어려우나 분산염료나 산성염료에 의하여 염색된다.
③ 모드아크릴섬유의 용도 : 부드럽고 리질리언스가 좋으며 세탁 관리가 간편하면서 필링이 생기지 않는다.

(3) 올레핀 섬유

① 올레핀(olefin)섬유의 개념 : 석유화학공업에서 값싸게 얻어지는 기체인 에틸렌이나 프로필렌을 지글러(Ziegler) 촉매를 써서 100~200℃에서 10~20kg/cm²의 낮은 압력하에서 중합시켜 얻은 섬유로 폴리에틸렌과 폴리프로필렌이 있다.
② 폴리프로필렌섬유의 특성
  ㉠ 형태 : 측면은 유리막대 같으며, 단면은 거의 완전한 원형이다.
  ㉡ 흡습성 : 거의 0에 가깝다.
  ㉢ 비중 : 0.91로서 물보다 가벼워서 섬유 중 가장 가벼운 섬유이다.
  ㉣ 탄성과 리질리언스 : 탄성은 좋으며, 리질리언스는 좋지 않아 구김이 비교적 잘 생긴다.
  ㉤ 강도와 신도 : 강도는 상당히 강한 섬유이나 신도는 차이가 크다. 습윤 시 강도나 신도는 변하지 않는다.
  ㉥ 내일광성 : 장시간 일광에 노출되면 강도가 떨어진다.
  ㉦ 내열성 : 열에는 대단히 약하며, 열가소성은 좋아서 열고정이 가능하다.
  ㉧ 내약품성 : 산과 알칼리에 대한 내성은 좋은 편이다.
  ㉨ 염색성 : 염색이 아주 어렵다.
③ 폴리프로필렌의 용도 : 폴리프로필렌은 가볍고 강도가 크고 내약품성이 좋아 산업용으로 많이 이용되며, 로프 등에 쓰인다. 우리나라에서는 이불솜으로 사용되고 있다.

(4) 폴리비닐알코올섬유

① 비닐론의 특성
  ㉠ 형태 : 단면은 길쭉하여 U자형으로 굴곡된 것도 있다.
  ㉡ 흡습성 : 표준수분율 5%로서 합성섬유 중 가장 크다.
  ㉢ 비중 : 1.26으로 양모보다 가볍다.
  ㉣ 탄성과 리질리언스 : 합성섬유 중 가장 나쁘다.

추가 설명

모드아크릴섬유의 용도
- 열에 대해 약하므로 다림질을 필요로 하지 않는 카펫, 파일 직물, 모포, 편성물 등에 적합하다.
- 내약품성이 좋아서 공업용으로 많이 사용되고, 아크릴섬유가 잘 타는 데 반해 자연성이 없는 것이 그 장점으로 인정되어 내연성 섬유로서 커튼, 카펫 등 실내장식에 많이 쓰인다.
- 탈 때 다른 합성섬유로 된 옷처럼 피부에 녹아 붙는 일이 없어 실험복용으로 적당하다.
- 머리털과 비슷하므로 가발, 인형의 머리에 많이 사용된다.

추가 설명

합성섬유의 종류 : 축합중합체와 부가중합체로 된 두 가지가 있다.
- 축합중합체 합성섬유 : 나일론, 폴리에스테르, 스판덱스 등이 있다.
- 부가중합체 합성섬유 : 아크릴, 모드아크릴, 폴리프로필렌, 비닐론, 비니온, 사란 등이 있다.

> ⓜ 강도와 신도 : 강도는 3.3~4g/d, 습윤시에는 건조시의 75% 떨어진다. 신도 17~22% 이다.
>
> ⓑ 내열성 : 220℃에서 연화, 융점은 222~224℃로 다른 합성섬유보다 높다.
>
> ② 폴리비닐알코올섬유의 용도
>
> ㉠ 면, 모 또는 다른 인조섬유와 혼방하여 실용적인 피복에 사용된다.
>
> ㉡ 강도가 크고 특히 마찰강도와 굴곡강도가 커서 실용적인 섬유이지만 탄성과 리질리언스가 나쁘고 염색성도 좋지 못하여 고급옷감으로는 결점이 많다.
>
> ㉢ 실험복이나 공업용으로 사용되고, 로프나 어망 및 봉제사로 사용된다.

5 무기섬유

(1) 탄소섬유

① 1850년 영국의 스완(Swan)이 처음으로 종이를 태워서 탄소섬유를 만들었는데, 오늘날과 같은 탄소섬유가 연구된 것은 1950년대 후반 미국항공우주국(NASA)에서이다.

② 비중 및 내열성, 내약품성 : 비중은 유리섬유나 강철보다 작고, 내연성과 내약품성이 스테인리스강보다 우수하며 전기전도성이 크다.

③ 강도 : 10~20g/d로 다른 섬유보다 크고 특히 탄성률이 매우 크다.

④ 용도 : 현재는 우주항공 분야의 경량·내열재로 쓰이며, 스포츠 레저용품, 자동차, 의료기기 등으로 확장되고 있다.

(2) 금속섬유

① 알루미늄 박에 폴리에스테르 또는 초산셀룰로스를 입힌 것을 사용한다.

② 순금속으로 된 금속사로는 스테인리스강 섬유가 있다. 공기중에서 부식되는 일이 없으며 질산·알칼리·유기용매에는 내성이 있으나 황산·염산 등에는 손상된다.

(3) 암면

① 금속공업의 부산물인 슬러그(Slug)를 응용하여 만든다.

② 판상으로 굴곡하여 방음·보온재로 사용된다.

(4) 유리섬유

① 주원료는 규사와 석회이며 우수한 내열성을 가진다.

② 10g/d 정도의 강도를 가지며 신도는 3%에 불과하다. 그러나 이 한계 안에서 탄성회복률은 100%이다.

③ 커튼, 모포, 책상보 등에 사용된다.

📝 추가 설명

기타 부가중합체 합성섬유

- 염화비닐섬유(비니온) : 염화비닐의 중합체인 폴리염화비닐을 주성분으로 하는 섬유로서 중합체의 85% 이상이 염화비닐 단량체로 된 것을 비니온(vinyon)이라는 일반명으로 사용하며, 내약품성과 불연성이어서 주로 산업용으로 사용된다.
- 염화비닐리덴섬유 : 염화비닐리덴을 중합하여 얻는 폴리염화비닐리덴을 용융방사하여 얻으며, 사란은 불연속성이 높이 평가되어 커튼, 실내장식, 자동차 내부 및 가구 등에 사용된다.

📝 추가 설명

무기섬유의 특징 : 대부분 우수한 내열성을 갖기 때문에 보호복으로 적합하다.

📝 추가 설명

스테인리스강 섬유

- 주로 우주과학, 공업용 등 특수 용도에 쓰이며 피복재료로는 직물에 1% 정도 혼방하여 주면 대전을 영구히 완전하게 방지할 수 있다.
- 염색이 안 되고, 완전백색이 아니므로 백색의 직물에 혼방할 수도 없으며, 값이 비싸다.

실전예상문제

1 다음 중 각 섬유와 그 원료중합체가 바르게 짝지어진 것은?

① 나일론 — 피브로인
② 헤어섬유 — 합성중합체
③ 마섬유 — 글루코스
④ 면섬유 — 셀룰로스

해설 면, 아마, 모시 등 식물성 섬유와 목재 펄프나 면 린터로 만들어진 레이온 등은 셀룰로스(cellulose, 섬유소)라는 화합물로 되어 있다.

2 다음 중 섬유를 이루는 화합물과 섬유 명칭이 바르게 짝지어진 것은?

① 피브로인 — 양모
② 알칼리셀룰로스 — 레이온
③ 셀룰로스 아세테이트 — 큐프라
④ 케라틴 — 견

해설 ① 피브로인은 견섬유, ③ 셀룰로스 아세테이트는 아세테이트, ④ 케라틴은 양모섬유가 되어야 맞다.

3 다음 중 면섬유를 만드는 중합체(polymer)의 명칭으로 옳은 것은?

① 아밀라제
② 셀룰로스
③ 글루코스
④ 폴리펩티드

해설 문제 1번 해설 참조

4 면섬유는 셀룰로스라는 중합체로 되어 있다. 셀룰로스를 구성하는 단량체는?

① 셀룰비오스
② 글루코스
③ 피브로인
④ 케라틴

해설 셀룰로스를 산과 함께 가열하면 완전히 용해되어 글루코스가 생긴다. 이것은 셀룰로스가 산의 작용으로 물과 결합하면서 분해되기 때문이다. 이를 가수분해라고 한다.

5 다음 중 면이나 마와 같은 식물성 섬유의 성분은?

① 세리신
② 셀룰로스
③ 케라틴
④ 아미노산

해설 문제 1번 해설 참조

정답 1.④ 2.② 3.② 4.② 5.②

6 다음 중 중합체라고 볼 수 없는 것은?

① 피브로인 ② 케라틴 ③ 아미노산 ④ 셀룰로스

해설 글루코스라는 간단한 단위분자가 많이 결합되어 셀룰로스라는 큰 분자를 이루듯이, 기본이 되는 단위분자가 많이 결합되어 이루어진 큰 분자를 '중합체' 또는 '고분자'라고 한다. 셀룰로스를 가수분해하면 글루코스, 양모 케라틴, 견 피브로인을 가수분해하면 아미노산의 혼합물이 얻어진다.

7 단백질섬유는 아미노산이 다수 결합되어 이루어진 중합체로 되어 있다. 이 경우 결합된 아미노산의 숫자를 나타내는 용어는 무엇인가?

① 공중합 ② 배향도 ③ 결정성 ④ 중합도

해설 중합체에서 그 중합체를 이루는 단량체의 수를 중합도라 한다. 그러므로 단백질에서는 아미노산의 수가 중합도를 나타낸다.

8 다음 중 양모, 견 등 단백질 섬유를 가수분해하였을 때 얻어지는 물질은?

① 글루코스 ② 셀룰로스 ③ 아미노산 ④ 케라틴

해설 양모, 견, 기타 동물성 섬유는 단백질로 되어 있다. 단백질은 탄소, 수소, 산소 외에 반드시 질소를 함유하고 있으며, 단백질의 종류에 따라서는 황을 함유하는 것도 있다. 단백질을 산과 함께 가열하면 가수분해되어 여러 가지 아미노산의 혼합물을 얻는다.

9 섬유상 단백질 중 양모와 관련된 것은 무엇인가?

① 카제인 ② 케라틴 ③ 세리신 ④ 알부민

해설 섬유상 단백질은 양모의 케라틴, 견의 피브로인, 혈관이나 건의 엘라스틴, 피부와 연결조직의 콜라젠 등이 있다.

10 다음 중 양모, 사람의 모발, 기타 헤어섬유 등을 구성하고 있는 단백질은?

① 카제인 ② 알부민 ③ 케라틴 ④ 피브로인

해설 견은 피브로인으로 되어 있고, 양모는 케라틴으로 되어 있다.

11 다음 중 나일론, 스판덱스, 폴리에스테르 등은 어떤 중합체로 된 섬유들인가?

① 공중합체　　　② 망상중합체　　　③ 부가중합체　　　④ 축합중합체

해설 합성중합체는 중합의 방법에 따라 축합중합체와 부가중합체로 나누어진다. 나일론·폴리에스테르·스판덱스는 축합중합체 섬유이고, 아크릴·폴리비닐알코올(비닐론)·폴리프로필렌 등은 부가중합체 섬유이다. 공중합체란 단독중합체의 상대적인 개념으로 한 가지 단량체만을 사용하는 것이 아니고, 두 가지 이상의 단량체를 같이 혼합하여 만든 중합체를 말한다.

12 다음 중 합성중합체의 구성방법으로 볼 때 나머지 세 가지와 구분되는 섬유는?

① 폴리우레탄　　　② 아크릴　　　③ 폴리에스테르　　　④ 나일론

해설 문제 11번 해설 참조

13 다음 합성중합체 중 첨가(부가)중합체로 이루어진 섬유끼리 나열된 것은?

① 폴리우레탄 — 비니온　　　② 폴리우레탄 — 나일론
③ 폴리프로필렌 — 아크릴　　　④ 폴리에스테르 — 아크릴

해설 문제 11번 해설 참조

14 다음 중 섬유를 분류체계에 맞게 분류한 것은?

① 셀룰로스섬유 — 면　　　② 재생섬유 — 견
③ 광물성 섬유 — 비닐론　　　④ 단백질섬유 — 아크릴

해설 섬유를 분류할 때 그 성분을 기준으로 하는 것이 좋다. 식물성 섬유는 셀룰로스, 동물성 섬유는 단백질섬유로 분류해야 한다. 합성섬유인 폴리우레탄은 스판덱스의 중합체로 우리나라에서는 폴리우레탄으로, 미국 등지에서는 스판덱스라는 일반명으로 불리운다.

15 다음 중 섬유의 분류체계로 옳은 것은?

① 무기섬유 — 아세테이트　　　② 셀룰로스섬유 — 아마
③ 합성섬유 — 알긴산섬유　　　④ 재생섬유 — 아크릴

해설 ① 아세테이트 : 재생섬유, ③ 알긴산섬유 : 재생섬유, ④ 아크릴 : 합성섬유

정답 6.❸　7.❹　8.❸　9.❷　10.❸　11.❹　12.❷　13.❸　14.❶　15.❷

16 석유화학공업에서 얻어지는 원료로 단량체를 만들고, 이 단량체를 중합하여 얻어진 합성중합체를 원료로 하여 만든 섬유는?

① 단백질섬유와 셀룰로스섬유
② 단독중합섬유와 혼합중합섬유
③ 천연섬유와 인조섬유
④ 축합중합체섬유와 부가중합체섬유

해설 합성섬유의 특징
- 석유화학공업에서 얻어지는 원료로 단량체를 만들고, 이 단량체를 중합하여 얻어진 합성중합체를 원료로 하여 만든 섬유이다.
- 중합체를 합성하는 방법에는 축합중합과 부가중합의 두 가지 방법이 있는데 따라서 합성섬유를 축합중합체 합성섬유와 부가중합체 합성섬유로 구분한다.

17 다음 중 의복재료용 섬유를 분류할 때 합성섬유라고 볼 수 없는 것은?

① 폴리에스테르
② 폴리우레탄
③ 폴리아미드(나일론)
④ 레이온

해설 재생섬유에는 레이온, 아씨테이트, 단백질섬유, 알긴산섬유, 고무섬유 등이 있다.

18 다음 중 의복재료용 섬유로 사용하기에 가장 적합한 것은?

① 선상중합체
② 망상중합체
③ 측쇄가 많은 중합체
④ 분자량이 적은 탄수화물

해설 의복재료용 섬유로 사용되려면 그 길이가 길어야 하므로 선상중합체여야 한다. 물론 약간의 가지(측쇄)는 섬유의 탄성을 좋게 하는 원인이 되지만, 가지가 너무 많으면 망상중합체가 되어 유연성이 없어지고 섬유가 딱딱해진다.

19 다음 중 섬유가 비결정부분을 많이 가질 경우 섬유에 나타나는 특성은?

① 신도가 작아지지만, 탄성률이 커진다.
② 탄성률과 탄성이 좋아진다.
③ 강도와 탄성률이 커진다.
④ 염색성, 흡습성이 좋다.

해설 섬유 내에 결정이 발달되어 있으면 섬유의 강도와 탄성률이 커지며, 비결정부분이 많으면 신도가 커진다. 또 섬유내에 비결정부분이 많으면 흡습성, 염색성 등이 좋아진다.

20 다음 중 섬유 내에 결정이 잘 발달된 섬유의 특성은?

① 강도와 탄성률이 커진다.
② 신도는 커지지만 염색성이 나빠진다.
③ 흡습성, 염색성이 좋아진다.
④ 강도는 작아지며 신도는 커진다.

해설 문제 19번 해설 참조

21 다음 중 섬유의 흡습성이나 염색성에 가장 크게 영향을 미치는 것은?
① 섬유를 이루고 있는 분자들 사이의 가교
② 섬유를 이루고 있는 분자들의 결정성
③ 섬유를 이루고 있는 중합체의 모양
④ 섬유를 이루고 있는 중합체의 크기

해설 문제 19번 해설 참조

22 다음 중 의복재료용 섬유에 비결정부분이 많을 때 이 섬유로 된 소재의 특성은?
① 강도가 커진다.   ② 신도가 작아진다.   ③ 염색하기 어렵다.   ④ 흡습성이 좋다.

해설 문제 19번 해설 참조

23 다음 중 의복재료로 사용되는 섬유들을 이루고 있는 중합체가 그 내부에서 많은 결정을 형성하고 있을 때 나타나는 특성은?
① 신도와 흡습성이 커진다.
② 잘 늘어나지만 흡습성은 작아진다.
③ 염색이 아주 잘 된다.
④ 강도와 탄성률이 커진다.

해설 섬유 내 결정이 잘 발달되어 있으면 섬유의 강도와 탄성률이 커지고, 섬유 내 분자와 결정이 잘 배향되어 있어야 강도가 좋아진다.

24 다음 중 의복의 재료인 섬유의 구조가 의복의 성능에 미치는 영향에 대한 설명으로 가장 알맞은 것은?
① 배향성이 좋아지면 강도가 향상되나 신도는 저하된다.
② 배향성이 좋아지면 흡습성·흡수성은 좋아진다.
③ 결정부분이 작으면 강도와 탄성률이 커진다.
④ 결정부분이 많으면 흡습성이 커진다.

해설 섬유를 이루는 중합체는 그 분자들이 섬유의 길이 방향으로 평행하게 배열되어 있어야 하는데, 분자들이 평행으로 배열되어 있는 것을 배향되었다고 한다. 배향이 잘 되어 있으면 강도가 증가하고 광택도 좋아진다.
• 섬유 내에 비결정부분이 많으면 흡습성, 염색성 등이 좋아진다.
• 섬유 내 결정이 잘 발달되어 있으면 섬유의 강도와 탄성률이 커진다.

정답 16.④ 17.④ 18.① 19.④ 20.① 21.② 22.④ 23.④ 24.①

25 다음 중 인조섬유를 만들 때 섬유 내부의 분자들을 길이 방향으로 잘 배열시키기 위한 방법으로 가장 적합한 것은?

① 연신을 강하게 한다.
② 오래 건조 또는 응고시킨다.
③ 단면의 형태를 둥글게 한다.
④ 꼬임을 많이 준다.

해설 연신 : 방사구에서 나와서 응고된 고체상의 섬유를 수배의 길이로 잡아당겨 늘여주어서 섬유 내 분자의 배향을 좋게 하는 것으로 강도가 향상되지만 신도는 줄어든다. 용도에 따라 연신의 정도가 결정된다.

26 다음 섬유의 구조 중 분자간 가교가 있을 때 나타나는 섬유의 성질에 대한 설명으로 옳은 것은?

① 분자간 가교가 적절히 분포되어 있으면 탄성이 좋아지고 내추성이 향상된다.
② 분자간 가교가 없으면 섬유는 지나치게 딱딱해진다.
③ 분자간 가교가 지나치게 많으면 섬유는 힘이 없어져 형체유지가 어렵다.
④ 분자간 가교의 분포 정도는 섬유의 흡습, 흡수, 염색성을 결정한다.

해설 섬유의 중합체 사이에 적당한 가교가 존재하면 리질리언스를 향상시키고 내추성을 가지게 된다.

27 다음 중 피복재료용 섬유분자 사이에 수지로 가교를 만들어주면 향상되는 기능은?

① 내충성   ② 염색성   ③ 강도   ④ 내추성

해설 문제 26번 해설 참조

28 다음 중 '중합체 사이에 적당한 (　)(이)가 존재하면 섬유가 내추성을 가지게 된다는 원리에 따라 셀룰로스 섬유에 이러한 분자간의 (　)(을)를 형성하여 주는 것은 수지가공이다.'에서 빈 칸에 알맞은 것은?

① 린터   ② 연신   ③ 가교   ④ 배향

해설 워시 앤드 웨어 가공이나 퍼머넌트 프레스 가공은 수지를 써서 섬유 내의 셀룰로스 분자 사이에 가교를 형성시켜 준 것이다.

29 원료섬유의 내부구조 중 옷감의 구김에 가장 큰 영향을 미치는 것은?

① 중합체의 형태   ② 결정성   ③ 분자간 가교   ④ 중합체의 크기

해설 적당한 분자간 가교가 있으면 리질리언스를 향상시키고 내추성을 가지게 된다.

30 양모섬유로 된 직물이 내추성을 가지게 하는데 가장 크게 영향을 미치는 것은?

① 시스틴결합　　② 스케일　　③ 분자배향성　　④ 축융성

> **해설** 양모섬유는 시스틴결합, 조염결합 등 분자간 가교가 있기 때문에 내추성이 우수하다. 수지가공은 이러한 원리를 활용하는 것이다. 분자간 가교가 있으면 섬유가 외부의 힘을 받아 변형되었다가 그 힘이 없어지면 원상태로 돌아가기 때문에 구김이 생기지 않는 것이다.

31 다음 중 최근 널리 쓰이는 워시 앤드 웨어나 퍼머넌트 프레스 가공 등은 무엇을 위한 것인가?

① 삼각단면으로 변형시킨 것이다.
② 섬유에 권축을 만들어 준 것이다.
③ 섬유 내 셀룰로스 분자 사이에 가교를 형성하여 준 것이다.
④ 배향성을 좋게 하기 위한 것이다.

> **해설** 워시 앤드 웨어나 퍼머넌트 프레스 가공은 수지를 써서 섬유 내에 셀룰로스 분자 사이에 가교를 형성시켜 준 것이다.

32 다음 중 실이나 섬유의 굵기를 나타내는 데 사용되는 데니어(denier)에 대한 설명으로 알맞은 것은?

① 1파운드의 무게를 840야드로 나타낸 것으로 수치가 클수록 가늘다.
② 항장식 표시법으로 1km의 길이를 kg수로 표시한 것이다.
③ 항중식 표시법으로 1g의 길이를 m로 나타낸 것이다.
④ 9000m의 길이를 g수로 표시한 것으로 수치가 클수록 굵다.

> **해설** 섬유의 굵기를 표시하는 단위 : 섬유의 굵기를 표시하는 데는 섬유의 폭, 즉 직경을 마이크로미터로 표시하기도 하지만 데니어(denier)와 텍스(tex)가 보다 널리 사용되고 있다.
> • 데니어 : 9,000m의 섬유(또는 실)의 무게를 g수로 표시한 것으로 섬유와 실의 굵기를 표시하는 데 사용된다. 따라서 수치가 클수록 굵다.
> • 텍스 : 1km의 섬유의 무게를 g수로 표시한 것이다.

33 다음 중 '10데니어 나일론 실'의 굵기를 가장 잘 설명한 것은?

① 9000m 길이를 가진 실의 무게가 10g인 것
② 길이나 굵기보다 비중을 나타낸 것
③ 1km 길이의 실이 1kg 무게를 가지는 것
④ 1000m 길이를 가진 실의 무게가 10g인 것

정답 25.❶　26.❶　27.❹　28.❸　29.❸　30.❶　31.❸　32.❹　33.❶

해설 문제 32번 해설 참조

34 다음 중 가장 굵은 실은 어느 것인가?
① 10텍스　　② 20텍스　　③ 100데니어　　④ 200데니어

해설 문제 32번 해설 참조

35 다음 중 80데니어 굵기의 실 450m는 몇 g의 무게를 가지는가?
① 0.4g　　② 4g　　③ 8g　　④ 80g

해설 80데니어는 9,000m의 실의 무게가 80g이라는 것이다. 따라서 450m인 경우는 다음의 식이 성립한다.
9,000m:80g=450:χ　　　　　　　　　　　∴ χ =4g

36 다음 중 섬유를 스테이플(staple)과 필라멘트(filament)로 구분하는 기준은 무엇인가?
① 섬유가 가진 권축의 유무　　② 섬유 단면의 형태
③ 섬유의 형태　　　　　　　　④ 섬유의 길이

해설 섬유의 길이가 무한히 긴 필라멘트로 된 실을 필라멘트사라고 하고, 한정된 길이를 가진 섬유, 즉 스테이플로 만든 실을 방적사 또는 스펀사라고 한다.

37 구성섬유의 길이로 볼 때 나머지 세 가지와 다른 것은?
① 마섬유　　② 견직물　　③ 면직물　　④ 모직물

해설 견섬유는 천연섬유 중에서 유일한 필라멘트이다.

38 다음 중 스테이플과 필라멘트의 특성에 대한 설명으로 옳은 것은?
① 스테이플로 된 실은 치밀하여 함기량이 크다.
② 스테이플로 된 실은 통기성이 좋고 촉감이 차다.
③ 필라멘트로 된 실은 함기량이 많아서 따뜻하다.
④ 필라멘트로 된 실은 치밀하며 광택이 좋다.

해설
- 스테이플 파이버 : 면, 양모, 마섬유처럼 한정된 길이를 가진 섬유로 함기량이 많아서 따뜻하고 촉감이 부드러우며, 통기성과 투습성이 필라멘트사보다 좋다.
- 필라멘트 파이버 : 견섬유와 같이 무한히 긴 섬유로 치밀하며 광택이 좋고 촉감이 차다.

39 다음 중 필라멘트 섬유와 비교할 때 스테이플 섬유가 가진 특성은?

① 필라멘트보다 강하고 매끈한 실을 만들 수 있다.
② 길이가 짧고 실로 만들면 따뜻하고 촉감이 부드럽다.
③ 인조섬유들 중 합성섬유는 먼저 스테이플로 만든다.
④ 길이가 길고, 치밀하며 광택이 좋고 촉감이 찬 실을 만든다.

해설 문제 38번 해설 참조

40 다음 중 필라멘트 섬유로 된 직물의 특성으로 가장 알맞은 것은?

① 매끈하고 두껍고 부드럽다.
② 함기량이 많아 보온성이 좋다.
③ 부드럽고 함기량이 많다.
④ 매끈하고 광택이 좋다.

해설 문제 38번 해설 참조

41 다음 중 스테이플 섬유로 된 옷감의 특성으로 적합한 것은?

① 매끈하고 치밀하다.
② 통기성과 투습성은 감소하지만 매끈해진다.
③ 광택이 좋고 촉감이 차다.
④ 함기량이 많아서 따뜻하고 촉감이 좋다.

해설 문제 38번 해설 참조

42 다음 중 재료 섬유의 단면 형태가 변화함에 따라 가장 크게 달라지는 옷감의 특성은?

① 염색성   ② 강연성   ③ 광택   ④ 강도

해설 재료 섬유의 단면의 모양은 섬유의 광택, 리질리언스, 피복성(被覆性), 촉감 등 섬유의 성질에 많은 영향을 미친다.

정답 34.❹ 35.❷ 36.❹ 37.❷ 38.❹ 39.❷ 40.❹ 41.❹ 42.❸

43 다음 중 섬유의 단면 형태에 따라 변화하는 옷감의 성능 변화에 대한 설명으로 알맞은 것은?

① 단면이 원형이거나 원형에 가까우면 피복성은 나빠지고 필링이 잘 생긴다.
② 면은 편평한 단면을 가지고 있어 오구가 확대되어 보인다.
③ 아세테이트의 단면은 비스코스레이온에 비해 굴곡이 심하다.
④ 비스코스레이온의 단면형이 심하게 주름잡혀 있으면 촉감이 매우 부드럽다.

해설 ① 섬유의 단면이 원형이거나 원형에 가까우며 촉감이 부드러운 반면 투명하여 피복성은 나빠지고 필링이 잘 생긴다.
② 오구가 확대되어 보이는 단면은 원형단면일 경우이다.
③ 아세테이트 단면은 비스코스레이온처럼 주름이 날카롭지 않고 둥글기 때문에 보다 부드럽다.
④ 비스코스레이온의 단면형이 심하게 주름잡혀 있으면 촉감이 거칠다.

44 다음 중 견섬유의 단면이 삼각형에 가까운 형태이기 때문에 나타나는 형태는?

① 흡습성이 커진다.   ② 강도가 커진다.   ③ 함기율이 커진다.   ④ 광택이 좋아진다.

해설 정련견의 단면은 삼각형에 가까운데 견의 우아한 광택과 촉감이 좋은 원인이 이 삼각형의 단면에서 기인되고 있다.

45 다음 중 견섬유의 삼각 단면 구조에 따른 특성으로 가장 옳은 것은?

① 주름이 생기기 쉽고 촉감이 거칠다.   ② 우아한 광택과 좋은 촉감을 가진다.
③ 투명하여 필링이 잘 생긴다.   ④ 습윤되면 뻣뻣해지고 강도가 커진다.

해설 문제 44번 해설 참조

46 다음 현미경의 섬유 단면 사진 중 면섬유의 단면 형태는?

①    ②

③    ④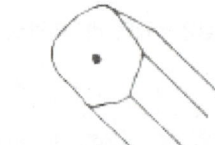

해설 면섬유를 현미경으로 자세히 살펴보면 측면은 리본상으로 되어 있으며 꼬임을 가지고 있다. 이 꼬임을 천연꼬임이라고 하며, 섬유에 좋은 방적성, 탄력 등 기타 방적용 섬유로서의 좋은 특성을 가져다 준다. 면섬유의 단면은 편평에 가까운 관상으로 되어 있으며 중앙에는 중공이 있다.
①은 나일론, 폴리에스테르, 폴리프로필렌섬유, ②는 견섬유, ④는 아마섬유의 단면이다.

47 다음 중 권축이 있는 섬유로 만든 옷감의 특성으로 알맞은 것은?
① 내열성이 향상되므로 높은 온도에서 다림질해야 한다.
② 잘 늘어나므로 몸에 꼭 맞는 의복소재로 적합하다.
③ 뻣뻣하여 여름용 소재로 적합하다.
④ 보온성, 촉감, 통기성이 좋아진다.

해설 섬유가 권축을 가지고 있으면 방적성과 리질리어스가 향상될 뿐 아니라 함기성이 좋아져서 이로부터 만들어진 직물의 보온성, 통기성, 투습성, 촉감이 좋아진다.

48 다음 중 옷감의 보온성, 촉감, 통기성에 가장 크게 영향을 미치는 원료 섬유의 특성은?
① 결정성　　　② 권축　　　③ 강도　　　④ 내열성

해설 문제 47번 해설 참조

49 다음 중 양모섬유의 권축으로 인한 특성을 가장 잘 설명한 것은?
① 흡습성이 작아져 열고정이 가능해진다.
② 함기성이 작아져 얇은 옷감을 짤 수 있다.
③ 투습성이 작아지고 정전기가 발생한다.
④ 함기성이 좋아져 직물의 보온성이 좋아진다.

해설 문제 47번 해설 참조

50 다음 중 옷감의 함기성을 크게 하려면, 원료 섬유의 특성을 어떻게 바꾸어 주어야 하는가?
① 섬유분자 사이에 가교를 많이 만들어주고 배향을 좋게 한다.
② 매끈한 필라멘트로 만들어 준다.

정답 43.❶　44.❹　45.❷　46.❸　47.❹　48.❷　49.❹　50.❹

③ 섬유제조시 연신을 크게 한다.
④ 섬유를 꼬아주거나 파형을 가지게 한다.

해설 섬유가 그 길이방향으로 파형 또는 꼬임을 가지는 형태를 총칭하여 권축이라 하는데, 섬유가 권축을 가지면 촉감이 부드러워지고 함기량이 커 보온성이 좋아진다. 그래서 인조섬유를 방사할 때 특성이 다른 2종류의 한 올의 필라멘트를 정착시켜 권축을 만들어준다.

51 다음 중 섬유에 가해진 절단하중을 섬유의 섬도(텍스 또는 데니어)로 나누어 준 값을 나타내는 섬유의 성질은?

① 흡습성　　　② 광택　　　③ 강도　　　④ 신도

해설 섬유의 강도는 섬유가 인장에 견디는 능력, 즉 항장력을 나타내는 것이다. 물리학에서는 이 항장력을 인장강도라 하여 절단하중을 그 단면적으로 나누어 준 값을 사용하지만 섬유의 강도는 단위 섬도에 대한 절단하중으로 나타낸다.

52 다음 중 섬유의 신도를 표시하는 단위는?

① %　　　② denier　　　③ g/d　　　④ tex

해설 신도는 섬유에 절단하중이 가해졌을 때, 섬유가 절단되기까지 늘어나는 길이를 원섬유의 길이의 백분율(%)로 나타낸 것이다.

53 다음의 〈보기〉에서 이 섬유의 강도는?

> **보기** 5데니어의 나일론 섬유 2cm를 강신도 시험기에서 시험하였는데 25g의 하중에서 끊어졌다.

① 5%　　　② 10%　　　③ 125g/d　　　④ 5g/d

해설 5데니어의 나일론 2cm를 강신도 시험기에서 시험하였더니 25g의 하중에서 절단되었다면, 이 나일론 섬유의 절단하중은 25g이 되고 이 값을 섬유의 굵기, 즉 5데니어로 나누어 준 값 25g/5d = 5g/d가 강도가 된다.

54 다음 중 섬유의 초기탄성률과 옷감의 성능과의 관련성에 대한 설명으로 옳은 것은?

① 초기 탄성률이 크면 옷감은 잘 구겨진다.
② 초기 탄성률이 크면 옷감이 강직하다.
③ 초기 탄성률이 작은 옷감은 구김이 잘 생기지 않는다.

④ 초기 탄성률은 옷감의 보온성에 영향을 크게 미친다.

해설 초기 탄성률은 섬유의 유연 또는 강직의 정도를 나타내는 것으로서, 마, 견 등의 초기탄성률이 큰 섬유는 강직한 섬유이고, 양모, 나일론 등의 초기 탄성률이 작은 섬유는 유연한 섬유이다.

55 다음 중 옷감의 유연성 또는 강직성(강연성)의 정도를 나타낼 수 있는 섬유의 성질로 가장 적합한 것은?

① 리질리언스　　② 초기 탄성률　　③ 비중　　④ 탄성

해설 초기 탄성률은 신장의 초기, 다시 말해서 아주 작은 신장의 범위에서 단위신장에 필요한 힘을 나타내는 단위가 되므로 초기 탄성률은 섬유의 유연 또는 강직의 정도를 나타낸다.

56 다음 중 섬유의 초기 탄성률을 가장 잘 설명한 것은?

① 섬유의 내구성과 촉감을 결정한다.
② 외력에 의해 섬유가 늘어났다가 본래의 길이로 돌아오는 힘으로 방추성을 좌우한다.
③ 섬유의 강신도 곡선에서 세로축 방향에 나타난다.
④ 초기 탄성률이 큰 섬유는 강직하다.

해설 문제 54번 해설 참조

57 다음 중 재료 섬유의 탄성률은 옷감의 어떤 성능에 가장 크게 영향을 미치는가?

① 발수성　　② 파열 강도　　③ 드레이프성　　④ 내추성

해설 섬유의 초기 탄성률은 아주 작은 신장을 가져오는 데 필요한 힘의 크기로 옷감의 드레이프성을 좌우한다.

58 다음 중 섬유의 탄성 회복률에 대한 설명으로 가장 적합한 것은?

① 합성섬유에 비해 천연섬유로 된 옷감의 탄성 회복률이 크다.
② 탄성 회복률이 큰 섬유는 강직한 옷감을 만들 수 있다.
③ 늘어난 길이에 대한 회복된 길이의 백분율로 나타낸다.
④ 탄성 회복률은 섬유의 종류보다 직물의 조직에 의해서 크게 달라진다.

해설 탄성 회복률은 외력에 의해 섬유가 늘어난 길이에 대한 외력이 제거된 후의 회복된 길이의 백분율로 표시한다.

정답 51.❸　52.❶　53.❹　54.❷　55.❷　56.❹　57.❸　58.❸

59 섬유 제품의 구김에 가장 크게 영향을 미치는 섬유의 성질은?

① 파열 강도 ② 내일광성 ③ 탄성 회복률 ④ 초기 탄성률

해설 섬유의 탄성이 좋고 나쁨을 비교할 때에는 탄성 회복률을 사용한다.

60 다음 재료 섬유의 성질 중 옷감의 내추성에 가장 크게 영향을 미치는 것은?

① 대전성 ② 내일광성 ③ 탄성 ④ 내약품성

해설 탄성은 섬유가 외력에 의해 늘어났다가 외력이 사라졌을 때 본래의 길이로 돌아가는 능력을 말하며, 섬유의 탄성은 섬유제품의 구김, 형체안정성과 밀접한 관계를 가진다. 섬유의 탄성은 구김에 견디는 내추성과 가장 밀접하다.

61 천연 섬유 중에서 탄성 회복률이 가장 좋은 섬유는?

① 양모 ② 아마 ③ 비닐론 ④ 면

해설 양모가 천연 섬유 중 탄성 회복률이 가장 좋다.

62 어떤 섬유 50cm를 10cm 늘였다가 제자리로 돌아가게 한 후 길이를 재었더니 52cm였다. 이 섬유의 탄성 회복률은?

① 5% ② 10% ③ 20% ④ 80%

해설 탄성 회복률 = $\dfrac{\text{신장된 길이} - \text{회복된 길이}}{\text{신장된 길이} - \text{본래의 길이}} \times 100(\%) = \dfrac{60-52}{60-50} \times 100 = 80\%$

63 다음 중 리질리언스는 섬유의 어떤 성질과 직접적인 관련성을 가지고 있는가?

① 탄성 ② 촉감 ③ 염색성 ④ 방축성

해설 섬유가 외력에 의해 굴곡, 압축 등의 변형을 받았다가 외력이 사라졌을 때 원상으로 돌아가는 능력을 리질리언스라 한다. 리질리언스는 섬유의 탄성과 직접적인 관련성이 있으며, 그 외에 굵기, 단면형, 권축 등과도 관계가 깊다.

64 다음 중 탄성회복률의 대 · 소에 따라 가장 크게 변화하는 섬유의 성질은?

① 흡습성 ② 강도 ③ 강연성 ④ 리질리언스

해설 문제 63번 해설 참조

65 다음 중 비중이 작아 가벼운 옷감을 만들 수 있는 섬유는?

① 레이온   ② 나일론   ③ 사란   ④ 면

해설 비중이 가장 작은 섬유는 폴리프로필렌으로 물보다 가볍다. 다음으로는 나일론이 가벼운 섬유인데 섬유의 비중은 섬유의 용도에 영향을 미치고, 일반적으로 피복의 경량화 추세에 따라 비중이 작은 섬유가 좋은 의복 재료로 인정된다. 한편, 섬유의 비중은 그 제품의 중량감과는 차이가 있어서 섬유의 권축이 있을 때 가볍게 느껴진다. 즉, 면섬유가 레이온보다 가볍게 느껴지는 것은 중공이 있고 꼬임이 있기 때문이다.

66 직물을 다림질할 때는 재료 섬유의 어떤 특성에 가장 크게 영향을 받는가?

① 보온성   ② 방적성   ③ 강도   ④ 열가소성

해설 섬유의 열가소성은 열과 힘의 작용으로 영구적인 변형을 생기게 하는 것으로 열고정이 가능한 이유가 된다. 그러나 열가소성은 내열성과는 서로 다른 개념으로 안전다림질 온도와는 비례하지 않는다. 열가소성을 이용한 열처리 공정을 열고정이라고 하는데, 폴리에스테르 주름치마, 나일론 스타킹, 스트레치사 등은 열고정을 이용한 것이다.

67 다음 중 섬유의 열가소성을 의복에 활용한 예로 가장 적합한 것은?

① 플레어 스커트   ② 투습 방수 등산복   ③ 대전 방지 운동복   ④ 기계 주름 스커트

해설 문제 66번 해설 참조

68 다음 중 열가소성이 가장 우수한 섬유는?

① 폴리에스테르   ② 저마   ③ 면   ④ 석면

해설 문제 66번 해설 참조

69 다음 중 섬유 제품을 열고정(heat set)하는 데 필요한 소재의 성질은 어느 것인가?

① 대전성   ② 강도   ③ 내열성   ④ 열가소성

해설 섬유의 열가소성은 열과 힘의 작용으로 영구적인 변형이 생기게 하는 것으로 열고정이 가능한 이유가 된다.

정답 59.❸ 60.❸ 61.❶ 62.❹ 63.❶ 64.❹ 65.❷ 66.❹ 67.❹ 68.❶ 69.❹

70 다음 중 기계 주름 스커트의 소재로 사용하기에 가장 적합한 섬유는?

① 유리섬유　　② 폴리에스테르　　③ 면　　④ 견

해설　문제 66번 해설 참조

71 다음 중 방적이 가능한 최소의 조건을 가진 섬유는?

① 강도가 10g/d 이상이고 길이가 1m 이상　　② 강도가 0.1g/d 이상이고 길이가 3mm 이상
③ 강도가 0.5g/d 이상이고 길이가 5mm 이상　　④ 강도가 1g/d 이상이고 길이가 5mm 이상

해설　섬유는 최소한 강도가 1g/d 이상이고 길이가 5mm 이상 되어야 방적의 가능성이 있다.

72 다음 중 의복의 보온성을 좌우하는 1차적인 요인으로 가장 적합한 것은?

① 섬유의 염색성　　② 섬유의 가격　　③ 소재의 열전도도　　④ 소재의 전기전도성

해설　섬유의 보온성은 1차적으로 섬유 자체의 열전도도에 영향을 받는다.

73 의복을 착용할 때 안감과 겉감이 서로 달라붙어 문제가 되는 경우 재료의 어떤 성질이 중요하게 관여하는가?

① 난연성　　② 대전성　　③ 내추성　　④ 내일광성

해설　섬유가 대전되면 속옷과 겉옷이 달라붙고, 오염이 잘되고 세탁에 의해서도 깨끗이 오염이 제거되지 않으며, 옷을 입거나 벗을 때 방전하여 불쾌하게 느끼게 한다. 섬유의 대전성은 섬유 자체의 화학적 조성에도 관계가 있으나 섬유의 흡습성과 밀접한 관계가 있어 대체로 흡습성이 작은 섬유일수록, 대기가 건조할수록 대전이 심하게 나타난다.

74 다음 중 옷감의 대전성과 가장 밀접한 관계를 가지는 섬유의 성질은?

① 흡습성　　② 열전도도　　③ 내열성　　④ 강도

해설　문제 73번 해설 참조

75 다음 중 합성섬유들이 일반적으로 대전성이 큰 이유는?

① 강도가 커서　　② 흡습성이 작아서　　③ 섬유가 가늘어서　　④ 내열성이 좋아서

해설 합성섬유의 대부분이 흡습성이 나쁘고 전기 절연성이 좋아서 발생된 정전기가 섬유 표면에 오래 축적된다.

76 다음 중 흡습성이 적은 섬유를 사용한 소재로 된 의복의 특성에 대한 설명으로 옳은 것은?

① 옷이 몸에서 발산하는 수분을 쉽게 흡수한다.
② 세탁 후 쉽게 마르고 열가소성이 좋다.
③ 속옷이나 여름 옷감으로 적합하다.
④ 염색이 쉽고 대전성이 작아진다.

해설 섬유의 흡습성은 피복 재료의 품성에 크게 영향을 준다. 흡습성이 작은 섬유로 만든 피복은 세탁 후 쉽게 마르고 열가소성이 좋은 등 관리상 편리한 점이 있는 반면, 옷이 몸에서 발산하는 수분을 흡수하지 못하고 또 투과시키지 못하므로 속옷과 여름 옷감으로 위생상 부적당하다. 또 염색이 어려워지고 대전성이 커지는 등 여러 가지 불편이 있다.

77 다음 중 섬유별 내약품성에 대한 설명으로 옳은 것은?

① 셀룰로스계 섬유는 모두 염소계 표백제를 사용하지 못한다.
② 단백질섬유는 알칼리에는 약하지만 산에는 강하다.
③ 레이온은 셀룰로스계 섬유이므로 산·알칼리 모두에 아주 강하다.
④ 나일론은 염소계 표백제 사용이 가능하다.

해설 셀룰로스로 된 섬유는 대체로 알칼리에는 견디나 산에는 비교적 약하다. 이에 반하여 단백질섬유는 알칼리에는 약하지만 산에는 강한 편이다. 셀룰로스섬유는 염소계 표백제를 사용하여도 무방하나 단백질섬유와 나일론 등 일부 합성섬유, 그리고 요소계 수지로 가공된 섬유나 그 제품은 염소계 표백제를 사용해서는 안 된다.

78 다음 중 햇빛에 노출되었을 때 강도의 변화가 가장 작은 것은?

① 아세테이트 제품   ② 나일론 제품   ③ 견섬유 제품   ④ 아크릴 섬유제품

해설 섬유의 내일광성은 견, 나일론 등이 가장 나쁘고 면, 레이온, 아세테이트 등은 비교적 일광에 잘 견딘다. 합성섬유 중에서는 아크릴섬유가 가장 내일광성이 좋으며 폴리에스테르섬유도 비교적 내일광성이 좋다.

79 다음 중 면린터(cotton linter)에 대한 설명으로 옳은 것은?

① 조면에 붙어 있는 긴 섬유이다.
② 실면을 말한다.
③ 면실에 붙어 있는 모든 섬유이다.
④ 면실에 붙어 있는 짧은 섬유이다.

해설 실면으로부터 장섬유를 분리한 후에도 면실에는 아주 짧은 섬유가 붙어 있게 되는데 이것을 면린터(cotton linter)라고 한다.

정답 70.❷ 71.❹ 72.❸ 73.❷ 74.❶ 75.❷ 76.❷ 77.❷ 78.❹ 79.❹

80 다음 중 가장 우수한 면품종은?

① 미국면 ② 시아일랜드면 ③ 인도면 ④ 이집트면

해설 시아일랜드면이 가장 우수한 품종으로 알려져 있고 다음이 이집트면, 미국면의 순이다.

81 다음 중 섬유의 측면이 리본상으로 되어 있으며 꼬임을 가지고 있어 실을 뽑기에 적합한 것은?

① 나일론 ② 견 ③ 폴리에스테르 ④ 면

해설 면섬유의 형태 : 측면은 리본상으로 되어 있으며 꼬임을 가지고 있다. 이 꼬임을 천연 꼬임이라고 하며, 섬유에 좋은 방적성, 탄력 등 기타 방적용 섬유로서의 좋은 특성을 가져다 준다. 이 천연 꼬임은 섬유가 섬세할수록 발달되어 있다.

82 다음 중 면섬유 형태에 대한 설명으로 옳지 않은 것은?

① 중앙에는 중공이 있다.
② 표면에 스케일이 있다.
③ 천연 꼬임을 가졌다.
④ 단면은 편평에 가까운 관상이다.

해설 ②에서 표면에 스케일이 있는 것은 양모이다.

83 다음 중 내열성, 내일광성, 습윤 강도 등 관리 성능이 우수하고 흡습성, 흡수성, 대전성 등 위생적 성능이 우수하며 리질리언스나 탄성은 부족하나 수지가공으로 보강될 수 있는 섬유로 가장 적합한 것은?

① 면 ② 라이크라 ③ 아크릴 ④ 모

해설 면섬유는 내구성이 좋고 위생적이며, 실용적인 섬유로 내의를 비롯한 모든 의복 재료로 사용된다. 탄성과 리질리언스가 좋지 못하나 수지가공의 발달로 겉옷으로도 우수한 재료가 된다.

84 다음 중 면직물이 젖었을 경우 강도의 변화로 옳은 것은?

① 젖으면 강도는 감소하나 신도는 증가한다.
② 젖어도 강도의 차이가 없다.
③ 젖으면 강도가 감소한다.
④ 젖으면 강도가 약간 증가한다.

해설 면의 강도는 습윤 상태에서 약간 증가한다.

85 다음 중 면섬유의 일반적인 특성에 대한 설명으로 가장 적합한 것은?

① 염색성이 좋지 않아 고온이나 고압에서만 염색이 된다.
② 강도는 크지만 습윤상태에서는 10% 정도 강도가 저하된다.
③ 탄성이 좋지 못해 구김이 잘 생기고 형체안정성이 좋지 못하다.
④ 모든 산에는 강하지만 알칼리에는 약하다.

해설 면섬유는 탄성과 리질리언스가 좋지 못해서 구김이 잘 생기고 형체안정성이 좋지 못하다. 그러나 수지가공의 발달로 많이 개선할 수 있게 되었다.

86 다음 중 면직물의 의류 소재로서의 특성에 대한 설명으로 적합한 것은?

① 흡습성이 작으므로 리질리언스가 좋아 잘 구겨진다.
② 탄성과 리질리언스가 좋아 잘 구겨진다.
③ 강도가 습윤 상태에서 약간 증가하므로 관리가 용이하다.
④ 스케일이 많아 수축의 우려가 크다.

해설 면의 강도는 습윤 상태에서 약간 증가하므로 관리가 용이하다.

87 다음 중 면섬유의 의복 소재로서의 단점과 그 개선 방법이 바르게 연결된 것은?

① 탄성과 리질리언스가 나쁨 → 수지가공
② 흡습성 낮음 → 친수화 가공
③ 비중이 낮음 → 위생가공
④ 염색성이 나쁨 → 열고정 가공

해설 면섬유는 탄성이 좋지 못해서 2% 신장 후의 탄성회복률은 74%, 5% 신장 후의 탄성 회복률은 50%에 불과하며 리질리언스도 좋지 못하다. 따라서 구김이 잘 생기고 형체 안정성도 좋지 못하다. 이것이 면섬유의 큰 결점으로 인정되고 있으나, 수지가공의 발달로 많이 개선할 수 있게 되었다.

88 다음 중 면섬유가 속옷, 행주감으로 사용되는 이유는?

① 흡습성이 좋기 때문 ② 값이 싸기 때문 ③ 강도가 약하기 때문 ④ 건조가 빠르기 때문

해설 면은 흡습성이 좋아 땀과 오구를 잘 흡수하여 위생적이다. 따라서 내의, 하복감, 수건용으로 적합하다.

89 다음 중 셀룰로스는 어떤 섬유를 구성하는 성분이며 내약품성은 어떤가?

① 아세테이트 — 알칼리와 산에 모두 강하다.

정답 80.❷ 81.❹ 82.❷ 83.❶ 84.❹ 85.❸ 86.❸ 87.❶ 88.❶ 89.❹

② 견 — 내산성보다 내알칼리성이 좋다.
③ 모 — 내산성이 좋으므로 중성세제를 사용한다.
④ 면 — 내알칼리성이 좋아 알칼리성 세제로 세탁할 수 있다.

해설 셀룰로스는 면을 구성하는 성분으로 면은 비교적 강도가 크고 특히 마모 강도가 우수하여 튼튼한 섬유에 속한다. 알칼리에 특히 강하고 일상생활에서 접하는 유기용제에도 잘 견디는 편이다. 일광이나 열에도 비교적 좋다.

90 면섬유에 머서화가공(mercerization)을 했을 때 나타나는 변화는?
① 섬유의 천연적 꼬임이 풀리며 단면이 원형에 가까워진다.
② 수소결합이 절단되어 거칠어진다.
③ 섬유가 치밀해지며 광택이 감소한다.
④ 섬유의 일부분이 가수분해되어 강도가 현저히 감소된다.

해설 면섬유를 짙은 알칼리용액으로 처리하면 섬유는 크게 팽윤되어 수축되면서 섬유의 단면이 원형으로 변하고, 천연꼬임이 없어지며 투명도가 증가한다. 이때 긴장시켜 수축을 방지하면 광택이 증가하고 흡습성, 염색성도 향상된다. 이러한 처리를 '머서화(mercerization)'라고 한다.

91 머서화가공(mercerization)은 면의 어떤 점을 이용한 것인가?
① 강도와 신도 ② 알칼리에 강한 점 ③ 열에 강한 점 ④ 흡습성이 좋은 점

해설 면은 무기산에 의해 쉽게 분해되지만 알칼리에 대해서는 내성이 아주 좋아 머서화가공을 할 수 있는 것이다.

92 다음 중 아마는 어떤 섬유로 분류되는가?
① 재생 셀룰로스 섬유 ② 첨가중합체 섬유 ③ 천연 셀룰로스 섬유 ④ 천연단백질 섬유

해설 천연셀룰로스섬유 : 면, 아마, 저마, 대마, 황마 등

93 다음의 〈보기〉와 같은 특성을 가진 섬유는?

> **보기**
> • 단섬유의 집합체이다.   • 내열성이 아주 좋다.
> • 강도는 대단히 크나 신도는 작다.
> • 건조는 빠르고 촉감이 차서 여름용 옷감으로 적합하다.

① 케이폭   ② 아마   ③ 마닐라마   ④ 양모

해설 마섬유는 열전도성이 좋고 수분의 흡수와 건조가 필요하다. 마섬유의 가장 큰 단점은 탄성이 나쁘다는 것이다.

94 다음 아마의 조작 과정 중 침지하는 목적은?
① 권축을 만든다.
② 펙틴질을 분해한다.
③ 섬유장을 길게 할 수 있다.
④ 섬유를 강하게 한다.

해설 마섬유는 대부분 껍질을 벗겨서 만든다. 이때 목질부와 섬유(껍질)를 접착시키고 있는 펙틴질을 분해시켜야 껍질이 벗겨지는데 이 펙틴질 분해 과정을 침지라고 한다.

95 다음 중 어떤 셀룰로스를 현미경으로 관찰하였더니 단면이 다각형 모형을 갖고 있었으며 중심에 작은 점이 보였다면 이 섬유는?
① 아마   ② 견   ③ 양모   ④ 면

해설 단면의 형태가 다각형이며 중심에 중공을 가진 것은 아마이다.

96 다음의 〈보기〉와 같은 특성을 가진 섬유는?

> **보기** 우아한 광택을 가진 섬유로 비교적 가는 실을 뽑을 수 있으며, 촉감이 차서 여름용 의류 소재로 적합하다.

① 캐시미어   ② 아마   ③ 면   ④ 황마

해설 아마섬유는 우아한 광택을 가지고 있으며 아주 섬세한 실을 얻을 수 있을 뿐 아니라 열전도성이 좋고, 수분의 흡수와 건조가 빠르고, 촉감이 차서 여름용 옷감으로 좋다. 다만 탄성과 리질리언스가 나빠서 구김이 잘 생긴다는 것이 큰 결점인데 최근 수지가공이 발달하여 이러한 점이 많이 개선될 수 있다. 또 폴리에스테르와 혼방하면 섬세하고 빳빳하여 시원한 감을 주는 하절기용 옷감으로 좋다.

97 다음 중 인피섬유로 수분의 흡수와 건조가 빠르고 세탁성, 내균성이 좋아 여름용 의류뿐 아니라 손수건, 행주, 식탁보에도 적합한 것은?
① 아마   ② 레이온   ③ 마닐라마   ④ 저마

정답 90.❶   91.❷   92.❸   93.❷   94.❷   95.❶   96.❷   97.❶

해설 아마는 흡수와 건조가 빠르고 세탁성이 좋을 뿐 아니라 내균성도 좋아서 손수건, 행주, 식탁보 등에도 적합하다.

98 다음 중 아마섬유의 특성에 대한 설명으로 가장 알맞은 것은?
① 우아한 광택을 가지며 섬세한 실을 뽑을 수 있다.
② 보온성은 우수하나 매끈하지 못해 의류용으로는 거의 쓰이지 않는다.
③ 구김이 적으며, 열전도성이 작아 여름의복에 적합한 소재이다.
④ 우리나라에서는 일반적으로 삼베라고 불린다.

해설 문제 96번 해설 참조

99 다음 중 섬유 분류와 그 특성을 바르게 나타낸 것은?
① 야자섬유 — 주로 마대나 융단의 기포에 이용된다.
② 저마 — 결정성과 배향성이 좋으나 구김이 잘 생긴다.
③ 케이폭 — 굵은 원통상으로 되어 있고 면과 같은 천연꼬임이 있다.
④ 황마 — 엷은 황색으로, 로프로만 이용된다.

해설 마섬유는 천연 셀룰로스 섬유로 아마, 저마, 대마, 황마 등은 식물체의 줄기, 즉 인피에서 섬유를 분리하여 피복의 재료로 사용하게 되며 인피섬유로 분류된다. 저마섬유는 결정성과 배향성이 가장 좋은 섬유이나 탄성률은 크고, 탄성은 적어서 구김이 많이 간다.

100 다음 중 종자섬유에 해당하는 것은?
① 사이잘마   ② 마닐라마   ③ 케이폭   ④ 야자섬유

해설 야자섬유는 과실섬유, 마닐라마과 사이잘마는 엽맥섬유, 케이폭은 종자섬유이다.

101 다음의 〈보기〉에 나타난 사항들은 어떤 섬유에 관한 것인가?

보기
• 나선상 구조를 이룬다.   • 스케일이라는 표피세포층이 있다.
• 케라틴이라고 부르는 단백질로 되어 있다.

① 나일론   ② 면   ③ 견   ④ 양모

해설 양모섬유의 형태
- 케라틴(keratin)이라는 단백질로 되어 있다.
- 시스틴결합과 조염결합 등의 분자간 가교가 있어 탄성과 리질리언스가 좋다.
- 메리노 양모가 가장 섬세하고 권축도 발달되어 있으며, 다른 재래종이나 잡종과는 달리 켐프(kemp : 거칠고 백색인 일종의 사모(死毛))를 함유하고 있지 않다.
- 단면은 원형 또는 타원형이며 3층으로 되어 있다. 가장 밖에는 스케일(scale)이라는 표피 세포층이 있는데, 이것은 방적성을 좋게 하고 양모가 축융되는 원인이 된다.

102 다음 중 양의 털을 깎아 정련을 한 후 식물성 불순물을 제거하는 방법으로 널리 쓰이는 것은?
① 합성세제 처리 ② 수소화 공정 ③ 수산화나트륨 처리 ④ 황산에 의한 탄화 공정

해설 정련 후의 양모에는 상당량의 식물성 불순물이 함유되어 있을 때가 있다. 이것을 묽은 황산에 담갔다가 건조한다. 이 때 식물성 불순물은 황산에 의해 탄화되나 양모는 큰 손상을 받지 않는다. 탄화된 것은 제진기로 제거하고, 양모는 묽은 알칼리로 중화한다. 이러한 공정을 탄화라고 하고 이 공정을 거친 양모를 탄화 양모라고 한다.

103 다음 중 '케라틴, 축융성, 스케일, 시스틴결합, 권축'과 가장 관련이 깊은 섬유는?
① 폴리에스테르 ② 면 ③ 양모 ④ 견

해설 양모의 특성 : 케라틴이라는 단백질로 되어 있으며, 케라틴에는 시스틴이라는 황을 함유한 아미노산이 있다. 양모의 내섬유층은 오르토와 파라로 되어 있기 때문에 권축을 이루게 되며, 스케일에 의해 축융성이 나타난다. 스케일층은 생선비늘 모양의 각질세포로 되어 있어 내부를 보호하는 역할을 하며, 섬유간의 마찰을 크게 하여 방적성을 좋게 하고 양모가 축융되는 원인이 된다. 클로리네이션은 스케일을 제거시켜 축융성을 방지하는 가공이다.

104 다음 중 양모의 좋은 탄성과 리질리언스는 무엇에 기인되는가?
① 오르토내섬유와 파라내섬유 ② 분자간 가교
③ 중공 ④ 표면 스케일의 존재

해설 양모의 좋은 탄성과 리질리언스는 양모의 시스틴결합과 조염결합과 같은 분자 간 가교가 있기 때문이다.

105 다음 중 양모섬유의 축융성과 관계가 가장 적은 것은?
① 펠트 ② 시스틴결합 ③ 스케일 ④ 클로리네이션

해설 문제 103번 해설 참조

정답 98.❶ 99.❷ 100.❸ 101.❹ 102.❹ 103.❸ 104.❷ 105.❷

106 다음 중 양모섬유의 축융성에 대한 설명으로 가장 적합한 것은?

① 곰팡이나 좀의 침해를 받기 쉬워진다.
② 양모제품에 관리의 편의성을 주고 가벼운 옷감을 만들 수 있다.
③ 서로 마찰되면 섬유가 엉키고 두터워진다.
④ 스케일 때문에 나타나며 다림질이 용이해진다.

> **해설** 양모의 표면에는 생선비늘 모양의 스케일이 있어 양모섬유가 서로 마찰되면 섬유는 전진하지만 후퇴하지 못한다. 따라서 섬유가 일단 엉키면 풀리지 않는다. 그래서 양모섬유 또는 양모직물을 비눗물에 적시고 가열하에서 문지르면 섬유는 엉키면서 두터운 층을 만든다. 이 성질을 축융성이라고 한다. 축융성을 이용하여 펠트 제조와 양모직물의 축용가공을 할 수 있다. 그러나 이 축융성으로 인하여 양모직물이나 편성물은 세탁이나 착용중의 마찰에 의해 축융되어 두터워지고 수축되는 결점이 있다.

107 다음 중 양모섬유의 성질에 대한 설명으로 옳지 않은 것은?

① 탄성과 리질리언스가 좋다.
② 습윤 상태에서 강도가 증가한다.
③ 염색성이 좋고, 산성 염료가 많이 사용된다.
④ 알칼리에 약해서 5% NaOH 용액에서 완전히 용해된다.

> **해설** 단백질섬유(양모, 견)는 습윤 상태에서 강도가 감소하고, 셀룰로스섬유(면, 마)는 습윤 상태에서 강도가 증가하는 것이 보통이다.

108 다음 중 양모섬유의 탄성과 리질리언스에 따라 나타나는 양모섬유제품의 성능으로 가장 적합한 것은?

① 내구성이 우수하여 옷감의 수명이 길고 알칼리에도 잘 견디므로 세탁이 용이하다.
② 옷감이 부드러워 드레이프성이 우수하지만, 다른 옷감에 비해 무겁다.
③ 내추성이 우수하여 옷감에 구김이 잘 생기지 않으며, 제품의 형태안정성이 좋다.
④ 몸에 잘 맞는 의복을 만들 수 있으며, 신체 활동에 따라 옷감이 적절히 변형된다.

> **해설** 양모섬유는 천연섬유 중에서는 탄성과 리질리언스가 가장 우수하다. 2% 신장 후의 탄성회복률이 99%이고, 20% 신장 후에도 63%까지 회복된다. 리질리언스도 아주 좋아서 옷의 형체안정성과 내추성이 우수하여 가장 좋은 피복 재료 중 하나이다.

109 다음 중 의류 소재로서의 양모섬유의 특성에 대한 설명으로 알맞은 것은?

① 소수성이므로 세탁 후 쉽게 건조하고 다림질하지 않아도 되지만 수축염려가 있으므로 냉수에서 세탁해야 한다.
② 비중은 큰 편이므로 의복이 아주 무겁다.
③ 보관·관리가 용이하며, 근래 세탁기를 사용하여 세탁할 수 있는 제품도 많다.
④ 탄성과 리질리언스가 커 내추성이 우수하며, 등산복 등 스포츠웨어로서도 적합하다.

해설 양모는 보온성이 좋고 흡습성이 큰 위생적인 섬유이면서 탄성과 리질리언스가 좋아서 구김이 잘 생기지 않는 우수한 피복 재료이다. 섬유 형태가 독특하여 여러 가지 성능을 가지고 있으며 염색성도 우수하다.

110 다음 중 축융성(felting) 때문에 사용, 관리에 있어 특별히 유의해야 할 섬유는?

① 아라미드 ② 견 ③ 양모 ④ 폴리우레탄

해설 양모섬유를 현미경으로 보면 가장 밖에 스케일이라는 표피층이 있다. 이 스케일은 고기비늘 모양의 각질세포로 되어 있어 섬유 내부를 보호한다. 또한 섬유 사이의 마찰을 크게 해서 방적성을 좋게 해주지만 양모섬유가 축융되는 원인이 되기도 한다.

111 다음 중 양모섬유를 현미경으로 관찰하면 표면에 스케일(털 비늘)이 있는데, 이 스케일과 가장 밀접한 것은?

① 축융가공 ② 드레이프성 ③ 유연성 증진 ④ 방추가공

해설 문제 110번 해설 참조

112 다음 중 양모섬유의 축융성과 가장 밀접한 관계를 가지는 것은?

① 둥근단면 ② 천연권축 ③ 스케일 ④ 삼각단면

해설 문제 110번 해설 참조

113 스케일이 극히 적고 권축도 거의 없으며, 표면이 대단히 매끄러운데, 여름용 옷감이나 의자 커버용 직물 등에 많이 쓰이는 헤어 섬유는?

① 모헤어 ② 알파카 ③ 낙타모 ④ 캐시미어

정답 106.❸ 107.❷ 108.❸ 109.❹ 110.❸ 111.❶ 112.❸ 113.❶

해설 모헤어는 강도가 크고 광택이 아주 좋으나 권축과 스케일이 없어서 방적성이 좋지 못하므로 모헤어 단독으로 방적하기는 어려워 실내장식용 특히 의자커버용 직물로 많이 쓰인다. 여름용 옷감으로 좋으며 하등품은 카펫의 제조에 사용된다.

114 다음의 〈보기〉와 같은 특성을 가진 섬유는?

> 보기 견광택이 있으며, 매우 부드럽고 가벼우며 고상한 광택을 가지고 있어 최고급 섬유로 평가되어 고급 코트 등에 사용되는 헤어 섬유이다.

① 모헤어 ② 앙고라 ③ 캐시미어 ④ 카멜

해설 캐시미어는 티베트, 북부 인도, 이란, 이라크 등에서 사육되는 캐시미어 염소로부터 얻은 털로, 부드럽고 독특한 스케일을 가졌으며 완만한 권축이 있다. 캐시미어는 최고급 섬유로 평가되어 고급 숙녀용 코트, 숄 등에 사용된다.

115 다음 중 캐시미어는 어떤 섬유에 속하는가?

① 식물성 섬유 ② 헤어섬유 ③ 광물성 섬유 ④ 알파카섬유

해설 헤어섬유에는 낙타모, 모헤어, 캐시미어, 토끼털이 있다.

116 다음 중 견섬유의 단면 형태에 대한 설명으로 옳은 것은?

① 삼각형에 가까운 모양으로 2가닥의 피브로인을 세리신이 둘러싸고 있다.
② 삼각형에 가까운 모양의 케라틴이 세리신 두 가닥을 둘러싸고 있다.
③ 사각형에 가까운 케라틴과 피브로인이 세겹으로 겹쳐 있다.
④ 원형의 세리신과 피브로인이 두겹을 이루고 있다.

해설 견섬유의 생사는 2가닥의 피브로인 필라멘트가 세리신이라는 일종의 단백질로 교착되어 있다. 생사는 이 세리신 때문에 거칠고 광택도 좋지 못하다. 세리신은 더운 물 또는 묽은 알칼리에 의해 용해되므로 정련하면 피브로인만 남는다. 피브로인의 단면은 견 특유의 삼각 단면을 가지고 있으며 측면은 투명한 봉과 같이 보인다.

117 다음 중 견섬유를 이루는 단백질 중 세리신에 대한 설명으로 가장 알맞은 것은?

① 강도보다는 신도를 크게 하는 부분으로 함량이 클수록 옷감이 잘 늘어진다.
② 염색이 특히 잘 되므로 견섬유의 선명한 염색에서 특히 중요하다.
③ 아주 부드러운 성분이며 견직물 정련이 남아 있게 하는 부분이다.

④ 더운물이나 묽은 알칼리에서 용해되므로 정련하면 제거된다.

해설 문제 116번 해설 참조

118 다음 중 견섬유를 정련할 때 세리신의 제거 정도를 조절할 수 있는데, 이때 섬유의 어떤 특성이 가장 크게 달라지는가?

① 염색성과 혼용률
② 내연성과 내충성
③ 광택과 촉감
④ 단면형태와 가격

해설 문제 116번 해설 참조

119 다음 중 견섬유를 정련할 때 세리신의 일부를 남겨둔 후 제직한 직물의 특성은?

① 촉감은 부드러워지나 약해진다.
② 잘 늘어나는 특성을 가진다.
③ 뻣뻣한 특성을 가진다.
④ 더 부드러운 성질을 가진다.

해설 문제 116번 해설 참조

120 다음 중 견섬유의 단면 형태가 섬유의 특성에 미치는 영향을 가장 잘 설명한 것은?

① 원형 단면 – 큰 신도와 부드러운 촉감
② 원형 단면 – 큰 강도와 투명성
③ 삼각 단면 – 투명성과 부드러운 촉감
④ 삼각 단면 – 우아한 광택과 좋은 촉감

해설 정련견의 단면은 삼각형에 가까운데 견의 우아한 광택과 촉감이 좋은 원인이 이 삼각형의 단면에서 기인되고 있다.

121 다음 중 견섬유의 특성에 대한 설명으로 옳은 것은?

① 세리신을 함유하고 있어 뻣뻣한 느낌을 주므로, 강알칼리와 강산을 교대로 처리한다.
② 길고 섬세한 섬유로 천연섬유 중 유일한 필라멘트이며, 좋은 강도와 우아한 광택을 가졌다.
③ 길고 섬세한 섬유이지만 강도가 약해 일반 의류용으로는 적당하지 않다.
④ 일광에도 잘 견디며, 좋은 강도와 적당한 탄성을 가지고 있다.

해설 견섬유는 섬유의 여왕으로 불리워지는데, 이것은 부드러운 촉감과 우아한 광택을 가졌기 때문이다. 케라틴이 아닌 피브로인이라는 단백질로 되어 있다. 내산성은 비교적 좋은 편이며, 일광에는 약하다.

정답 114.③ 115.② 116.① 117.④ 118.③ 119.③ 120.④ 121.②

122 다음 중 견(silk)섬유의 특성에 대한 설명으로 옳은 것은?

① 강도는 약하지만 신도는 크며, 습윤 상태에서는 신도가 감소한다.
② 염색성은 나빠 분산염료에만 고온에서 염색이 된다.
③ 표백제에는 잘 견디며, 차아염소산염 등 가정용 표백제에도 잘 견딘다.
④ 알칼리에 약해서 더운 5% 수산화나트륨에는 쉽게 용해된다.

해설 견섬유는 내알칼리성이 약해서 강한 알칼리에는 쉽게 손상되며, 더운 5% 수산화나트륨(NaOH)에는 완전히 용해된다.
① 생사는 비교적 강한 섬유이다. 신도는 12~25%로 양모보다 작다. 습윤 상태에서 강도는 15~20% 감소하고, 신도는 증가하여 33~35%가 된다. 정련견의 강도는 생사에 비해 20% 내외가 감소하고 신도도 20% 내외가 감소한다.
② 견은 염색성이 좋아서 염기성 · 산성 · 매염 · 직접염료 등 여러 가지 염료에 의해 잘 염색된다.
③ 견은 진한 염산에 용해되는데, 양모는 염산에 용해되지 않으므로 이것은 양모와의 판별에 이용된다. 염소, 차아염소산염 등 염소산계 표백제에 의해 황변되고 또 손상되므로 사용할 수 없다.

123 다음 인조섬유를 만드는 화학방사 과정 중 천연 또는 합성중합체를 녹여 액상으로 만든 것은?

① 방사원액   ② 면 스테이플   ③ 축합체   ④ 방사구금

해설 인조섬유를 만들기 위해 용융 또는 용해된 액체상의 중합체를 방사원액이라 한다.

124 다음 인조섬유를 만드는 방법 중 건식방사법에 대한 설명으로 가장 적합한 것은?

① 용융에 의해 용해한 방사원액을 증발시켜 고체섬유로 한다.
② 약품에 용해한 원료를 응고에 의해 고체화한다.
③ 원료는 용융에 의해 녹인 후 찬 공기 중으로 사출한다.
④ 용매에 용해한 원액을 더운 공기 속에 사출하여 용매를 증발시켜 섬유상 중합체를 얻는다.

해설 건식방사 : 유기용매에 용해되어 있는 방사원액을 더운 공기 속에 사출하여 유기용매를 증발시켜서 섬유상 중합체를 얻는 방법이다. 예 아세테이트, 아크릴 중 일부

125 인조섬유를 만드는 과정(화학방사)에서 원료중합체를 가열하고 녹여 방사원액을 만들며, 찬 공기 중으로 사출하여 냉각에 의해 고체섬유를 얻는 방법은?

① 용매방사   ② 용융방사   ③ 습식방사   ④ 건식방사

해설 용융방사법 : 용융된 방사원액을 찬 공기 속에 사출하여 냉각에 의해 고체섬유를 얻는 방법으로, 습식방사법이나 건식방사법에 비해 간편한 방법으로, 나일론, 폴리에스테르, 폴리프로필렌 등이 있다.

126 다음 인조섬유 제조 과정 중 방사 방법과 그 섬유 예가 적절하게 연결된 것은?

① 용융방사 — 아크릴
② 건식방사 — 아세테이트
③ 습식방사 — 폴리에스테르
④ 건식방사 — 나일론

해설 아세테이트, 아크릴 중 일부가 건식방사로 만들어지며, 습식방사는 레이온, 용융방사는 나일론·폴리에스테르 등이다.

127 화학 방사의 과정에서 볼 때 용융방사에 대한 방법이 옳게 연결된 것은?

① 용매에 용해 — 냉각
② 용융 — 응고
③ 용융 — 냉각
④ 약품수용액에 용해 — 증발

해설 문제 125번 해설 참조

128 화학방사법과 해당 섬유가 바르게 연결된 것은?

① 용융방사법 — 나일론
② 용매방사법 — 폴리에스테르
③ 건식방사법 — 큐프라
④ 습식방사법 — 아세테이트

해설 문제 126번 해설 참조

129 다음 화학 방사의 과정 중 섬유 배향을 증진시키는 데 가장 큰 영향을 미치는 것은?

① 냉각
② 연신
③ 방사(사출)
④ 방사원액 제조

해설 연신 : 방사구에서 나와서 응고된 고체상의 섬유를 수배의 길이로 잡아당겨 늘여주어서 섬유내 분자의 배향을 좋게 하는 것으로 강도가 향상되지만 신도는 줄어든다. 배향성이란 섬유를 형성하는 선상중합체들이 분자내에서 결정을 이루고 분자와 결정들이 섬유의 길이 방향으로 평행하게 정돈되는 성질이다.

130 다음 중 화학 방사 시 방사구에서 나온 섬유를 잡아당겨 원길이의 몇 배로 늘릴 경우 어떻게 변화하는가?

① 분자간 가교가 생성되어 강해진다.
② 결정성이 발달하므로 잘 늘어난다.
③ 배향성이 향상되어 신도가 커진다.
④ 배향성이 향상되어 강도가 커진다.

해설 문제 129번 해설 참조

정답 122.④ 123.① 124.④ 125.② 126.② 127.③ 128.① 129.② 130.④

131 다음 중 인조섬유 제조 시 연신을 하면 향상되는 섬유의 성질은?

① 염색성　　　② 흡습성　　　③ 권축　　　④ 강도

> **해설** 연신에 의해 강도는 증가하나 신도는 줄어든다.

132 다음 중 인조섬유를 제조할 때 무광섬유로 만드는 방법으로 널리 쓰이는 것은?

① 방사구의 형태를 다양하게 해준다.
② 연신을 많이 하여 배향성을 높인다.
③ 방사원액의 점도를 현저히 낮춘다.
④ 방사원액에 이산화티탄을 넣어 준다.

> **해설** 방사원액에 이산화티탄을 섞어주면 섬유표면에서 광선을 산란시킴으로써 표면에서의 직반사를 방지하여 무광섬유가 얻어진다.

133 다음 중 인조섬유를 복합섬유로 만들 때 나타나는 효과에 해당하는 것은?

① 강도 저하　　　② 권축 생성　　　③ 내일광성 향상　　　④ 필링 감소

> **해설** 방사 시 두 종류의 방사 원액을 한 구멍으로 동시에 사출하여 두 성분으로 접착된 섬유를 생성함으로써 권축이 생기는데, 이러한 섬유를 복합섬유라 한다.

134 다음 인조섬유 중에서 원액염색에 대한 설명으로 옳은 것은?

① 인조섬유 중 방사원액에 색소를 첨가하여 방사한 것
② 섬유제조시 원료를 용액으로 만든 후 방사한 것
③ 광물성 섬유 중 염색을 고온에서 한 것으로 불에 타지 않음
④ 처음부터 염색하여 사용하는 천연섬유

> **해설** 원액염색은 염색이 아주 어려운 섬유에 쓰이는 방법으로 방사하기 전에 방사원액에 색소를 첨가하여 색사를 얻는다.

135 인조섬유에 인공 권축을 만들려고 할 때 필요한 섬유의 성질은?

① 열가소성　　　② 내추성　　　③ 대전성　　　④ 함기성

> **해설** 섬유가 열가소성 섬유일 때에는 섬유에 굴곡이나 꼬임을 주고 열고정을 하는 기계적 방법으로 쉽게 권축을 만들 수 있지만, 그렇지 않을 때는 화학적 방법으로 권축을 만들 수 있다. 즉, 두 종류의 방사원액을 한 구멍으로 동시에 사출하여 두 성분으로 접착된 섬유를 생성함으로써 권축이 생기게 된다.

136 다음 중 극세섬유를 만들기 위한 방사법으로 가장 적합한 것은?

① 캘린더링법　　② 샌퍼라이징법　　③ 매트릭스-피브릴법　　④ 오픈엔드법

해설 극세섬유를 만들기 위한 방사법으로 분할법, 매트릭스-피브릴법이 있다.

137 다음 중 비스코스레이온을 만드는 공정으로 옳은 것은?

① 머서화 — 노성 — 황화 — 숙성
② 노성 — 방사 — 머서화 — 황화
③ 방사 — 노성 — 머서화 — 황화
④ 황화 — 머서화 — 노성 — 방사

해설 비스코스레이온은 침지(머서화) — 노성 — 황화 — 숙성 — 방사의 과정을 거쳐 생성된다.

138 다음 비스코스레이온의 제조 과정 중 분쇄된 알칼리 셀룰로스를 일정 온도에서 일정 시간 방치하는 공정은?

① 노성　　② 침지　　③ 황화　　④ 숙성

해설 침지가 끝난 펄프를 압착하여 여분의 알칼리액을 제거하는데 이때 알칼리셀룰로스는 덩어리가 되므로 이 덩어리를 분쇄한다. 분쇄된 알칼리셀룰로스는 밀폐용기에 넣어서 일정 온도에서 방치하는데 이 과정을 노성이라고 한다.

139 다음 중 비스코스레이온의 제조 과정에 사용되는 약품으로만 짝지어진 것은?

① 수산화나트륨 — 이황화탄소
② 빙초산 — 아세톤
③ 이황화탄소 — 질산
④ 수산화나트륨 — 황산

해설 비스코스레이온은 면린터, 목재펄프 등 셀룰로스원료를 수산화나트륨 용액으로 처리하여 알칼리셀룰로스를 만들고 이것을 압착하여 분쇄한 후 노성시키고 이황화탄소를 작용시켜 셀룰로스 크산테이트를 만들며(황화과정), 이것을 수산화나트륨 용액에 용해시켜 만든 비스코스, 즉 방사원액에 숙성시켜 여과한 후 방사구를 통해 응고액 중으로 내보내어 만든 섬유이다.

140 다음 중 비스코스레이온을 만들 때 알칼리셀룰로스를 가루로 만들어 일정 시간 방치하는 이유로 알맞은 것은?

① 불순물 용해 및 용액의 균일화
② 방사원액 제조시간 단축
③ 중합도 저하로 방사공정 원활
④ 중합도 향상으로 섬유강도 증가

정답 131.④　132.④　133.②　134.①　135.①　136.③　137.①　138.①　139.①　140.③

해설 비스코스레이온의 제조 과정 중 분쇄된 알칼리셀룰로스를 일정 온도에서 일정 시간 방치하는 공정이 노성인데, 노성을 거치면 알칼리셀룰로스는 공기 중의 산소에 의해 산화되어 중합도가 떨어진다.

141 다음 중 특수 비스코스 레이온에 속하는 섬유들끼리 나열된 것은?

① 라이크라 — 모달
② 리오셀 — 폴리노직레이온
③ 스판덱스 — 우레탄
④ 나일론 — 아크릴

해설 여러 가지 특수 레이온
- 구리암모늄레이온 : 독일의 벰베르크사에서 벰베르크라는 이름으로 제조한 것으로 우리나라는 큐프라라고 표기한다.
- 강력레이온 : 질이 좋은 펄프를 사용한 것으로 강도가 큰 레이온이다.
- 폴리노직레이온 : 노성과 숙성 생략 또는 단축
- 고습강력레이온 : 제법은 강력레이온의 제법에 기초하고 있다. 섬유의 성질은 폴리노직레이온과 강력레이온의 중간 정도이다.
- 리오셀 : 최근 등장한 리오셀은 레이온의 제조 과정에서 나타나는 독성과 공해문제를 해결할 수 있는 것으로 알려져 있다.

142 강력레이온은 보통레이온보다 강도가 아주 크다. 제조 공정 중 어느 부분에서 조절이 되는가?

① 방사 속도를 느리게 한다.
② 방사 속도를 빨리 한다.
③ 노성 기간이 길다.
④ 방사 원액이 다르다.

해설 강력레이온은 방사 속도를 느리게 하여 섬유 내 분자의 결정성과 배향성을 향상시킨 것이다.

143 다음 중 레이온섬유에 해당되는 것은?

① 리오셀
② 나일론
③ 스판덱스
④ 아세테이트

해설 문제 141번 해설 참조

144 다음 중 레이온의 의류 소재로서의 특성에 대한 설명으로 옳은 것은?

① 보온성이 크므로 겨울용 의류에 널리 사용되며, 나일론과의 혼방에 효과적이다.
② 탄성과 리질리언스가 좋아 형체안정성이 우수하다.
③ 단면이 불규칙하게 주름잡혀 있으며, 습윤강도가 크게 저하한다.
④ 순수한 셀룰로스로 되어 있으므로 천연섬유에 속한다.

해설 보통 비스코스레이온은 단면이 불규칙하게 주름이 잡혀 있으며 측면에는 이 주름에 의한 평행된 선을 볼 수 있다. 그리고 보통 습윤되면 강도는 반으로 떨어진다.

145 재생셀룰로스 섬유인 레이온 중 원료 펄프로 좀더 질이 좋은 것을 사용하고 제조 공정 중 노성과 숙성을 생략하거나 단축하는 등 변화를 주어 면과 같은 피브릴 구조를 가지게 한 것은?

① 비닐론　　② 아세테이트　　③ 폴리노직　　④ 큐프라

해설 폴리노직레이온은 중합도가 높고 결정과 배향이 향상된 면과 같은 피브릴(fibril) 구조를 가진 레이온이다.

146 다음의 〈보기〉가 설명하는 섬유는?

보기　매끄럽고 광택이 좋으며, 표면 전기의 발생도 없어 안감으로 널리 쓰이며, 합성섬유와 혼방하여 일반 의복용으로 널리 쓰이는 섬유이지만 습윤 강도는 아주 낮다.

① 면　　② 아세테이트　　③ 나일론　　④ 레이온

해설 레이온은 의류 및 실내 장식용으로 널리 사용된다. 매끄럽고 광택이 좋을 뿐 아니라 표면전기의 발생도 없으므로 안감으로 가장 우수한 섬유이다. 레이온은 내구성이 좋지 못해서 물과 약품이 자주 접하는 곳, 예를 들면, 어망, 로프, 또는 빨아야 하는 속옷 등에는 적합하지 못하다.

147 섬유의 특성으로 보아 레이온 섬유의 용도로 가장 적합한 것은?

① 양말　　② 손수건　　③ 안감　　④ 수영복

해설 문제 146번 해설 참조

148 다음 중 초산셀룰로스로 만들어진 섬유로서 단면은 주름잡혀 있으나 레이온에 비해 굴곡이 적고 유연한 섬유이며 탄성과 리질리언스가 좋은 섬유는?

① 폴리에스테르　　② 아세테이트　　③ 나일론　　④ 비스코스

해설 아세테이트의 단면은 비스코스레이온처럼 심하게 주름잡혀 있지는 않지만 굴곡되어 있다. 강도는 비스코스레이온과 비슷하지만 습윤 강도의 감소는 비스코스만큼 심하지 않다. 초기탄성률은 레이온보다 작아서 유연한 섬유에 속한다. 탄성은 레이온과 비교가 안될만큼 좋으며 1% 신장에서는 100% 회복된다. 흡습성이 나쁘고 정전기가 발생하는 등의 문제점이 있다. 열가소성이 우수하므로 열고정이 가능하며, 특히 트리아세테이트는 우수한 열고정성을 가진다. 아세테이트는 좋은 드레이프성과 부드러운 촉감을 가지고 있어 여성들과 아동들의 옷감으로 사용되고 있다. 남성용으로는 넥타이, 가운, 잠옷, 셔츠 등에 이용되며 레이온보다 부드럽고 매끄러워서 드레스의 안감으로 사용된다.

정답　141.❷　142.❶　143.❶　144.❸　145.❸　146.❹　147.❸　148.❷

149 좋은 드레이프성과 부드러운 촉감을 가지고 있으며, 매끄러워 드레스의 안감으로도 널리 사용되는 섬유는?

① 폴리에스테르　　② 나일론　　③ 아세테이트　　④ 스판덱스

해설 문제 148번 해설 참조

150 다음 중 아세테이트에 대한 설명으로 옳지 않은 것은?

① 좋은 드레이프성과 부드러운 촉감을 가지고 있어 안감으로 널리 사용된다.
② 면과 같이 셀룰로스가 주성분이므로 직접 염료로 염색이 잘된다.
③ 탄성회복률이 좋으며, 리질리언스도 좋아 구김이 덜 생긴다.
④ 원료는 레이온과 마찬가지로 펄프나 면린터이다.

해설 아세테이트는 셀룰로스의 단위구조인 글루코스의 수산기가 아세틸화되어 염색성은 좋지 않다. 보통 염료로는 잘 염색되지 않아서 분산염료라는 특수염료가 사용된다.

151 다음 중 아세테이트 섬유의 특성을 가장 잘 설명한 것은?

① 좋은 드레이프성과 부드러운 촉감을 가진다.
② 셀룰로스의 수산기가 아세틸화되어 친수성이 증가한다.
③ 현재 사용되는 섬유 중 내일광성이 가장 우수하다.
④ 구김이 전혀 생기지 않고, 열에 아주 강하다.

해설 아세테이트섬유의 단면은 주름이 잡혀 있기는 하나 비스코스레이온처럼 날카롭지 않고 둥글기 때문에 촉감이 비스코스레이온보다 부드럽다.

152 다음 중 아세테이트섬유의 특성에 대한 설명으로 옳은 것은?

① 좀벌레나 기타 해충에 안전하지 못하다.
② 아세테이트 염색에는 산성염료가 사용된다.
③ 단면의 주름이 비스코스레이온보다 날카롭다.
④ 셀룰로스의 활성기인 OH기가 아세틸화되어 친수성이 좋지 못하다.

해설 아세테이트섬유는 셀룰로스의 수산기가 아세틸화되어 있어 친수성이 줄어들어서 셀룰로스섬유에 비해 흡습성이 좋지 못하고 염료를 흡착할 원자단이 없어졌으므로 염색이 어렵다. 보통염료로는 잘 염색되지 않아서 아세테이트 염색에는 분산염료라는 특수한 염료가 사용된다. 아세테이트섬유의 단면은 주름이 잡혀 있기는 하나 비스코스레이온처럼 날카롭지 않다. 아세테이트섬유는 좀벌레나 기타 해충이 아세테이트를 침식하지 못한다.

153 다음 중 아세테이트의 특성으로 옳지 않은 것은?

① 습윤되면 강도가 다소 감소한다.   ② 일광에 매우 강하여 강도가 떨어지지 않는다.
③ 리질리언스는 좋아서 구김이 덜 생긴다.   ④ 분산염료라는 특수 염료가 사용된다.

> **해설** 아세테이트를 장기간 일광에 노출하면 강도가 떨어진다.

154 다음 중 해초를 원료로 하여 만든 섬유는 무엇인가?

① 알긴산섬유   ② 글리시닌섬유   ③ 제인섬유   ④ 아라킨섬유

> **해설** ②, ③, ④는 모두 재생 단백질섬유이다. 알긴산섬유는 외과수술용 봉사 또는 용해성을 필요로 하는 섬유 등 특수 목적에 사용된다.

155 의복의 재료로서 합성섬유를 천연섬유와 비교할 때 장점이 되는 것은?

① 보온성이 특히 크다.   ② 관리하기가 용이하다.
③ 아름다운 광택을 가졌다.   ④ 위생적이다.

> **해설** 합성섬유의 특성
> - 장점 : 관리가 편리하다. 구김도 잘 생기지 않고 세탁 후 쉽게 건조되며, 물에 의해 변형이 생기지도 않을 뿐 아니라 알칼리에도 비교적 강하고 열가소성이 있고 강도가 크다.
> - 단점 : 흡습성이 작기 때문에 위생적인 성능은 좋지 않으며, 사용 후 버렸을 때 썩지 않고 열에 민감하다.

156 인조섬유는 대체로 고온 연신을 한다. 다음 중 냉연신을 하는 섬유는?

① 아크릴   ② 엑스란   ③ 폴리에스테르   ④ 나일론

> **해설** 나일론은 방사된 섬유를 냉각하여 고화시킨 다음 4~5배로 연신하는데 이때 섬유는 가늘어지면서 분자 배향이 향상되어 강도가 좋아진다. 이것이 나일론의 냉연신이다. 다른 인조섬유들은 높은 온도에서 연신한다.

157 나일론섬유를 만들 때 방사된 섬유를 냉연신했을 때의 변화를 가장 잘 나타낸 것은?

① 각 분자 사이의 결합력은 감소되므로 강도가 작아진다.
② 굵기가 더 굵어지므로 염색이 잘 될 수 있다.
③ 분자 배향성을 증대시키므로 강도가 커진다.

| 정답 | 149.③ | 150.② | 151.① | 152.④ | 153.② | 154.① | 155.② | 156.④ | 157.③ |

④ 분자 내부의 결정성을 작게 하므로 흡습성이 증가된다.

해설 문제 156번 해설 참조

158 다음 중 초기탄성률이 작아 직물보다 편성물로 더 많이 사용되며 마찰강도가 커 양말, 셔츠 등에 널리 쓰이고 비중은 다른 섬유에 비해 가벼운 편이며, 천연섬유에 비해 흡습성이 낮아 빨래가 쉽게 마르나 더운 기후에서는 옷감으로 부적당한 섬유는?

① 폴리우레탄　　② 아세테이트　　③ 폴리에스테르　　④ 나일론

해설 나일론은 좋은 신도를 가져 28~34% 정도이고, 습윤 시에는 신도가 32~52% 내외로 증가하나 직사일광에 의해 강도가 현저히 줄어든다. 또한 섬유 중에서 가장 좋은 마찰강도를 가지고 있다. 대체적으로 초기탄성률이 낮아서 부드럽지만 옷감으로서의 힘이 없어 처지므로 옷감직물에는 적당치 않다. 천연섬유에 비해 흡습성이 낮아 열가소성이 좋다.

159 다음 중 피복 재료용 섬유로서 나일론의 가장 두드러진 특성은?

① 탄성과 리질리언스가 좋지 않다.　　② 직접염료로 염색된다.
③ 마찰강도가 크다.　　④ 내일광성이 좋다.

해설 나일론은 신도가 크고 마찰강도가 큰 것이 특성이다. 대체적으로 초기 탄성률이 낮아 부드럽지만 옷이 쳐지므로 정장 옷감 직물로는 적당하지 않다.

160 다음 중 150℃ 이상의 온도에 장시간 방치하면 황색으로 변하고 착용시 큰 신장을 받는 스타킹, 양말 등에 적합한 섬유는?

① 스판덱스　　② 레이온　　③ 나일론　　④ 폴리에스테르

해설 나일론은 화학 구조상 양모나 견 같은 폴리아미드이다. 그리고 약품에 대한 안정성은 비교적 좋은 편이다. 그러나 나일론은 150℃ 이상의 온도에서 장시간 방치하면 황색으로 변한다.

161 다음 폴리아미드섬유로서 일광에는 약하나 강도와 신도가 큰 섬유는?

① 비닐론　　② 아크릴　　③ 나일론　　④ 레이온

해설 문제 158번 해설 참조

162 다음 중 아라미드 섬유들의 가장 두드러진 특성은?

① 강도가 작다.   ② 내열성이 좋다.   ③ 초기 탄성률이 작다.   ④ 값이 싸다.

해설 아라미드 섬유는 내열성이 특히 좋고 초기 탄성률이 대단히 크다. 강도와 탄성률이 강철과 비슷하여 방탄복, 방탄모 등에 사용된다.

163 다음 중 가벼우며, 항장력이 크고, 신도도 크므로 양말, 스타킹의 소재로 가장 많이 사용되는 섬유는?

① 암면   ② 나일론   ③ 폴리에스테르   ④ 모드아크릴

해설 나일론은 마찰강도가 특히 크고 초기탄성률은 낮으며, 좋은 신도를 가져 양말, 란제리, 카펫 등에 널리 사용된다.

164 다음 중 축합중합반응에 의해 생성된 합성섬유는?

① 폴리아크릴   ② 폴리에스테르   ③ 아마   ④ 아세테이트

해설 합성섬유를 만드는 중합체에는 축합 중합체와 부가중합체가 있다. 축합 중합체에는 나일론, 폴리에스테르, 폴리우레탄 등이 있다.

165 다음 축합 중합체 합성섬유 중 작은 신장 후에 즉시 회복성이 우수하고 면, 양모와의 혼방에 많이 사용되며 열가소성이 좋아 주름을 고정할 수 있는 섬유는 무엇인가?

① 아세테이트   ② 폴리우레탄   ③ 폴리에스테르   ④ 아크릴

해설 폴리에스테르섬유 : 좋은 열가소성을 가지므로 열고정에 의해 형체의 안정성뿐만 아니라 항구적인 주름을 줄 수 있다. 합성섬유들 중 보통 옷감으로 가장 많이 사용되는 것은 폴리에스테르이다. 이것은 폴리에스테르가 탄성률이 적당하여 면이나 모와 혼방하기에도 좋기 때문으로 구김으로부터의 회복성이 대단히 우수하다.

166 물에 젖었을 때 강도의 변화가 가장 적은 것은?

① 레이온   ② 견   ③ 폴리에스테르   ④ 아세테이트

해설 레이온은 습윤되면 강도가 반가까이 떨어진다. 견은 습윤 상태에서 강도는 15~20% 감소한다. 아세테이트는 습윤되면 강도가 다소 감소한다. 그러나 폴리에스테르는 습윤 상태에서 강도가 감소하지 않는다.

정답 158.❹ 159.❸ 160.❸ 161.❸ 162.❷ 163.❷ 164.❷ 165.❸ 166.❸

167 일반 의류용으로 사용할 경우 폴리에스테르를 나일론과 비교할 때 그 장점은?

① 흡습성이 크다.
② 작은 신장 후 높은 탄성 회복률이다.
③ 염색이 잘된다.
④ 잘 늘어난다.

해설 보통 폴리에스테르는 2% 신장 후에 탄성 회복률이 97%로서, 천연섬유보다 우수하나 나일론보다는 뒤진다. 그러나 작은 신장 후의 즉시 회복성은 오히려 나일론보다 우수하므로 착용 시 작은 신장을 받는 의복감으로는 좋다. 이에 대해 나일론은 큰 신장 후의 회복성이 더 우수하므로 착용 시 큰 신장을 받는 스타킹, 양말, 스웨터 등에 적합하다.

168 다음 중 폴리에스테르섬유가 나일론보다 면이나 양모와 혼방하기에 유리하며, 일반의복용으로 사용하기에 적합한 이유로 가장 옳은 것은?

① 신도가 작은 편이나 회복성이 좋다.
② 수분율이 작고 건조가 빠르다.
③ 리질리언스가 좋아 구김이 잘 안 생긴다.
④ 강도와 신도가 크다.

해설 폴리에스테르는 흡습성이 대단히 작아서 습윤 상태에서도 강도가 감소하지 않는다. 신도는 보통 폴리에스테르가 20~32%이며, 강력폴리에스테르는 10~14%로 나일론에 비해 좀 작은 편이다. 이것은 신도가 작은 면과 혼방하는 데는 유리한 점이어서 혼방에는 나일론보다 더 많이 사용된다.

169 다음 합성섬유 중 일반 의복용 재료로 가장 많이 사용되는 것은?

① 폴리에스테르
② 폴리우레탄
③ 아크릴
④ 나일론

해설 폴리에스테르는 현재 가장 많이 생산되고 또 많이 사용되는 합성섬유이다.

170 폴리에스테르섬유로 된 직물로 주름치마를 만들 때 관련되는 성질은?

① 열가소성
② 열전도성
③ 탄성률
④ 내열성

해설 폴리에스테르섬유는 좋은 열가소성을 가지므로 열고정에 의해 형체의 안정성뿐만 아니라 항구적인 주름을 줄 수 있다.

171 알칼리 감량가공으로 촉감이 향상되어 견에 가까워지는 섬유는?

① 폴리프로필렌
② 폴리에스테르
③ 나일론
④ 아크릴

해설 알칼리 감량가공을 한 폴리에스테르는 견과 매우 비슷하여 조젯, 크레이프 드신 등에 많이 사용된다.

172 다음 원료 섬유의 성질 중 옷감의 신축성을 좌우하는 것은?

① 신도　　　　② 흡습성　　　　③ 강도　　　　④ 열가소성

> **해설** 신도가 큰 섬유는 신축성이 매우 좋다. 신도가 크고 신장회복률이 커서 고무 대용이나 파운데이션(여성용 속옷)에 널리 사용되는 섬유는 폴리우레탄(스판덱스)이다.

173 다음의 〈보기〉와 같은 특성을 가진 섬유로 가장 적합한 것은?

> **보기** 고무의 특성과 유사하여 코르셋, 거들 등의 파운데이션과 수영복에 널리 쓰이는 폴리우레탄이다.

① 모드아크릴　　② 라이크라　　③ 모달　　④ 폴리아미드

> **해설** 폴리우레탄섬유는 일찍이 1930년경에 독일에서 개발되어 퍼얼론 U라는 이름으로 생산되었으나 이 섬유의 성질은 나일론에 가까우면서 융점이 나일론보다도 낮고 이렇다 할 특성이 없으면서 제조방법이 나일론보다 어려워서 크게 발전을 보지 못했다. 1958년 미국의 뒤퐁사에서 폴리우레탄으로 고무와 같이 신축성이 큰 섬유인 라이크라(lycra)의 생산을 개시하였다. 이와 같이 폴리우레탄을 주성분으로 하고 고무처럼 신축성이 큰 섬유를 총칭하여 스판덱스라 부르며 이제까지 고무가 사용되어 오던 곳에 사용되고 있다.

174 다음 합성섬유 중 신축성이 커 고무가 사용되어 오던 곳에 널리 사용되며, 스판덱스라는 일반 명칭으로 불리는 것은?

① 폴리에스테르　　② 아크릴　　③ 폴리우레탄　　④ 나일론

> **해설** 폴리우레탄, 즉 스판덱스는 신도가 450~800%이고 탄성은 천연고무보다는 조금 작지만 아주 우수한 섬유로 고무의 대용으로 쓰일 뿐 아니라, 피복재료로서의 성질이 천연고무보다 우수하여 파운데이션과 수영복 외에 직물에 혼방하여 수축이 큰 옷감을 만들 수도 있으며, 피복하지 않고 그대로도 고무 대용으로 쓸 수 있다.

175 다음 중 신도가 450~800%로 우수하고 탄성도 우수하나 높은 온도의 강알칼리나 염소계 표백제에 의해 강도가 저하되는 합성섬유는?

① 아라미드　　② 사란　　③ 폴리우레탄　　④ 폴리아미드

> **해설** 문제 174번 해설 참조

정답 167.❷　168.❶　169.❶　170.❶　171.❷　172.❶　173.❷　174.❸　175.❸

176 다음 중 신도가 큰 폴리우레탄 섬유로 파운데이션이나 수영복 등에 널리 쓰이는 것은?

① 레이온　　　② 아크릴　　　③ 스판덱스　　　④ 비닐론

해설 문제 173번 해설 참조

177 다음 중 몸에 꼭 맞는 의복을 제작하는데, 신체의 움직임을 자유롭게 하기 위해 혼방되어야 할 섬유는?

① 비스코스레이온　　　② 폴리프로필렌　　　③ 아크릴　　　④ 폴리우레탄

해설 스판덱스(폴리우레탄)는 피복재료로서의 성질이 천연고무보다 우수하다. 그래서 이제까지 고무가 사용되어 오던 코르셋, 거들, 가터, 브래지어 등의 파운데이션과 수영복 등에 널리 사용되고 있으며 근년에는 직물에도 혼방하여 탄성이 큰 옷감을 만들기도 한다.

178 다음의 〈보기〉와 같은 특성을 가진 섬유로 적합한 것은?

> **보기**
> • 내일광성이 가장 좋은 섬유이다.　　• 열에 대한 준안전성을 가진다.
> • 아크릴로니트릴 85% 이상과 15% 이하의 다른 단량체로 된 공중합체로 만들어진 섬유이다.

① 폴리우레탄　　　② 폴리에스테르　　　③ 나일론　　　④ 아크릴

해설 아크릴섬유는 가볍고 부드러워서 널리 쓰이며 내일광성이 특히 좋다. 아크릴섬유는 열에 대한 준안정성을 가지고 있어 하이벌크사를 얻을 수 있다.

179 다음 중 비중은 1.17 정도로 양모보다 가볍고 벌크가공된 것은 리질리언스가 더 우수하며 열에 대해서는 준안정성을 가지며 내일광성이 특히 우수한 섬유로 가장 적합한 것은?

① 폴리우레탄　　　② 폴리에스테르　　　③ 나일론　　　④ 아크릴

해설 아크릴섬유는 열에 대하여 준안정성을 가지고 있다. 방적시 열신장된 섬유와 정상섬유를 혼합방사하고 증기로 열처리하면 열신장된 섬유가 수축하는 데에 따라 실 전체가 줄어들면서 정상섬유가 파상권축을 이루어 부풀은 실을 얻게 된다.

180 내일광성이 우수하여 장시간 일광에 노출하여도 강도 변화가 거의 없는 것은?

① 면　　　② 견　　　③ 나일론　　　④ 아크릴

해설 아크릴은 현재 사용되고 있는 섬유 중에서 가장 내일광성이 좋은 섬유이다.

181 다음 중 아크릴의 특성과 용도에 대한 설명으로 가장 적합한 것은?

① 비중이 매우 무거우며 강도는 매우 커서 필링이 생기지 않아 편성물에 널리 쓰인다.
② 부드럽고 양모의 특성에 가까워 편성물에 널리 쓰인다.
③ 부드럽고 흡습성이 커 내의에 쓰인다.
④ 탄성이 매우 우수하며, 구김이 잘 생긴다.

해설 아크릴섬유는 가볍고 부드럽다. 특히 하이벌크 가공된 실은 부풀고 따뜻하여 편성물용으로 가장 적당하다는 것이 인정되어 주로 스웨터, 내복 등의 편성물로 쓰이고 모포에도 많이 사용된다.

182 다음 중 가볍고 부드러워 양모 대용으로 널리 쓰이며 하이벌크 가공된 실은 특히 스웨터나 모포 등 편성물용으로 적합한 섬유는?

① 폴리우레탄　　② 아크릴　　③ 나일론　　④ 비스코스

해설 문제 181번 해설 참조

183 다음 중 천연모피의 대용으로 사용하는 인조모피의 제조에 가장 적합한 섬유는?

① 모　　② 아크릴　　③ 아세테이트　　④ 폴리우레탄

해설 가열 신장한 아크릴 섬유와 정상 아크릴 섬유를 혼합하여 파일직을 만들고 열처리하면 열 신장된 파일섬유는 천연모피의 솜털 역할을 하고 정상섬유는 겉털 역할을 하게 되므로 전체가 천연모피와 매우 비슷해진다.

184 다음의 〈보기〉와 같은 특성을 가진 섬유는?

보기
- 내약품성이 좋아 공업용으로 이용됨.
- 내연성 섬유로 잘 타지 않으며 피부에 녹아 붙지 않음
- 인형의 머리나 가발에 널리 쓰임

① 모드아크릴　　② 비닐론　　③ 아크릴　　④ 올레핀

정답 176.❸ 177.❹ 178.❹ 179.❹ 180.❹ 181.❷ 182.❷ 183.❷ 184.❶

해설 **모드아크릴섬유의 특성**
- 내약품성 : 산·알칼리에 대한 내성이 대단히 좋다.
- 리질리언스 : 매우 우수하다.
- 내연성 : 커튼, 카펫 등에 많이 쓰인다.

185 모드아크릴섬유의 특성과 용도에 대한 설명으로 가장 알맞은 것은?

① 내열성이 아주 크므로 다림질하기 쉬운 소재이다.
② 내연성 섬유이므로 커튼, 카펫, 실험복 등에 적합하다.
③ 해충 및 미생물에 침해를 받으므로 의복용으로는 적합하지 않다.
④ 내일광성이 섬유 중 가장 좋아 커튼용으로 적합하다.

해설 **모드아크릴섬유의 특성과 용도**
- 부드럽고 리질리언스가 좋으며 세탁관리가 간편하면서 필링이 생기지 않는다.
- 열에 대해 약하므로 다림질을 필요로 하지 않는 카펫, 파일직물, 모포, 편성물 등에 적합하다.
- 내약품성이 좋아서 공업용으로 많이 사용된다.
- 내연성 섬유로서 커튼, 카펫 등 실내장식에 많이 쓰인다.
- 탈 때 다른 합성섬유로 된 옷처럼 피부에 녹아 붙는 일이 없어 실험복용으로 적당하다.

186 다음 중 내연성이 우수하여 항공기용 모포로 가장 적합한 것은?

① 아마   ② 폴리에스테르   ③ 나일론   ④ 모드아크릴

해설 문제 185번 해설 참조

187 다음 섬유 중에서 올레핀섬유에 속하는 것은 어느 것인가?

① 스판덱스   ② 키아나   ③ 나일론   ④ 폴리프로필렌

해설 올레핀섬유로는 폴리프로필렌과 폴리에틸렌의 두 가지가 있는데 폴리에틸렌은 피복용 섬유로는 융점이 너무 낮아 주로 공업용으로 사용한다.

188 다음의 〈보기〉와 같은 특성을 가진 섬유는 무엇인가?

보기 좋은 강도와 내약품성을 가지고 있어 의복보다 산업용으로 널리 쓰인다. 우리나라에서는 이불솜으로 사용되며, 내일광성이 나빠서 텐트 등 옥외용에는 적당하지 않다.

① 폴리아크릴　　　② 폴리프로필렌　　　③ 나일론　　　④ 스판덱스

해설 폴리프로필렌은 가볍고 강도가 크고 내약품성이 좋아 산업용으로 많이 이용되며, 로프 등에 쓰인다. 우리나라에서는 이불솜으로 사용되고 있다. 내일광성이 나빠 차양, 텐트 등 옥외용에는 적당하지 않다.

189 무기섬유에 해당하는 것은?

① 유리섬유　　　② 레이온　　　③ 아세테이트　　　④ 폴리우레탄

해설 무기섬유에는 암면, 유리섬유, 금속섬유, 탄소섬유 등이 있다.

190 다음 중 금속섬유의 성능을 가장 잘 나타낸 것은?

① 염색이 잘 된다.
② 공기 중에 부식된다.
③ 직물에 소량 혼방하여도 영구히 대전을 방지할 수 있다.
④ 방음, 보온재로 사용되며 값이 싸다.

해설 스테인리스강 섬유(금속섬유)를 피복재료로 직물에 1% 정도 혼방하여 주면 대전을 영구히 완전하게 방지할 수 있다.

191 우주항공용으로 널리 쓰이는 탄소섬유의 특징으로 가장 적합한 것은?

① 강도가 작고, 탄성률이 작다.　　　② 내연성과 내약품성이 약하다.
③ 흡습성이 커 위생적이다.　　　　④ 전기전도성이 크다.

해설 탄소섬유의 비중은 유리섬유나 강철보다 작고 내연성과 내약품성에서도 스테인리스강보다 우수하며 전기전도성이 크다. 따라서 현재는 주로 우주항공분야의 경량·내열재로 쓰이는 F.R.P.의 심재(心材)로 각광을 받고 있다.

정답 185.❷　186.❹　187.❹　188.❷　189.❶　190.❸　191.❹

MEMO

02 실[絲]

단원 개요

이 단원에서는 옷감을 만드는 원료의 중간물로서 실의 제조 방법, 종류, 특성 등을 설명한다. 고분자 또는 섬유의 종류에 따른 방적 또는 방사 방법을 소개하고, 가공 방법에 따른 실의 특성을 차별화하여 소개한다.

방적과 방사를 거쳐 제조된 실을 용도에 맞추어 가공하는 방법을 소개하고, 이와 같이 가공된 실의 특성을 설명하여 용도와 특성의 관계를 이해할 수 있게 한다. 또 장식사와 재봉사 같은 기능적인 실의 특성과 함께 다양한 종류를 소개한다.

출제 경향 및 수험 대책

이 단원에서는 해마다 출제비율이 약간씩 달라지기는 하지만 평균 3~4문제 정도는 출제되고 있는 편이다. 그 출제 내용을 살펴보면 장식사의 특징, 꼬임의 수에 따른 특성, 번수(항중식에서의 실의 굵기 단위), 면번수의 계산법, 데니어(항장식에서의 섬유의 굵기표시), 카드사와 코머사의 차이점, 연조공정의 방법, 소모사와 방모사의 차이, 텍스처사의 특징, 스트레치사와 벌크사의 특징 등에 대해서 묻는 문제들이 출제되고 있는 바, 자세하고 철저한 학습이 요구된다.

2

01 실의 종류 및 특성

1 실의 종류

(1) 가공에 따른 분류

① 색사 : 염색된 실
② 표백사 : 순백색의 실을 얻기 위해 표백제로 표백하고, 백색의 효과를 내기 위해 형광 증백한 것
③ 텍스처사(가공사) : 필라멘트사를 함기율과 신축성을 크게 하여 광택과 촉감이 방적사와 비슷하게 가공한 실
④ 실켓사 : 면사를 긴장하에서 진한 수산화나트륨용액에 처리하면 광택이 좋아져 견과 같은 광택을 가진 실이 얻어지는데 이것이 머서화 가공이며, 이 처리를 가진 면사를 말한다.
⑤ 가스사 : 표면이 매끄럽고 광택이 있는 실을 얻기 위해 실을 가스불 속으로 고속으로 통과시켜 표면의 털을 태워버린 실로서 이 공정을 신징(singeing)이라 한다.

(2) 용도에 따른 분류

① 용도에 따른 실 분류 : 편성용 실인 편사, 수편용인 수편사, 봉제용 재봉사, 자수용 자수사, 제직에 사용되는 직사, 특수한 장식의 목적을 가진 장식사 등이 있다.
② 장식사 : 실의 종류, 굵기, 색, 꼬임 등의 변화 있는 실의 배합에 의해 특수한 외관을 가지게 한 실로 대체로 실의 중심에 줄기가 되는 심사가 있고, 그 주위에 장식 효과를 나타낼 실을 특수한 외관을 나타내도록 감고 이 장식 효과사를 심사에 결합시키는 접결사 등 세 부분으로 구성된다.
③ 장식사를 구성하는 방법
  ㉠ 루프(loop)를 형성하는 방법
  ㉡ 노트(knot)나 슬러브(slub)와 같은 마디를 형성하는 방법
  ㉢ 심사 주위를 나선상으로 감는 방법

(3) 재질에 따른 분류

① 방적사 : 면, 마, 양모나 인조섬유스테이플 등의 스테이플섬유로 만들어진 실이다.
② 필라멘트사 : 견사나 인조섬유와 같이 필라멘트로 구성되어 있는 실이다.
  ㉠ 모노필라멘트사 : 한 올로 되어 있는 필라멘트사
  ㉡ 멀티필라멘트사 : 여러 올로 이루어진 필라멘트사
  ㉢ 필라멘트 토우 : 필라멘트의 집합체로 되어 있다. 마치 굵은 로프와 같은 상태의 것이다.
③ 교합사 : 서로 다른 섬유로 된 단사를 연합한 실이다.
④ 혼방사 : 두 종류 이상의 섬유를 섞어 방적한 실이다.

추가 설명

단사와 합사
- 단사 : 방적공장에서 얻어진 한 올의 실
- 합사(합연사) : 단사 몇 올을 합쳐 꼬아 만든 실

추가 설명

야안과 스레드
- 야안(yarn) : 단사 또는 합연사 등은 직물, 편성물, 다른 형태의 실을 만드는 원료가 되는데, 이를 야안이라고 하며 원사라고도 한다.
- 스레드(thread) : 두 개 또는 몇 개의 합연사를 다시 연합하여 만든 완전한 제품으로서의 실을 말하며 코드(cord)라고도 한다. 예 재봉사, 끈, 로프 등

추가 설명

방적
스테이플섬유로부터는 몇 가지 공정을 거쳐서 실을 만들어야 하는데, 이러한 스테이플 섬유로부터 실을 만드는 공정을 방적이라 한다.

2 실의 굵기

(1) 항장식
① 텍스 : 1km의 실의 g수로 나타낸다. 즉 1km의 실이 무게가 10g이면 10텍스이다.
② 데니어 : 9,000m의 실의 무게의 g수로 나타낸다. 즉 9,000m의 실의 무게가 10g이면 이 실의 굵기는 10데니어(d)가 된다. 주로 필라멘트사의 굵기 표시에 사용된다.

> **추가 설명**
> 1데니어 : 항장식 표시법으로 9,000m의 실의 무게가 1g일 때를 말하며 수치가 큰 것일수록 굵은 실이다.

(2) 항중식
① 모사
  ㉠ 방모사 : 무게의 기준은 파운드, 길이의 기준은 256야드를 사용한다.
  ㉡ 소모사 : 무게의 기준은 파운드, 길이의 기준은 560야드를 사용한다.
  ㉢ 미국의 런(run) : 무게의 단위는 파운드, 길이의 기준은 1,600야드를 사용한다.
② 마사 : 영국식인데, 무게의 기준은 파운드, 길이의 단위는 300야드(274.3m)를 사용한다. 즉, 1파운드의 실의 길이가 300야드이면 1번수이다.
③ 면사 : 1파운드(1Lb)의 실(기준 무게)의 길이가 840yd(840yard=768.1m)가 되는 정도의 굵기를 가질 때, 실의 번수를 1수로 표시한다. 즉, 1파운드의 실의 길이를 타래수로 표시한 것이다. 예 면사 1파운드의 길이가 10타래, 즉 8,400야드일 때 10번수가 되며 10NeC로 표시한다.
④ 미터 번수 : 1g의 실의 길이의 m수로 표시하는 방법으로 1g의 실이 15m이면 이 실은 15번수가 된다.

> **추가 설명**
> 실의 굵기(항중식)
> • 항중식에서는 굵기의 단위로 번수(count)가 사용되는데 실의 종류와 나라에 따라 무게의 기준과 길이의 단위가 다르다.
> • 번수는 숫자가 커질수록 가늘어진다.

3 실의 꼬임

(1) 꼬임의 수
① 꼬임이 적은 실은 함기율이 크고 부드럽지만, 꼬임의 수가 많아짐에 따라 딱딱하고 까실해지며, 광택이 줄어든다.
② 직물에서 편사는 직사보다 꼬임이 적은 실이 사용된다.
③ 직물에서 경사는 위사보다 꼬임이 많은 실이 사용된다. 이것은 경사가 제직 시 장력에 견디어야 하며 마찰에도 견딜 수 있어야 한다.
④ 직물에서 위사는 제직 시 특별한 힘을 받지 않으므로 꼬임이 적은 실을 써서 부드럽고 고운 직물을 얻도록 한다.
⑤ 방적사는 꼬임이 많아지면 강도가 커지나(일정 한도까지) 일정 한도에 벗어나면 강도는 오히려 감소한다.
⑥ 필라멘트사는 꼬임이 증가해도 강도가 증가하지 않고 꼬임의 수가 어느 한계를 넘으면 강도가 감소한다.
⑦ 실의 꼬임수 표시 : 단위길이에 가해진 꼬임수로 표시하는데, 관례상 면사는 1인치간의 꼬임수(t.p.i)로, 모사와 필라멘트사는 1m간의 꼬임수(t.p.m)로 표시한다.

> **추가 설명**
> 실의 꼬임
> 실을 만들 때 섬유가 흐트러지지 않고 실의 형태를 유지하며 필요한 강도를 얻기 위하여 꼬임을 주게 되는데, 이 꼬임의 방향과 수에 따라 실의 성질이 많이 달라진다.

(2) 꼬임의 방향

① S꼬임 : 우연(오른쪽으로 꼬임)
② Z꼬임 : 좌연(왼쪽으로 꼬임)

실의 꼬임수 단위 : 1인치(2.54cm) 또는 1m가 사용되는데, 관례상 면사는 1인치간의 꼬임수(t.p.i. : turns per inch)로, 모사와 필라멘트사는 1m 간의 꼬임수(t.p.m. : turns per meter)로 표시하고 있다.

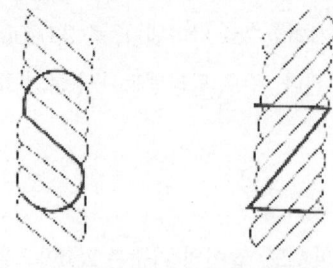

| 그림 2-1 | S꼬임과 Z꼬임

③ 합연사에서 단사가 가지고 있는 꼬임을 하연(下撚)이라 하고, 합연사를 만들 때의 꼬임을 상연(上撚)이라고 하는데, 상연과 하연이 같은 방향이면 딱딱한 실이 되고 반대 방향이면 부드러운 실이 된다.

4 실의 성능

(1) 실의 균제성

실의 외관과 굵기가 고른 것이 좋다.

(2) 실의 강도와 신도

① 강도 : 실의 강도는 인장강도로 표시된다. 강도는 1차적으로는 실을 구성하는 섬유의 강도에 의해 좌우되나 실의 구조에도 영향받는다.
  ㉠ 필라멘트사 : 단섬유의 강도의 합에 비례하여 강도가 표시된다.
  ㉡ 방적사 : 원료섬유의 길이, 섬유의 마찰계수, 섬유의 배향성과 꼬임수 등에 의해 강도가 달라진다.
② 신도 : 절단될 때까지의 늘어난 길이의 원길이에 대한 백분율(%)로 표시한다.

(3) 실의 섬유충실도

① 섬유충실도는 겉보기 밀도라고도 하며, 실의 부피에 대한 실제 섬유가 차지하고 있는 부피의 백분율로 표시한다.
② 실의 충실도가 작다는 것은 함기율이 크다는 것을 의미하며, 따라서 보온성, 통기성, 흡수성 등이 좋다.

02 방적사

1 방적의 원리

방적이란 스테이플 섬유로부터 실을 만드는 공정이고, 이러한 방적공정을 거쳐서 만들어진 실을 방적사라고 한다.

(1) 섬유를 나란히 한다.

뭉쳐 있는 섬유를 길게 직선상으로 뻗쳐 나란히 배열하는 공정으로, 이 공정을 면방적에서는 소면, 모방적에서는 소모라 하는데 일반적으로 카딩(carding)이라고 한다.

(2) 섬유를 가늘게 늘린다.

① 카드로 빗어서 평행으로 정리된 섬유로부터 실을 만들기 위해서는 섬유를 뽑아 늘려서 가늘게 만들어야 한다. 이때 섬유간의 견인에 의해 직선상으로 평행으로 배열된다.
② 슬라이버(sliver) : 실제 공장에서는 카드가 끝나면 섬유는 굵은 로프와 같은 상태로 얻어지는데, 이를 슬라이버(sliver)라고 한다.
③ 연조 : 슬라이버를 몇 개 합쳐 하나의 슬라이버로 뽑아늘여 평행으로 정돈되어 균일한 슬라이버로 만드는 공정이다.

(3) 꼬임을 준다.

정돈된 슬라이버상태의 섬유를 더욱 가늘게 뽑아서 실을 만들게 되는데, 이때 실에 꼬임을 주게 된다.

2 모사

(1) 모사의 종류

① 염색 시기에 따른 구분
  ㉠ 원모염색 : 원모를 염색하여 방적하는 것으로 방모사에 많이 이용되나 방적공정에서 생기는 염색된 노일을 이용하기가 어렵고 염색의 다양성이 없는 등의 결점이 있다.
  ㉡ 톱염색 : 방적의 중간 제품인 톱을 염색하고 염색된 톱으로 전방, 정방을 거쳐 실을 완성한 것으로 소모사에 이용된다.
  ㉢ 원사염색 : 완성된 실을 염색하는 것으로 실이 굵어지고 표면에 보풀이 생기는 등 품질이 떨어진다.
② 방적 방법에 따른 구분
  ㉠ 소모사 : 품질이 좋은 양모를 사용하여 카딩, 길링, 코밍, 전방, 정방 등의 공정을 거친 실로, 실 안의 섬유들이 평행으로 잘 배열되어 있다.
  ㉡ 방모사 : 섬유장이 짧은 비교적 저질의 양모와 재생모를 원료로 사용하여 카딩이 끝나면 길링과 코밍을 생략하고 곧 전방·정방공정으로 넘겨 완성된 실을 얻는데, 실

추가 설명

실의 섬유충실도
모노필라멘트사의 충실도는 100%가 될 것이고, 멀티필라멘트사, 방적사, 스트레치사의 순으로 충실도가 줄어든다.

추가 설명

방적의 개념과 기본 공정 : 스테이플섬유로부터 실을 만드는 공정을 방적이라 하며, 섬유를 평행으로 배열하는 과정, 뽑아 가늘게 늘리는 과정, 꼬임을 주는 과정을 거치게 된다. 면·모 방적 등 모두 기본공정의 원리는 같다.

추가 설명

소모사와 방모사
- 소모사 : 비교적 품질이 좋은 양모를 사용한 것으로 더 얇고 매끈한 느낌을 가지며 실 안의 섬유들이 평행으로 잘 배열된 것이다.
- 방모사 : 길링과 코밍을 생략하므로 함기율이 크고 실의 섬유배향이 좋지 못하다.
- 소모사와 방모사의 차이 : 구성섬유의 길이이다.

안의 섬유 배향이 좋지 못해 실이 균일하지 못하고 강도도 소모사보다 미숙하며, 표면에 보풀이 많아 외관도 좋지 못하다. 따라서 방모사로 된 옷감은 축융가공을 해서 사용해야 한다.

(2) 모방적

① 선모(選毛) : 원모를 품질에 따라 분류하는 공정이다.
② 정련(精鍊) : 불순물을 제거하기 위하여 방적에 앞서 비누와 탄산나트륨 혼합용액으로 씻는 공정이다.
③ 카딩(carding) : 섬유를 빗질하여 불순물을 제거하고, 엉킨 섬유를 평행방향으로 늘려서 배열하는 공정이다.
④ 길링(gilling) : 카딩이 끝난 슬라이버를 길 박스(gill box)를 통해 합쳐 견신하는 동시에 빗질하여 하나의 슬라이버를 만드는 공정이다.
⑤ 코밍(combing) : 길링이 끝난 슬라이버를 더욱 빗질하여 짧은 섬유와 넵을 제거하는 공정이다.(이때 분리되어 나오는 15% 정도의 짧은 양모를 노일(noil), 코밍이 끝난 슬라이버를 모방적에서는 특히 톱(top)이라고 한다.)
⑥ 재세(再洗) : 방적과정에서 첨가된 기름과 오물을 제거하는 공정이다.
⑦ 전방(前紡) : 방적공정에 앞서 톱을 실을 뽑기에 적당한 정도로 먼저 가늘게 뽑는 공정이다.
⑧ 정방(精紡) : 필요한 가늘기로 뽑는 동시에 적당한 꼬임을 주어 완성된 실을 얻는 공정이다.

3 면방적

(1) 개면과 타면(혼타면)

① 개면 : 방적의 첫공정으로, 압축포장되어 있는 원면 덩어리를 풀어서 부드럽게 하고, 원면 중에서 섞여 있는 불순물을 제거한다. 또 포장마다 품질이 다른 원면을 균일하게 섞어준다.
② 타면 : 일정량의 면을 공급하여 균일한 폭과 두께를 가진 시트상의 랩(lap)을 만드는 것이다.

(2) 소면(carding)

혼타면공정에서 얻어진 랩(lap)은 아직 불순물이 끼어 있고 섬유가 서로 얽혀 있는데, 이것을 빗질하여 평행으로 배열하고, 섬유간에 섞여 있는 불순물을 분리·제거한다.

(3) 정소면(combing)

소면을 거친 면슬라이버를 더욱 빗질하여 짧은 섬유와 넵(nep, 섬유를 뽑아 실로 만들 때 엉켜서 좁쌀같이 된 것)을 제거하여 더욱 완전한 평행으로 배열한다. 이 공정을 거친 실을 코머사(combed yarn)라고 하며, 이 공정을 거치지 않은 면사를 카드사(carded yarn) 혹은 소면사라고 한다.

추가 설명

길 박스
두 롤러를 지나는 슬라이버 밑으로부터 가는 바늘을 가진 일종의 강철제 빗인 길(gill)은 슬라이버의 진행 방향으로 진행하지만 슬라이버의 진행 속도보다 느리므로, 슬라이버는 두 롤러 사이에서 견신되면서 또 길에 의해 빗질을 받아 실의 길이 방향으로 섬유가 평행으로 정돈된다.

추가 설명

코머사와 카드사 : 코머사는 정소면과정을 거친 실이고, 카드사는 정소면과정을 거치지 않은 면사로 카드사보다 코머사가 가늘고 품질이 좋다.

추가 설명

정소면 공정을 거친 실(코머사)의 특성 : 실이 한층 더 섬세하고 품질이 우수하다.

(4) 연조(練篠)

균일한 슬라이버를 얻기 위하여 몇 개의 슬라이버를 합쳐서 잡아 늘여서 다시 하나의 슬라이버로 뽑는 과정을 말한다. 이때 굵기와 품질이 고른 슬라이버가 만들어지는 동시에 섬유들이 더욱 평행되면서 섬유 배향성이 좋아진다.

(5) 조방(組紡)

연조기에서 나온 굵은 슬라이버를 더 가늘게 만들면서 최소한의 꼬임을 주어 공정에 견딜 만한 강도가 유지되도록 하는 공정이다.

(6) 정방(spinning)

조방에서 얻은 조사를 필요로 하는 실의 가늘기로 늘여주고 적당한 꼬임을 주어 실을 완성하는 공정이다.

(7) 권사(捲絲)

작업과 수송의 편의를 위하여 여러 개의 목관의 실을 이어서 적당한 실의 길이로 다시 감는 공정이다.

4 오픈엔드방식

(1) 오픈엔드 방식의 정의

재래의 방적법은 목관을 갈아 끼워야 하므로 작업이 불연속적이고 방적 속도에도 한계가 있었다. 따라서 현재는 목관을 회전시키는 대신 꼬임을 주는 장치를 별도로 두고 꼬임이 슬라이버에 전달되지 않도록 만들어지는 실과 슬라이버의 사이를 끊어 놓는 오픈엔드가 사용된다.

(2) 오픈엔드방적법의 장단점

① 장점 : 실의 생산 속도가 증가될 수 있고 방적 효과도 좋아지며, 방적 후 다시 권사해야 하는 불편도 없앨 수 있다.
② 단점 : 코머사와 같은 고급세사를 얻을 수 없다.

5 기타 방적사

(1) 마사

① 긴 섬유장을 유지하면서 방적해야 하므로 공정상 어려운 점이 있다.
② 마 방적기 설치 비용이 많이 든다.

(2) 견방사

① 필라멘트를 얻을 수 없는 원료로부터 방적한 실이 견방사이다.
② 세리신을 제거하고 섬유를 해리한 다음 적당한 길이로 잘라 스테이플 섬유를 만들어 방적한다.

추가 설명
연조과정 : 평행으로 배열된 섬유집합체를 가늘게 뽑아 늘이는 과정이다.

추가 설명
권사 공정에서 얻을 수 있는 제품 형태
- 치즈 : 면사를 목관에 길이 10~12cm, 지름이 10~15cm 정도의 원통상으로 감은 것이다.
- 콘 : 실을 지관에 원추형으로 감은 것이다.
- 타래 : 둘레가 1.5야드(1.3716m)되는 목형에 360회 감아서 전장이 8400야드가 되는 실의 묶음을 말한다.
- 방치 : 타래를 몇 개 모아서 꼬아 한 덩어리로 만든 뭉치이다.

추가 설명
로터 오픈엔드방적사의 장점
- 생산 속도가 빠르다(약 10배).
- 노력과 동력 소비가 적다.
- 짧은 섬유로 방적이 가능하다.
- 실의 균일성이 우수하다.
- 혼방성이 좋다.
- 권사가 필요없다.

추가 설명
로터 오픈엔드방적사의 단점
- 실의 굵기에 제한이 있다.
- 소면이 철저히 되어 슬라이버에 불순물이 없어야 한다.
- 코머사와 같은 고급 세사를 얻을 수 없다.
- 강도가 떨어진다.

03 직방사와 텍스처사

1 직방사

직방사란 인조섬유 토우의 섬유의 평행성과 섬유 속의 형태를 유지하면서 섬유를 절단하여 스테이플화하여 방적사를 얻는 방법으로 패시픽 컨버터법과 퍼록법이 있다.

(1) 패시픽 컨버터법

① 토우의 섬유의 평행성을 그대로 유지하면서 토우를 절단하고 연조와 꼬임을 주어 실을 만드는 방법이다.
② 장점 : 섬유장이 균일하여 슬라이버의 연조가 용이하고 대형 토우를 처리할 수 있고 방축처리를 필요치 않는다. 이 방법을 토우투톱(tow-to-top)법이라 한다.

(2) 퍼록법(견인식)

① 퍼록법의 정의 : 토우를 크게 견신하여 필라멘트를 절단하고 이어 권축과 꼬임을 주어 방적사를 완성하도록 하는 것이다.
② 퍼록직방사의 특징
  ㉠ 섬유장이 15cm 정도로 길기 때문에 실의 강도는 보통 방적사보다 약 20%나 크다.
  ㉡ 작업이 단순하고 실이 균일하며 아주 가는 실을 뽑을 수 있다.
  ㉢ 스테이플의 길이가 길지만 그 길이가 일정치 않다.
  ㉣ 대형 토우(200,000데니어 정도)를 처리하지 못한다.

(3) 하이벌크사

① 하이벌크사는 함기량이 많은 인조섬유 방적사를 총칭하는 말로, 주로 아크릴섬유로 만든다.
② 열가소성 섬유로부터 만들어지는데 퍼록방법이나 패시픽 컨버터에 열연신장치를 붙여서 만들 수 있다.
③ 하이벌크 아크릴 섬유사는 편성물을 만드는 데 주로 사용된다.

2 텍스처사

텍스처사(가공사)란 인조 필라멘트사에 여러 기계 처리를 하여 필라멘트의 조밀하고 평행된 구조를 헤쳐 루프, 곱슬 등 권축을 만들어 주어 함기율을 크게 하여 방적사와 유사한 특성을 가진 실로 얻는 것이다.

(1) 벌크사

함기율이 큰 인조섬유 필라멘트사를 벌크사라 한다.
① 충전법 : 필라멘트사를 스터퍼 박스(stuffer box)에 압축하여 넣은 뒤 열고정하여 권축을

추가 설명

퍼록직방사의 단점
섬유의 신도가 감소하는 것과, 견인과정에서 섬유가 늘어났던 것이 시간이 경과함에 따라 안정화되면서 점차로 수축된다는 단점을 가진다. 그러나 이러한 수축하는 성질을 이용하여 직물의 위사에 퍼록 직방사를 사용하여 제직하고 나중에 염색가공 또는 방축처리를 하면 경사의 밀도가 커져서 조밀한 직물을 얻을 수 있다.

만든다. 따라서 열가소성 섬유로만 제조할 수 있다.

② 공기분사법 : 필라멘트사를 강한 압축 공기가 분출하는 곳을 통과시켜 그 공기의 힘에 의하여 섬유의 일부가 날려서 루프가 형성되어 실의 부피가 커진다. 이런 루프형 벌크사는 신축성에는 변화가 없으므로 신장에 의해서도 실의 루프는 변화를 받지 않는다. 루프형은 열고정을 필요로 하지 않으므로 열가소성이 없는 섬유로도 만들 수 있다. 에어 텍스처사는 의면, 의모, 피치스킨 직물 등의 제조에 이용된다.

(2) 스트레치사

① 정의 : 텍스처사 중에서 신축성이 커서 3~5배의 신도를 갖는 실을 특히 스트레치사라고 한다.
② 스트레치사 제조 : 재래식과 가연식이 있는데, 현재 대부분이 가연법으로 만들어진다.
③ 특징 : 필라멘트사 두 가닥을 세게 꼬아서 열고정시킨 다음 그 꼬임을 풀어 주어서 권축을 가진 스트레치사가 얻어진다. 열고정을 이용하므로 나일론, 폴리에스테르 등 열가소성 섬유에만 이용된다.

스트레치사와 벌크사
- 스트레치사 : 열가소성을 이용한 실로써 신축성이 크다.
- 벌크사 : 함기량이 크다.

실전예상문제

1 다음 중 기본실(심사)의 주위에 장식 효과를 내는 실을 감거나 접결사로 결합시킨 실은?

① 실켓사   ② 직방사   ③ 가스사   ④ 장식사

해설 장식사 : 실의 종류, 굵기, 색, 꼬임 등의 변화 있는 실의 배합에 의해 특수한 외관을 가지게 한 실이다. 장식사는 대체로 실의 중심에 줄기가 되는 심사(기본실)가 있으며, 그 주위에 장식 효과를 나타낼 실(효과사)을 특수한 외관을 나타내도록 감고, 이 장식 효과사를 심사에 결합시키는 접결사 등 세 부분으로 구성된다.

2 다음 중 장식사를 구성하는 방법으로 거리가 먼 것은?

① 열고정에 의하여 꼬임을 주는 방법   ② 심사 주위를 나선상으로 감는 방법
③ 노트나 슬러브와 같은 마디를 형성하는 방법   ④ 루프를 형성하는 방법

해설 장식사를 구성하는 기본적인 3가지 방법은 ②, ③, ④이다.

3 다음 중 신징(singeing)을 하는 이유로 알맞은 것은?

① 리질리언스를 높이기 위하여   ② 탄성을 높이기 위하여
③ 강도가 높은 실을 얻기 위하여   ④ 광택있는 실을 얻기 위하여

해설 신징(singeing) : 방적사는 면사의 표면이 매끄럽고 광택이 있는 실을 얻기 위하여 실을 가스불 속으로 고속으로 통과시켜 표면의 털을 태우는 공정을 말한다. 이 공정을 거친 실을 가스사라고 한다.

4 다음 중 실켓사와 관련 있는 내용으로 옳은 것은?

① 코밍한 실   ② 블루잉한 실   ③ 신징한 실   ④ 머서화한 실

해설 면사를 진한 수산화나트륨용액으로 처리하면 견과 같은 광택을 가진 실이 얻어지는데, 이 가공을 머서화가공이라 하며, 이 처리를 거친 면사를 실켓(silkette)사라고 한다.

5 다음 〈보기〉와 같은 실의 종류는 무엇인가?

> **보기** 필라멘트사에 여러 가지 기계적 처리를 하여 함기율과 신축성을 크게 하고, 방적사와 비슷하게 가공한 실이다.

① 퍼록사　　　　② 텍스처사　　　　③ 직방사　　　　④ 하이벌크사

해설 텍스처사 또는 가공사 : 필라멘트사를 함기율과 신축성을 크게 하여 광택과 촉감이 방적사와 비슷하게 가공한 실이다.

6 다음 중 실을 만들 때 꼬임을 많이 줄 경우 실의 특성 변화로 옳은 것은?

① 함기율이 크고 부드럽다.　　　　② 딱딱하고 까실까실해진다.
③ 광택이 증가한다.　　　　　　　④ 강도가 약해진다.

해설 실을 만들 때 꼬임을 많이 주면 딱딱하고 까실까실하다. 그리고 실의 꼬임은 실의 광택과도 밀접한 관계를 가지고 있어 꼬임이 많아질수록 광택은 줄어든다.

7 실을 만들 때 꼬임의 정도는 그 실의 성능에 크게 영향을 미친다. 다음 중 꼬임에 관한 사항을 가장 잘 나타낸 것은?

① 필라멘트사는 꼬임수가 많아질수록 강도가 증가한다.
② 방적사는 대체로 일정 한계까지는 꼬임수가 많아지면 강도가 증가한다.
③ 꼬임이 적은 실은 보다 단단하여 광택이 크다.
④ 합연사에서는 단사의 꼬임을 상연이라고 한다.

해설 방적사는 꼬임이 많아지면 강도가 커지나(일정 한도까지) 일정 한도에 벗어나면 감소한다.
① 필라멘트사는 꼬임이 증가해도 강도가 증가하지 않고 어느 한계를 넘으면 강도가 감소한다.
③ 꼬임이 적은 실은 함기율이 크고 부드럽다.
④ 합연사에서 단사의 꼬임을 하연이라 한다.

8 다음 면사(綿絲) 중 가장 가늘고 섬세한 것은 무엇인가?

① 10수　　　　② 20수　　　　③ 30수　　　　④ 40수

해설 실의 굵기를 나타내는 표시 방식으로는 40's(40수), 80's(80수) 등으로 표시되는 영국식 변수가 있고, 데니어(denier), 텍스(tex) 등으로 표시되는 미터법 방식이 있다. 영국에서 산업 혁명이 시작되면서, 오늘날 전 세계가 사용하는 면사 표기 방식은 영국의 방직공장에서 만들어졌다. 10수, 20수, 30수, 40수 등으로 표시되고, 숫자가 많을수록 가늘어진다.

9 실의 굵기를 나타내는 '면번수'는 1파운드의 무게가 몇 야드인 것을 기준으로 하는가?

정답 1.④ 2.① 3.④ 4.④ 5.② 6.② 7.② 8.④ 9.④

① 600야드　　　② 640야드　　　③ 800야드　　　④ 840야드

해설 면사(면번수) : 무게의 기준으로 파운드(453.6g)를 사용하고 길이의 단위로서 타래(hank : 840yard=768.1m)를 사용하여 1파운드의 실의 길이를 타래수로 표시한 것이다.

10 무게 1파운드의 면사의 길이를 재어보니 16,800야드였다. 이 면사의 번수는?

① 2번수　　　② 4번수　　　③ 20번수　　　④ 40번수

해설 면사에는 항중식 굵기표시법을 사용하며, 1파운드의 섬유에서 8840야드의 실을 뽑았을 때 1번수라고 한다. 따라서 1파운드의 면사의 길이가 16,800야드라면 이 실은 20번수이다. 번수는 데니어와 달리 숫자가 커질수록 가늘어지는데 반해 데니어는 숫자가 커질수록 실이 굵어진다.

11 실의 굵기를 'denier(D)'로 나타낼 때 기준이 되는 길이와 무게는?

① 1km → 1kg　　② 1km → 1g　　③ 840yds → 1pound　　④ 9000m → 1g

해설 데니어는 길이의 기준으로 9,000m를 사용하고 이 9,000m 실의 무게의 g수를 데니어라고 한다.

12 어떤 실 18,000m의 무게가 4g이었다. 이 실의 굵기는?

① 1데니어　　　② 2데니어　　　③ 40수　　　④ 80수

해설 실의 일정한 길이를 무게로 나타낸 것이 항장식 굵기 표시법이다. 이 중 데니어가 가장 많이 쓰이며, 9,000m의 무게가 1g일 때 1데니어이다. 문제는 18,000m가 4g이므로 9,000m는 2g이다. 따라서 2데니어이다. 데니어는 숫자가 커질수록 실이 굵어진다.

13 다음 중 실의 굵기를 표시하는 데니어(denier)에 대한 설명으로 옳은 것은?

① 항중식 표시법으로 수치가 큰 것일수록 가는 실이다.
② 항장식 표시법으로 수치가 큰 것일수록 굵은 실이다.
③ 항장식 표시법으로 인조섬유보다 천연섬유로 된 실의 굵기를 표시한다.
④ 항중식 표시법으로 주로 면의 굵기 표시에 쓰인다.

해설 문제 12번 해설 참조

14 일반적으로 실의 강도를 결정하는 제1차적인 요인은 무엇인가?

① 섬유의 꼬임수　　② 섬유의 배향성　　③ 실의 구조　　④ 섬유의 강도

> **해설** 실의 강도는 제1차적으로 그 실을 구성하는 섬유의 강도에 의해 좌우되지만 실의 구조에도 크게 영향을 받는다. 방적사는 원료섬유의 길이, 마찰계수, 배향성과 꼬임수 등에 의해 강도가 달라진다.

15 다음 중 실의 섬유 충실도가 작아질 경우 실의 특성 변화로 옳은 것은?

① 보온성, 통기성, 흡수성이 좋아진다.
② 필라멘트사보다 스트레치사의 충실도가 더 크며 무거워진다.
③ 겉보기 밀도를 말하지만 실의 성능과는 관련이 없다.
④ 실의 섬유 충실도는 무게의 g수로 나타낸다.

> **해설** 실의 섬유의 충실도는 겉보기 밀도라고도 할 수 있는 것으로 실의 부피에 대한 실제 섬유가 차지하고 있는 부피의 백분율로 표시한다. 따라서 실의 충실도가 작다는 것은 반대로 함기율이 크다는 것을 뜻하며 따라서 보온성, 통기성, 흡수성 등이 좋다.

16 다음 중 얽혀 있는 섬유를 빗질하여 평행으로 배열하고 섬유 사이의 불순물을 분리 · 제거하는 면방적 공정은?

① 조방　　② 소면　　③ 타면　　④ 개면

> **해설** 소면 : 면방적 공정 중 얽혀 있는 섬유를 빗질하여 평행으로 배열하고 섬유 사이의 불순물을 분리 · 제거한다.

17 다음 중 카딩(carding)이란 어떤 공정인가?

① 섬유에 꼬임을 주는 공정
② 섬유를 방사하는 공정
③ 섬유를 빗질하는 공정
④ 섬유를 뽑아 늘리는 공정

> **해설** 카딩(carding) : 섬유를 빗질하여 불순을 제거하고 엉킨 섬유를 평행 방향으로 늘려서 배열해야 한다. 이 공정을 카딩(carding)이라고 한다.

18 다음 중 스테이플섬유로 실을 만들기 위해 원료섬유를 평행으로 배열하는 공정에 해당되지 않는 것은?

정답 10.❸　11.❹　12.❷　13.❷　14.❹　15.❶　16.❷　17.❸　18.❶

① 개면　　　　② 소면　　　　③ 길링　　　　④ 카딩

해설 면, 양모, 기타 스테이플 섬유들은 서로 얽혀지고 뭉쳐 있다. 이러한 원료로부터 실을 만들려면 먼저 뭉쳐 있는 섬유를 길게 직선상으로 뻗치게 하고 섬유를 서로 나란히 배열해야 한다. 이 공정을 면방적에서는 소면이라 하고, 모방직에서는 카딩, 길링이 있다.

19 면사(綿絲)를 제조하는 과정 중 섬유를 카딩(carding)한 후 뽑아 늘려 얻은 것으로 굵은 로프와 같은 상태를 가리키는 것은?

① 톱　　　　② 카드사　　　　③ 코멋　　　　④ 슬라이버

해설 카드로 빗어서 평행으로 정리된 섬유로부터 실을 만들기 위해서는 섬유를 뽑아 늘려서 가늘게 만들어야 한다. 이때 섬유 상호간의 견인에 의해 섬유는 더욱 직선상으로 뻗쳐져서 평행으로 잘 배열된다. 실제 공장에서는 카드가 끝나면 섬유는 굵은 로프와 같은 상태로 얻어지는데, 이것을 슬라이버(sliver)라고 한다.

20 다음 중 스테이플 섬유로 실을 만들 때 섬유를 나란히 배열하기 위한 공정끼리 나열된 것은?

① 길링, 연조, 조방　　② 소면, 정소면, 길링　　③ 길링, 정방, 조방　　④ 소면, 길링, 연조

해설
- 소면(carding) : 혼타면공정에서 얻어진 랩(lap)은 아직 불순물이 끼어 있고 섬유가 서로 얽혀 있는데, 이것을 빗질하여 평행으로 배열하고, 섬유간에 섞여 있는 불순물도 분리·제거한다.
- 정소면(combing) : 소면을 거친 면슬라이버를 더욱 빗질하여 짧은 섬유와 넵(nep, 섬유가 엉켜서 좁쌀같이 된 것)을 제거하여 더욱 완전한 평행으로 배열한다. 이 정소면 공정을 거친 실을 코머사(combed yarn)라고 하며, 이 공정을 거치지 않은 면사를 카드사(carded yarn) 혹은 소면사라고 한다.
- 길링(gilling) : 카딩이 끝난 슬라이버를 합쳐 견신하는 동시에 빗질하여 하나의 슬라이버를 만드는 공정이다.

21 다음 중 20수 카드사와 40수 코머사의 차이에 대한 설명으로 옳은 것은?

① 코머사보다 카드사가 가늘고 섬세하다.
② 40수는 20수보다 굵지만 더 매끈하다.
③ 카드사보다 코머사가 가늘고 품질이 좋다.
④ 카드사는 코머사보다 광택이 좋아 가격이 높다.

해설 카드사와 코머사는 모두 면사로 면사 제조 공정 중 정소면 과정을 거친 실을 코머사(combed yarn)라고 하는 반면, 소면 공정만을 거친 실을 카드사(carded yarn)라고 한다. 대체로 정소면 공정에서는 10~30%의 낙면이 생기므로 코머사는 카드사보다 가격이 비싸진다.

22 카드사와 코머사는 무엇을 기준으로 구분한 것인가?
① 장식사의 심사와 접결사
② 모사 제조 공정 중 길링의 유무
③ 면사 제조 공정 중 연조의 유무
④ 면사 제조 공정 중 정소면의 유무

해설 문제 21번 해설 참조

23 다음 중 면사를 만들 때 정소면 공정을 거친 실의 특성으로 가장 알맞은 것은?
① 실이 한층 더 섬세하고 품질이 우수하다.
② 실의 굵기가 더 굵고 강하다.
③ 실은 강하지만 가격이 더 저렴하다.
④ 실은 약하지만 광택이 좋다.

해설 문제 21번 해설 참조

24 다음 면방적 공정 중 실을 뽑는 기본 공정 중 균일한 슬라이버를 얻기 위해 섬유를 가늘게 늘이는 공정을 무엇이라 하는가?
① 조방
② 선모
③ 연조
④ 길링

해설 연조과정 : 균일한 슬라이버를 얻기 위해 몇 개의 슬라이버를 합쳐서 잡아 늘여 다시 하나의 슬라이버로 뽑는다.

25 다음 중 면사를 만들 때 연조기에서 나온 슬라이버에 최소한의 꼬임을 주어 공정에 견딜만한 강도가 유지되록 하는 공정은?
① 타면
② 소면
③ 조방
④ 정방

해설 조방 : 연조기에서 나온 슬라이버에 최소한의 꼬임을 주어 공정에 견딜만한 강도가 유지되도록 하는 공정이다.

26 다음 중 면방적 공정 중 필요로 하는 실의 가늘기로 늘여서 적당한 꼬임을 주어 실을 완성하는 공정은?
① 조방
② 정방
③ 코밍
④ 카딩

해설 정방 : 정방은 조방에서 얻은 조사를 필요로 하는 실의 가늘기로 늘여주고 필요한 꼬임을 주어 실로 완성하는 공정이다.

정답 19.④ 20.② 21.③ 22.④ 23.① 24.③ 25.③ 26.②

27 모방적 과정에서 톱(top)이라는 것은 무엇인가?
① 길링과 코밍을 생략한 실
② 코밍이 끝난 슬라이버
③ 길링이 끝난 슬라이버
④ 카딩이 끝난 슬라이버

해설 코밍(combing)이 끝난 슬라이버를 모방적에서는 특히 톱(top)이라고 하며 코밍 과정에서 top외에 분리되어 나오는 짧은 양모를 노일(noil)이라고 한다.

28 양모사(羊毛絲) 중 비교적 품질이 좋은 양모를 사용한 것으로 실을 이루는 섬유들이 평행으로 잘 배열된 것은?
① 벌크사
② 방모사
③ 소모사
④ 직방사

해설 방적방법에 따른 모사의 구분
- 소모사(梳毛絲) : 품질이 좋은 양모를 사용하여 카딩, 길링, 코밍, 전방, 정방 등의 공정을 거친 실로, 실을 이루는 섬유들이 평행으로 잘 배열되어 있다.
- 방모사 : 섬유장이 짧은 비교적 저질의 양모와 재생모를 원료로 사용하여 카딩이 끝나면 길링과 코밍을 생략하고 곧 전방·정방공정으로 넘겨 완성된 실을 얻는다. 따라서 실의 섬유 배향이 좋지 못해 실이 균일하지 못하고, 강도도 소모사보다 미숙하며 표면에 보풀이 많아 외관도 좋지 못하다. 따라서 모사로 된 옷감은 축융가공을 해서 사용해야 한다.

29 다음 중 소모사와 방모사의 특성을 가장 잘 설명한 것은?
① 방모사는 품질이 좋은 양모를 사용하며, 얇고 매끈하다.
② 방모사는 실을 만들 때 길링과 코밍을 생략하므로 함기율이 크다.
③ 소모사는 섬유장이 짧은 양모와 재생모가 원료이다.
④ 소모사는 강도가 약하며, 표면에 보풀이 많다.

해설 문제 28번 해설 참조

30 소모사와 방모사의 차이에 대한 설명으로 가장 적합한 것은?
① 방모사는 매끈하지 않지만 얇고 부드럽다.
② 소모사가 더 두껍지만 보온성이 좋다.
③ 방모사는 더 두껍지만 광택이 좋고 일반적으로 가격이 비싸다.
④ 소모사가 더 얇고 매끈한 느낌을 가진다.

해설 문제 28번 해설 참조

31 일반적인 오픈엔드(open-end)방적법에 대한 설명으로 틀린 것은?

① 고급 세사를 만들 수 없다.
② 권사해야 할 필요가 없다.
③ 실의 제조속도가 증가되고 방적 효과도 좋아진다.
④ 실의 꼬임을 주기 위하여 실이 감기는 목관 자체를 회전시킨다.

해설 ④와 같이 재래식 방적법을 개량한 것이 오픈엔드방적법이다.

32 다음 중 인조섬유 토우(tow)의 섬유의 평행성과 섬유속 형태를 유지하면서 섬유를 절단하여 스테이플화하여 방적사를 얻는 방법을 무엇이라 하는가?

① 스트레치사   ② 벌크사   ③ 직방사   ④ 텍스처사

해설 직방사란 인조섬유 토우의 섬유의 평행성과 섬유 속의 형태를 유지하면서 섬유를 절단하여 스테이플화하여 방적사를 얻는 방법으로 퍼록법과 패시픽 컨버터법이 있다.

33 퍼록의 직방사에 대한 설명으로 옳지 않은 것은?

① 재래식 방적법에 비해 작업이 단순하다.   ② 섬유의 신도가 커진다.
③ 길이가 짧고 실 중의 섬유장이 일정치 않다.   ④ 아주 가는 실을 뽑을 수 있다.

해설 퍼록법의 특징
• 신도가 감소한다.
• 점차로 수축되어 이 성질을 이용하여 특수효과를 나타낸 직물을 얻을 수 있다.
• 대형 토우를 처리하지 못한다.
• 실의 강도는 보통 방적사보다 크다.
• 스테이플의 길이가 길지만 그 길이가 일정치 않다.

34 다음 중 하이벌크사 제조용 섬유로 가장 알맞은 것은?

① 폴리우레탄   ② 나일론   ③ 양모   ④ 아크릴

해설 하이벌크사는 함기량이 많은 인조섬유 방적사를 총칭하는 말이다. 주로 아크릴섬유로부터 만들어지는데 퍼록 방법이나 패시픽 컨버터에 열연신장치를 붙여서 만들 수 있다. 하이벌크 아크릴 섬유사는 편성물을 만드는 데 주로 사용된다.

정답 27.❷ 28.❸ 29.❷ 30.❹ 31.❹ 32.❸ 33.❷ 34.❹

35 다음 중 하이벌크사의 특성에 대한 설명으로 적합한 것은?

① 함기량이 많은 실로 스웨터 등의 편성물을 만드는 데 주로 사용한다.
② 섬유의 잔털을 제거하여 매끄럽고 광택이 있다.
③ 순백색의 실을 얻기 위해서 표백제로 표백한 실이다.
④ 수산화나트륨용액으로 처리하여 견과 같은 광택을 가진다.

해설 문제 34번 해설 참조

36 다음 중 하이벌크사에 대한 설명으로 가장 옳은 것은?

① 섬유의 잔털을 제거한 실
② 알칼리용액을 처리함으로써 광택이 좋아진 실
③ 부피가 커 함기량이 큰 실
④ 부피가 작고 매끈한 실

해설 문제 34번 해설 참조

37 다음 중 필라멘트사에 기계적 처리를 하여 루프나 컬(curl) 등 권축을 만들어 주어 함기율을 크게 하여 방적사와 비슷한 성질을 가지게 한 실의 종류는 무엇인가?

① 퍼록직방사　　② 하이벌크사　　③ 직방사　　④ 텍스처사

해설 텍스처사 : 필라멘트사에 여러 가지 기계적인 처리를 하여 필라멘트의 조밀하고 평행된 구조를 헤쳐 루프(loop), 곱슬(curl) 등의 권축을 만들어 실이 가지는 공간, 즉 함기율을 크게 하여 방적사와 비슷한 성질을 지니게 하여 필라멘트사의 단점을 많이 개선할 수 있는데, 이렇게 가공된 실을 텍스처사(가공사)라고 한다.

38 다음 중 텍스처사의 특성에 대한 설명으로 적합한 것은?

① 스테이플에 기계적 처리를 하여 더 굵고 부드럽게 만든 실
② 방적사 중 함기율이 작고 매끈한 실
③ 필라멘트에 루프, 곱슬 등을 만들어 함기율을 크게 만든 실
④ 필라멘트의 조밀하고 평행된 구조를 더욱 강하게 만든 실

해설 문제 37번 해설 참조

39 다음 텍스처사 중 필라멘트사에 균일을 형성하여 이를 열고정시키면 신축성이 대단히 커서 3~5배의 신도를 가지는 실은?

① 복합사   ② 직방사   ③ 스트레치사   ④ 가스사

> **해설** 텍스처사 중에서 신축성이 대단히 커서 3~5배의 신도를 갖는 실을 특히 스트레치사라고 한다. 만드는 방법으로는 필라멘트사 2개를 세게 꼬아서 꼬인 상태에서 열고정한 다음 꼬임은 풀리지만 권축을 가진 스트레치사가 얻어진다.

40 벌크사(bulked yarn)란 어떤 특성을 가지는가?
① 광택이 현저히 증가한다.   ② 권축이 없다.
③ 토우로부터 직접 방적사를 얻는다.   ④ 함기량이 크다.

> **해설** 벌크사는 보통 필라멘트사에 비해 함기율이 큰 인조섬유 필라멘트사를 총칭하는 말이다.

41 필라멘트사를 강한 압축공기가 분사되는 곳으로 통과시켜 함기성이 큰 실로 만들 수 있다. 이러한 실의 성능으로 가장 적합한 것은?
① 신축성에는 변화가 없으며, 피치스킨 직물에도 이용된다.
② 신축성이 대단히 커 3~5배의 신도를 가진다.
③ 연속적으로 만들 수 있는 스트레치사의 일종이다.
④ 열가소성이 있는 섬유에만 가능하다.

> **해설** 문제의 설명은 루프형의 벌크사를 말하는 것으로 신축성에는 큰 변화가 없다. 따라서 신장에 의해서도 실의 루프는 변화를 받지 않는데, 이를 에어 텍스처사라고 한다. 에어 텍스처사는 의면, 의모, 피치스킨직물 등의 제조에 이용된다.

42 다음 중 열가소성이 없어도 텍스처사를 만들 수 있는 방법은?
① 권축형   ② 루프형   ③ 스트레치형   ④ 가연성

> **해설** 필라멘트사를 강한 압축공기가 분출하는 곳을 통과시켜 섬유의 일부가 날려서 루프가 형성되게 하는 방법이므로 열고정을 필요로 하지 않는다.

정답 35.❶   36.❸   37.❹   38.❸   39.❸   40.❹   41.❶   42.❷

MEMO

03 옷감

 단원 개요

옷감은 구성법에 따라 직물, 편성물, 레이스, 부직포, 펠트 등으로 구분되는데, 각각의 옷감은 의류소재로서 어떤 용도에 적합한지 생각해 보고 그 성능을 정리해 보자.

실로 옷감을 만드는 방법은 여러 가지가 있지만 실을 가로 세로로 엮어 짜는 직물이 가장 널리 사용된다. 직물조직 중 기본이 되는 평직, 능직, 수자직을 삼원조직이라고 한다. 무늬를 나타내는 조직에는 도비직과 자카드직이 있고 파일을 심어주는 파일직과 표면이 오톨도톨한 크레이프, 일반직물보다 공간이 많은 사직 등이 의류소재로 널리 사용되고 있다. 편성물은 실을 고리로 만들어 연결하는 옷감으로 편성 방법에 따라 위편성물과 경편성물로 구분한다. 옷감의 대부분은 실로 만들어지지만, 실을 거치지 않고 섬유로 만들어지는 부직포와 펠트도 있다. 이들 옷감은 일반 의류용으로는 많이 사용되지 않지만 제조방법에 따라 다양한 제품이 생산되고 있어 점차 용도가 확대되고 있다.

 출제 경향 및 수험 대책

이 단원에서는 해마다 출제비율이 약간씩 달라지기는 하지만 평균 4~5문제 정도는 출제되고 있는 편이다. 그 출제 내용을 살펴보면 직물구조, 직물조직의 종류와 특성, 편성물의 특성, 위편성물과 경편성물의 특성, 편성물의 조직, 섬유로부터 직접 만들어지는 펠트와 부직포의 특성, 부직포와 펠트 제품의 특성, 가죽과 모피, 기타 피복재료의 특성 등에 대해서 묻는 문제들이 출제되고 있는 바, 자세하고 철저한 학습이 요구된다.

3

01 직물

1 옷감

(1) 옷감의 개념과 구성

① 옷감의 개념 : 옷감(fabric)은 피복의 재료로 사용되는 모든 형태의 천을 말하며, 피륙이라고도 부른다.

② 옷감의 구성
  ㉠ 실로 만든 옷감
   • 직물 : 실을 가로 세로로 엮어서 만든 옷감으로 가장 많이 쓰이는 전형적인 형태의 옷감이다. 다양한 무늬를 가진 직물을 만들 수 있고, 단단한 옷감을 얻을 수 있다.
   • 편성물 : 한 올 또는 여러 올의 실이 바늘에 의해 고리를 만들면서 연결되어 이루어진 옷감으로, 제조 속도가 직물에 비해 빠르고, 다공성이며 유연하다. 또한 신축성이 커서 활동이 자유로우며, 구김이 잘 생기지 않는다.
   • 레이스 : 여러 올의 실을 서로 얽거나 매거나 꼬아 만든 다공성이며 비쳐보이는 옷감이다.
   • 브레이드 : 실 또는 긴 리본상의 직물이나 편성물을 땋아 만든 옷감이다.
  ㉡ 섬유로부터 직접 만든 옷감
   • 펠트(felt) : 양모의 축융성에 의해 양모 또는 양모와 다른 섬유와의 혼합물을 압축과 가온하에서 문질러 섬유가 얽혀서 된 옷감을 말한다. 양모섬유의 스케일의 특성을 활용하여 만든 옷감이다.
   • 부직포 : 섬유로 얇은 시트를 만들고 이 피막 상태의 섬유집합체를 접착제나 가열에 의한 용융접착에 의하여 고착시킨 것이다.
  ㉢ 원료중합체로 직접 만든 옷감 : 섬유를 거치지 않고 합성수지로부터 직접 시트 상으로 성형하여 만드는 것으로 플라스틱 필름, 인조가죽, 폼(스펀지) 등이 있다.

(2) 옷감의 성능

① 내추성(耐皺性) : 옷감에 구김이 생기는 정도는 일차적으로 재료 섬유의 탄성과 리질리언스의 영향을 받는다. 내추성의 평가방법에는 개각도법이 널리 이용된다. 개각도가 크면 그 옷감은 잘 구겨지지 않는 것을 의미한다.

② 드레이프성 : 드레이프성은 옷의 외형을 이루는 곡선의 아름다움을 나타내는 특성으로 옷감의 강연성, 옷감의 중량 등과 관계가 크다.

③ 강연성 : 옷감의 강연성은 그 옷감이 뻣뻣한가, 부드러운가의 정도를 나타내는 것으로 옷감의 촉감과 드레이프성에 영향을 미친다.

④ 인열강도 : 인열강도는 옷감을 찢는데 필요한 힘을 표시한 것으로 코팅한 직물의 성능을

추가 설명

옷감의 구성방법에 따른 분류
• 실로 만든 옷감 : 직물, 편성물, 레이스, 브레이드
• 섬유로부터 직접 구성된 옷감 : 펠트, 부직포
• 원료중합체로 직접 만든 옷감 : 플라스틱 필름, 인조가죽, 스펀지

추가 설명

편성물 : 제조 속도가 직물에 비해 매우 빠르며, 다공성이고 유연하다. 또한 신축성이 크고 구김도 잘 안생긴다.

추가 설명

펠트와 부직포 : 펠트는 축융성에 의해, 부직포는 접착제나 열 융착에 의해 옷감으로 된다.

측정하는 등 역학적 특성 중의 하나이다.

⑤ 인장강도 : 옷감을 구성하는 섬유와 실의 성질, 옷감의 구성 성분과 직물의 조직, 경·위사의 밀도, 가공 방법 등에 의하여 달라진다.

⑥ 수축성 : 수축의 원인으로는 안정화 수축, 진행성 수축, 양모의 축융성에 의한 수축이 있다.

⑦ 필링성 : 필링이란 직물이나 편성물에서 섬유나 실이 빠져나와 탈락되지 않고 그 표면에 뭉쳐서 작은 섬유망울을 형성하는 것이다. 합성섬유는 강도와 신도가 크므로 필링이 잘 일어난다.

⑧ 통기성 : 통기성은 옷감이 공기를 투과시키는 능력으로 함기율과 관계가 크고, 기공이 관통되어 있어야 하며 옷감의 두께와도 관계가 있다. 이는 공기 투과도로 측정된다.

⑨ 함기율 : 함기율은 기공도(porosity)로 나타내는 것이 일반적이며, 옷감의 전체 부피에 대한 공기가 차지하고 있는 부피의 백분율로 표시한다.

⑩ 중량 : 옷감의 무게는 내구성, 통기성, 보온성, 유연성 등에 영향을 미친다.

⑪ 마찰·마모강도 : 옷감이 마찰에 견디는 능력을 평가하는 것으로 옷감의 내구성과 상관관계가 크다. 한편 마찰시킨 후 천이 해어지거나 보풀이 생기지 않고 원래 상태로 유지할 수 있는 정도이다.

⑫ 파열강도 : 옷감이 파열될 때 드는 힘을 나타내는 것으로 편성물이나 부직포와 같이 인장·인열강도를 측정하기 어려운 재료의 역학적 특성을 평가하는데, 또는 각 방향으로 힘을 골고루 받게 되는 자루 등에 사용할 천의 성능을 시험하는 데 사용한다. 측정 방법으로는 시료를 원형의 클램프로 고정시킨 후 옷감 밑에 있는 고무막을 유압으로 팽창시켜 시료가 파열될 때의 힘으로 측정하는 방법이 있다.

⑬ 보온성 : 옷감의 보온성은 재료 섬유의 열전도도가 낮고 함기율이 큰 것이 좋다. 그러나 함기율이 너무 크거나 통기성이 좋으면 보온성은 떨어진다.

⑭ 발수성 : 옷감의 표면에서 물이 스며들지 않고 구르는 성질로서, 섬유와 직물의 표면 특성에 따라 달라진다.

⑮ 흡습·흡수성 : 흡습성은 옷감이 수분을 수증기로 흡수하는 능력이고, 흡수성은 물을 흡수하는 능력이다. 흡습성·흡수성이 큰 것은 옷감의 위생적인 면에서는 좋지만, 형체안정성 및 내추성이 좋지 않은 점 등 관리상의 불편이 따른다.

⑯ 투습성 : 옷감을 통해 수분이 이동하는 성질로서, 수분은 옷감의 기공을 통해 투과하므로 통기성이 좋으면 투습성도 좋은데, 재료 섬유의 흡습성과도 밀접한 관계를 가진다.

(3) 가공

① 일반가공

㉠ 리플(ripple) 가공 : 면섬유에 수산화나트륨을 섞은 것을 줄 또는 점으로 날인하면 수산화나트륨이 날인된 부분이 수축되면서 직물은 파상을 이루어 오톨도톨한 무늬가 형성되는 것을 말하는 것으로 리플 또는 플리세(plisse)라 한다.

옷감의 여러 성능

- **외관** : 표면구조, 색채, 강연성 또는 드레이프성, 필링방지성, 내추성, 치수안정성
- **내구성** : 인장강도, 인열강도, 파열강도, 마찰 또는 마모강도, 내피로성, 봉합강도, 염색견뢰도
- **관리성능** : 내연성, 내열성, 내일광성, 내약품성, 내한성, 내오염성, 세탁성, 내충·내균성, 내추성
- **보건위생성(쾌적성)** : 중량, 함기율, 통기성, 투습성, 흡습성, 흡수성, 발수성, 보온성, 대전성

옷감의 수축 원인

- **안정화 수축** : 제직, 편성, 제조과정에서 받은 힘에 의해 신장되었던 것이 옷감을 사용하는 도중 서서히 원상으로 돌아가는 현상
- **진행성 수축** : 섬유 자체의 특성 때문에 사용하는 도중 외부의 여러 가지 인자 때문에 변화되어 수축하는 현상
- **양모의 축융성에 의한 수축**

추가 설명
엠보싱, 모아레 직물
- 엠보싱 : 올록볼록하게 만든 롤러로 처리하면 직물표면에 무늬가 형성된다.
- 모아레 직물 : 직물 표면에 물결무늬가 나타나게 엠보싱한 것이다.

추가 설명
방축가공
- 샌퍼라이징 : 면, 마, 레이온 등의 직물이 제조과정에서 받았던 장력이 이완되어 안정화됨에 따라 수축되는 것을 미리 방지하는 가공으로 의복을 만들기 전에 직물을 물리적으로 수분과 열과 압력을 가하여 강제로 수축시켜 더 이상 수축이 되지 않도록 하는 가공방법이다.
- 런던슈렁크(London shrunk) : 모직물의 제조과정에서 받은 신장을 이완·수축·안정화시키는 가공법이다.
- 축융방지가공 : 양모의 스케일을 염소로 처리하여 축융을 방지하는 가공법으로 염소처리법(chlorination)이라 한다.

추가 설명
피치스킨 가공직물
직물을 사포로 문질러 기모한 다음 수지처리하고, 일으킨 잔털을 일정 길이로 잘라 주어 부드러운 촉감과 탄력을 가지게 한 것을 말한다.

ⓒ 캘린더링 : 직물을 뜨거운 롤러 사이로 통과시켜 다림질한 것과 같이 매끄럽고 윤이 나게 만들어주는 공정이다. **예** 엠보싱, 모아레 직물
ⓒ 머서화가공(실켓가공) : 면사 또는 면직물을 잡아당겨 수축을 방지하면서 상온에서 진한 수산화나트륨용액으로 처리하는 것으로, 이로 인해 광택이 증가하며, 강도, 흡습성, 염색성도 약간 증가한다.
ⓔ 털태우기 : 실이나 직물을 가스불꽃 속이나 가열된 금속판 또는 전열선 위로 고속으로 통과시켜 표면의 잔털을 태워서 평활하고 선명하게 하는 가공으로 털태우기 또는 신징(singeing)이라 한다.
ⓜ 방축가공 : 수축을 방지하기 위한 가공으로 샌퍼라이징(면, 마, 레이온), 런던 슈렁크(양모), 염소처리법(양모) 등이 있다.
ⓗ 기모가공 : 옷감의 표면을 기모기로 긁어서 털을 일으키는 가공이다. 기모직물은 손맛이 따뜻하고 부드러우며, 발수성과 방오성이 증가된다(**예** 면플란넬(융)). 이는 피치스킨 가공 직물이 널리 사용되기도 한다.
ⓢ 축융가공 : 모직물을 약제와 함께 기계적으로 마찰해주어 길이와 폭이 수축되면서 두꺼워져서 조직이 치밀하고 촉감이 향상된 직물을 얻는 가공인데, 주로 방모직물에 이용된다. **예** 멜턴, 플란넬

② 방수(防水) 및 발수(撥水)가공
  ㉠ 방수가공 : 얇은 직포에 고무 또는 합성수지 필름으로 피복하여 전혀 누수되지 않게 하는 가공으로 텐트, 범포(돛을 만드는 피륙) 등에는 좋으나, 통기성이 없으므로 의복으로는 비위생적이다.
  ㉡ 발수가공(스코치가드 가공) : 직포를 이루고 있는 각각의 섬유의 표면을 소수성 물질로 피복하여 직물의 표면에서는 물이 스며들지 않고 구르지만, 직물 자체 통기성을 가지고 있어 위생적이다. 최근에는 외부의 물을 스며들지 못하게 하면서 신체 내부의 습기를 발산하는 위생적인 소재인 투습방수직물이 사용된다.

③ 방추(防皺)가공
  ㉠ 방추수지 가공 : 면, 마, 레이온 등의 셀룰로스섬유 제품을 수지가공하여 섬유내 비결정 부분에 열고정성 수지가 분자간 가교를 형성하여 탄성, 내추성, 방축성 등을 향상시키는 가공이다.
  ㉡ 퍼머넌트 프레스 가공 : 피피(PP)가공, 듀어러블 프레스(D.P.)가공으로 잘 알려져 있으며, 형체 고정을 위한 수지가공으로 그 원리와 방법은 방축가공과 같으나, 최종 큐어는 옷에 주름이나 형체를 잡아 준 후에 한다.
  ㉢ 시-로셋(Si-Roset) 가공 : 양모 단백질의 시스틴 결합을 이용한 것인데, 환원제로 시스틴 결합을 절단하여 옷의 형체를 잡아 준 후 열이나 산화제를 이용하여 시스틴 결합을 재생시켜 주어 옷의 형체를 영구적으로 만드는 가공이다.

④ 방염(防炎)가공 : 방염가공은 잘 타지 않고 불꽃 발생을 방지하는 가공으로 항공기용 모

포나 노인, 어린이의 잠옷 소재에 꼭 필요한 가공이다.
⑤ 대전방지 가공 : 정전기 방지를 위해 계면활성제를 사용하거나 또는 친수성 수지 피막을 씌우는 가공이다.
⑥ 방오(防汚)가공 : 오염의 증대를 방지하기 위하여 섬유상의 대전을 방지하고 유성 오염성을 저하시키며 오염이 섬유 내부로 침투하는 것을 방지하는 가공으로 S.R.(soil release) 가공으로 잘 알려져 있다.
⑦ 위생가공 : 셀룰로스섬유에 곰팡이의 발생과 땀, 오염에 의한 악취의 발생을 방지하고 흡습성이 적은 합성섬유의 흡습성을 증대시키는 가공을 총칭하여 위생가공이라고 하는데, 퍼마켐(permachem)가공이 대표적이다. 속옷, 양말, 침구, 행주 등에 사용되는 소재에 대해 병균 억제와 함께 냄새 방지 효과를 부여한다.
⑧ 방충가공 : 염소를 포함한 방향족화합물로 처리하는데, 주로 양모에 좀의 침식을 방지하기 위한 가공이다. 거의 영구적인 방충성을 나타낸다.

2 직물의 구조

(1) 제직

① 직기의 구조
　㉠ 직물빔(홍두깨) : 짜여진 직물을 감기 위한 빔이다.
　㉡ 경사빔(도투마리) : 직물을 짜기 위한 일정 길이의 경사를 짜고자 하는 옷감의 너비에 해당하는 경상수 만큼 감아둔 것이다.
　㉢ 종광(잉아) : 배열된 경사를 아래위로 벌려서 위사가 투입되는 개구를 만들어주는 장치이다. 개구가 만들어지며 개구를 통해 위사가 통과되고 경·위사가 교차되면서 필요직물 조직이 만들어진다.
　㉣ 북 : 개구를 통하여 위사를 운반하는 역할을 하는 장치이다.
　㉤ 바디 : 경사의 간격을 정하고 위사를 투입할 때 북이 통과하는 길잡이가 되며, 투입된 위사를 직전까지 밀어 붙이는 일을 한다.
② 무북직기 : 무북직기는 북을 쓰지 않고 공기의 힘이나 북을 대신할 다른 장치를 이용하여 천을 짜는 기계이다. 무북직기에는 제트 직기와 래피어 직기 등이 있다.

(2) 직물 구조

① 직물의 폭과 식서
　㉠ 폭 : 폭을 나타내는 단위로서는 인치가 널리 사용되고 있는데, 면직물은 36인치, 광폭은 45인치, 모직물은 54~60인치, 인조섬유는 40~45인치 폭이 일반적이다.
　㉡ 식서 또는 변 : 직물 양쪽 가장자리에 5mm 정도의 너비를 가진 촘촘한 부분이다. 제직, 가공, 정리 시에 양쪽에서 당기는 힘은 이 부분에서 걸리게 된다.
② 경사와 위사
　㉠ 경사는 위사보다 꼬임도 많고 강한 실로 사용하며, 일반적으로 풀을 먹여 사용한다.

추가 설명

알칼리 감량가공 : 폴리에스테르 직물을 수산화나트륨 용액(10~20%)으로 처리하면, 섬유 표면의 폴리에스테르가 가수분해되어 섬유가 가늘어지면서 표면이 패여져서 촉감이 천연 견에 가깝게 향상되는 가공을 말한다. 이 가공을 견양가공이라고도 한다.

추가 설명

제직 과정의 단계
- 개구의 형성 : 위사가 경사 사이를 엮을 수 있도록 필요한 종광 및 종광틀을 상하로 움직여 경사층 사이를 열어주는 것으로 직물의 조직을 좌우하는 데 큰 영향을 미친다.
- 북침 : 개구 사이로 위사를 통과시키는 과정이다.
- 바디침 : 북침운동에 의해 경사 사이로 엮어진 위사를 경사와 직물의 경계점인 직전(직물이 짜여진 마지막 부분)까지 밀어주는 것이다.
- 경사송출 : 개구의 형성, 북침, 바디침이 반복됨에 따라 경사빔에 감겨진 경사를 제직에 필요한 양만큼씩 풀어 주는 것이다.
- 직물권취 : 제직된 직물을 직물빔에 감아주는 것이다.

추가 설명

무북직기의 유형
- 제트 직기 : 개구의 한쪽에서 고속으로 분출되는 물 또는 공기의 힘에 의해 400~600회의 위사 투입이 가능하다.
- 래피어 직기 : 북 대신 캐리어(carrier)라는 투입봉의 끝에 위사를 걸쳐 사용하는데, 1분 내에 300회의 위사 투입이 가능하다.

ⓒ 직물의 위사 방향은 경사 방향에 비해 강도는 약하며, 신축성이 크고, 경사는 위사에 비해 꼬임이 많은 실이 사용되므로, 경사 방향이 위사 방향보다 경직하다.
ⓒ 제직·정리·가공 시 주로 경사 방향에 장력이 작용하고 있기 때문에 완성된 직물은 경사 방향으로 더 많이 수축된다.

③ 직물의 조직과 조직도
ⓐ 조직 : 직물을 구성하는 경사와 위사가 교차하는 상태를 조직이라고 하는데, 이 조직의 방법에 따라 외관, 강도, 드레이프성 등이 달라진다.
ⓑ 조직도와 의장지 : 직물의 조직을 표시한 그림을 조직도라고 하고, 이 조직도를 그리기 위한 모눈종이를 의장지라고 한다.

④ 직물의 밀도
ⓐ 직물의 밀도는 짜임새, 즉 실의 촘촘함을 나타내는 것이므로 옷감의 내구성을 결정짓는 중요한 요인이 된다.
ⓑ 직물의 밀도가 클 때는 단단하고, 강하며, 세탁시 덜 수축되고, 형체 유지도 잘 된다. 외의로 착용하면 바람을 막을 수 있다.
ⓒ 직물의 밀도는 보통 1인치 평방에 들어 있는 경사와 위사의 수로 경사 밀도와 위사 밀도로 표시하며, 때로 그 합으로 표시되기도 한다.
ⓓ 직물의 밀도측정에는 직물분해경(확대경)을 사용한다.

3 직물의 종류 및 특성

(1) 삼원조직

① 평직(태비직)
ⓐ 직물 조직 중에서 가장 간단한 조직으로서 경사와 위사가 한 올씩 상하교대로 교차된 것이다.
ⓑ 평직모형과 조직도

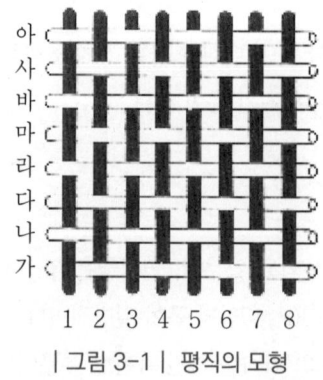

| 그림 3-1 | 평직의 모형

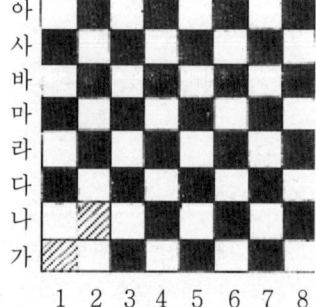

| 그림 3-2 | 평직의 조직도

ⓒ 평직의 특성
• 조직점이 많아서 실의 자유도가 작으므로 구김이 잘 생긴다.

추가 설명

경사와 위사
• 경사(날실) : 직물의 변 또는 길이 방향에 평행되게 배열된 세로 방향의 실이다.
• 위사(씨실) : 직물의 폭 방향으로 걸쳐진 가로 방향의 실이다.

추가 설명

의장지의 특성
• 의장지에서 한 세로줄과 다른 세로줄 사이의 공간은 한 가닥의 경사를 표시하며 가로줄과 가로줄 사이의 공간은 한 가닥의 위사를 표시한다.
• 의장지에서 네모친 한 칸은 경사와 위사의 교차점을 나타내는데 이것을 조직점이라고 한다.
• 교차점에서 경사가 위로 올라와 있는 경우를 업(up)이라고 하고 그 조직점은 검게 칠하거나, 점 또는 동그라미로 표시, ■, ●, ◎으로 표시하고, 교차점에서 경사가 위사 밑에 숨은 때(다운)에는 공백으로 한다.

추가 설명

직물의 삼원조직 : 직물의 조직 중 기본이 되는 평직, 능직, 수자직을 말한다.

- 조직점이 많아서 경직하다.
- 조직점이 많아서 강하고 실용적이다.
- 제직이 간단하다.
- 쉽게 변화하는 직물을 얻을 수 있다.
- 표면이 좀 거칠고 광택이 나쁘다.
- 겉과 안이 동일하다.

② 종류 : 포플린, 브로드, 태피터

② 수자직(주자직)
㉠ 경사·위사의 조직점을 될 수 있는 대로 적게 하면서 또 이 조직점을 연접시키지 않고 분산시켜 직물의 표면은 경사 또는 위사만 돋보이게 한 직물이다.
㉡ 보통 5매수자, 8매수자, 12매수자 등이 많이 이용된다.
㉢ 수자직의 특성
- 조직점이 적고 띄엄띄엄 있으며 실의 굴곡이 가장 적어서 부드럽고 매끄러워 광택이 좋다.
- 조직점이 적어서 구김이 덜 생기나 강도, 특히 마찰에 약하여 실용적이지는 않다.

㉣ 수자직의 모형과 조직도

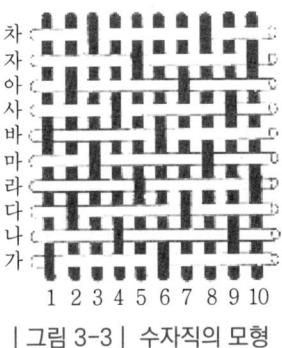

| 그림 3-3 | 수자직의 모형

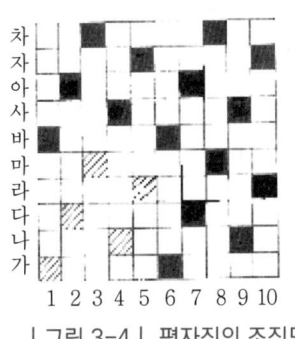

| 그림 3-4 | 평자직의 조직도

㉤ 수자직의 1완전조직에서 한 경사는 위사와 단 한 번 교차하며 조직점은 분산된다. 즉, 조직점을 일정 법칙에 따라 분산시키는데, 한 경사의 교차점과 다음 경사의 교차점과의 간격을 뜀수라고 한다.

③ 능직(사문직)
㉠ 경사 또는 위사가 계속하여 2올 또는 그 이상의 올이 업·다운으로 교차되어 조직점이 사선 방향으로 연결되어 있어 조직점이 능선(사문선)을 나타내며, 이 능선이 위사와 이루는 각을 능선각이라 한다.
㉡ 능직물의 특성
- 강도, 특히 마찰에 대하여는 평직보다 약하다.
- 표면이 평활하며 광택이 좋고 외관이 아름답고 더러움을 덜 탄다.
- 실의 자유도가 커서 직물이 유연하고 구김이 덜 생긴다.

추가 설명

평직의 특징 : 특별한 실(염색사 또는 가공사 등)을 사용하지 않으면 겉과 안이 구별되지 않는 양면성을 가진 직물을 만든다.

추가 설명

수자직의 모형과 조직도
- 조직도에서 음영으로 조직점이 표시된 바와 같이 경·위사 모두 5올로 한 완전조직을 만들고 이 단위조직이 반복되어 직물이 완성된다. 이것을 5매수자라고 한다.
- 5매수자에서는 한 경사의 조직점은 다음 경사의 조직점과는 2올의 위사 간격을 두고 있다.

추가 설명

능직의 조직도
조직도에서 빗금으로 표시한 것이 한 완전조직인데, 경사 3올과 위사 3올로 되어 있다. 그래서 이 조직을 3매능직이라고 한다.

• 같은 굵기의 실로 밀도가 큰 직물을 만들 수 있다.
ⓒ 능직모형과 조직도

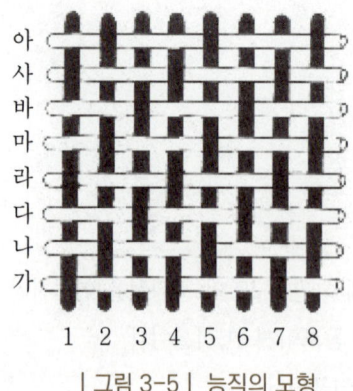

| 그림 3-5 | 능직의 모형

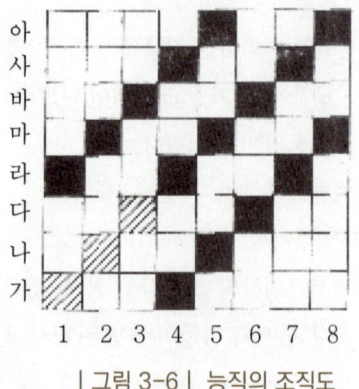

| 그림 3-6 | 능직의 조직도

④ 변화조직
  ㉠ 파능직 : 사문선을 완전 조직 내에서 연속시키지 않고 도중에서 끊어 다른 방향으로 사문선을 연결시킨 능직물(산형능직)이다. 양복감으로 널리 이용되는 헤링본과 산형 능직도 일종의 파능직물이다.
  ㉡ 신능직 : 경·위사의 조직을 주기적으로 삭제하여 사문각을 변화시킨 능직을 말한다.
  ㉢ 바스켓직 : 경사와 위사를 2올 또는 그 이상을 나란히 엮어 감으로써 보통 평직보다 단위면적 중의 조직점이 적고, 부드럽고 평활하며, 구김이 덜 생기는 직물을 얻을 수 있다. 예 몬크스 클로스, 옥스포드 등
  ㉣ 두둑직 : 경사 1올에 대하여 한 개구에 위사를 2올 또는 그 이상을 함께 투입하면 경사가 떠올라 위사방향의 이랑이 나타나고(경두둑직), 경사를 2올 또는 그 이상을 나란히 업·다운시키면 경사방향으로 위사가 떠 오른 이랑이 나타난다(위두둑직).
  ㉤ 주야수자직 : 경수자와 위수자의 조직을 경·위방향으로 교대로 배합하여 직물에 명암의 무늬를 표현한 수자직이다.
  ㉥ 중수자직 : 정칙 수자직의 조직점 옆에 다른 조직점을 하나씩 보태어 만든 것으로 주로 기모용 모·면직물에 이용한다.
  ㉦ 변칙수자직 : 두 가지 이상의 뜀수를 섞어서 조직점을 변칙으로 배열한 수자직이다.
  ㉧ 비능직 : 능선을 일정 구간 연결시킨 후 중단하고 몇 올을 띄어서 다시 같은 방향으로 연속시킨 능직물이다.
⑤ 삼원조직직물
  ㉠ 평직물
    • 당목(唐木) : 경·위사에 20s 이상의 카드사를 사용하여 평직으로 짠 면직물이다.
    • 니농 : 경·위사 모두 12~14데니어 정도의 생사로 짠 다음 정련한 얇은 평직물이다.
    • 깅엄 : 경사에 색사와 표백사를 사용하여 체크, 줄무늬를 나타낸 직물로 면직물이

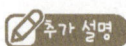

바스켓직
보통 평직물이 경사, 위사를 1올씩 엮어 가는 대신 2올, 또는 2올 이상의 경사와 위사를 나란히 엮어 감으로써 특수한 조직 효과를 얻을 수 있다. 이러한 변화평직은 바구니를 짜는 방법과 같다고 하여 바스켓직이라 한다.

두둑직
변화평직으로 평직은 한 개구에 위사 또는 경사를 1올씩 넣는 데 비해 2올 또는 그 이상을 함께 넣어 직물에서 위사 방향 또는 경사 방향의 이랑이 나타나도록 한 직물을 두둑직이라고 한다.

평직물의 종류 : 광목, 깅엄, 니농, 당목, 덕, 디미티, 론, 보일, 브로드 클로스, 쉬엔통, 오건디, 옥스포드, 옥양목, 태피터, 그로 그레인, 포플린, 하우타에, 홈스펀 등

주로 사용된다.
- 광목 : 경·위사에 18s 이하의 소면단사를 사용한 거친 면직물이다.
- 쉬엔퉁 : 위사에 생사와 함께 옥사를 사용하여 직물표면에 불규칙한 마디를 나타낸 직물이다.
- 브로드 클로스 : 일반적으로 조밀하게 제직한 광택 있는 양직의 면직물이다.
- 보일 : 밀도가 낮고 얇아 비치며, 강연사를 사용하여 까슬까슬한 느낌을 주는 직물로 주로 면이 사용된다.
- 론 : 경·위사에 60s 이상의 가는 코머사를 사용한 얇은 직물이다.
- 디미티 : 경·위사에 30~40s 또는 60~80s 단사를 사용한 평직물로 여름철 부인복, 아동복, 커튼 등에 사용된다.
- 덕 : 한 겹 직물에서는 가장 두껍고 강한 직물로 면이 많이 쓰인다.
- 태피터 : 경밀도를 위밀도의 2배 정도로 제직하여 위사방향의 두둑 효과를 나타낸 평직물이다. 안감, 리본 등에 많이 쓰인다.
- 옥양목 : 경·위사 모두 30s 정도의 단사를 사용하여 제직 후 표백한 면직물이다.
- 옥스퍼드 : 바스켓 조직으로 된 셔츠감으로, 조직이 치밀하지 않으므로 부드럽고 광택이 있다. 일반적으로 면직물이지만 여러 가지 인조섬유도 사용된다.
- 포플린 : 경사 밀도를 위사 밀도보다 많게 하거나 경사에 위사보다 가는 실을 사용하여 위사 방향으로 두둑 효과를 낸 직물로 여성복, 셔츠, 운동복, 파자마 등에 널리 이용된다.

ⓒ 능직물
- 버버리 : 면개버딘을 말하며, 경·위사로 80s 또는 100s의 쌍사를 사용하고, 2/2 능직으로 밀도가 경사 190~200, 위사 95~105 정도로서 사문각이 60°를 이룬다.
- 드릴 : 경·위사에 비교적 굵은 면사를 사용하며 2/1, 3/1 또는 헤링본으로 제직한 능직물로 밀도가 비교적 적어 경사밀도 64~70, 위사밀도 40~48 정도이다.
- 데님 : 경사에는 20s 이하의 굵은 색사를 사용하고, 위사에는 경사보다 가는 표백사 또는 색사를 사용하여 제직한 2/1, 3/1 능직물로 청바지의 재료이다.
- 개버딘 : 2/2사문조직으로 제직하지만 경사밀도가 위사밀도보다 커서 사문각이 60° 이상을 이룬 실용적인 모직물이다.
- 캐벌리능직 : 경사에 의해 63°의 이중능선이 보이는 탄력 있는 탄탄한 직물이다.
- 진 : 경·위사에 20s 이상의 면사를 사용하여 2/1 능직으로 제직된 면직물로, 드릴이나 데님보다 얇아 아동복, 셔츠, 침구 등에 사용된다.
- 슈러 : 견 또는 인조섬유 필라멘트를 사용하여 2/2 능직으로 제직한 가볍고 광택있는 직물이다.
- 서지 : 2/2 능직으로 경·위사의 밀도를 비슷하게 제직하여 사문각이 45°를 이루는 소모직물이다.

> **추가 설명**
>
> 기타 평직물
> - 오건디 : 경·위사에 80s~120s 정도의 가는 코머사를 사용하여 밀도 88×72 정도로 성기게 제직한 면직물로 가공에 의해서 빳빳한 느낌을 주도록 한 직물이다.
> - 홈스펀 : 거칠고 불균일한 방모사를 사용하여 주로 평직으로 제직하고 축융하지 않은 직물이다.
> - 하부타에 : 경·위사 모두 꼬임이 없는 생사를 사용한 견직물이다.
> - 그로그레인 : 경사에 가늘고 여러 번 꼬인 정련 견사를, 위사에는 굵고 한편으로 꼬인 정련견사를 사용하여 제직한 견직물이다.

> **추가 설명**
>
> 능직물의 종류 : 개버딘, 데님, 드릴, 버버리, 서지, 슈러, 진, 캐벌리능직, 타탄, 투위드, 하운즈 투스, 헤링본 등

> **추가 설명**
> **기타 능직물**
> - 하운즈 투스 : 2/2 능직에서 경·위사에 짙은 색과 옅은 색 실을 4올씩 교대로 배열하여 무늬를 나타낸 직물이다.
> - 트위드 : 주로 2/2 능직이지만 파능직, 헤링본, 산형능직, 능형능직 등의 조직으로도 제직된다.
> - 타탄 : 체크무늬를 가진 2/2 능직물로 스코틀랜드 주민의 의복감으로 스카치 트위드라고도 한다.

- 헤링본 : 능직물 중에서 사문선이 일정한 간격을 두고 반대로 된 파능직으로 그 문양이 청어의 등뼈와 같다는 데서 생겨난 이름이며, 대표적인 변화능직물이다.

ⓒ 수자직물
- 공단 : 대표적인 수자직물로 실의 굴곡이 적어 유연하며, 표면이 매끄럽고 광택이 좋다.
- 도스킨 : 5매 수자직으로 제직된 모직물로, 제직 후 흑색으로 염색, 축융 기모한 후 짧게 전모한 고급 직물로서 예복용으로 사용된다.
- 비니션 : 5매 경수자직으로 경사의 밀도가 크고 조직점이 연결되어 가파른 우능선이 나타난다.

(2) 이중직물

① 이중직물의 정의 : 경사 또는 위사의 어느 한쪽이 이중으로 되었거나 또는 양쪽이 모두 이중으로 된 직물을 말한다.
② 피케 : 경이중직을 이용하여 두둑무늬를 표현한 것으로 두둑이 위사 방향으로 되어 있다.
③ 베드포드 코드 : 경사방향의 두둑을 가진 것이다.

> **추가 설명**
> **이중직물의 특징**
> - 경사가 이중으로 된 것을 경이중직, 위사가 이중으로 된 것을 위이중직이라고 하며, 경·위사 모두가 이중으로 된 것을 경위이중직 또는 이중직이라고 한다.
> - 자루, 광폭물, 두꺼운 직물, 양면직물, 특수한 문직물을 만드는 데 이용된다.

(3) 문직물(紋織物)

① 도비직
  ㉠ 도비장치 : 비교적 간단한 무늬를 만들 때 사용되는 장치로서 16~32매의 종광의 움직임이 조절되어 무늬가 형성된다. 이 도비장치는 16~32올의 위사에 의해 완성되는 비교적 작은 무늬와 바둑판무늬를 완성하는 데에 사용된다.
  ㉡ 도비장치에 의하여 제직되는 대표적 직물
  - 깅엄 : 평직
  - 버즈아이 : 색사를 사용하여 작은 점무늬가 나타난다.
  - 베드포드 코드 : 경사 방향의 연속된 두둑이 나타난다.
  - 피케 : 이중직물

② 자카드직
  ㉠ 자카드직기 : 큰 무늬, 곡선의 표현 등을 위하여 사용되는 직기로서, 종광틀을 사용하지 않고 하나하나의 종광이 독립적으로 상하운동을 하여 무늬를 놓은 것이다.
  ㉡ 자카드직기로 만들어지는 대표적인 직물
  - 다마스크 : 경수자와 위수자를 배합하여 무늬를 나타낸 직물로 견사 외에 면, 모, 아마 등 스테이플을 사용하며, 실내장식용 직물 등에 이용한다.
  - 브로케이드 : 평직, 능직, 수자직의 바탕에 수자직 또는 능직으로 무늬를 놓은 것이다.
  - 양단 : 경수자 바탕에 능직, 위수자직, 평직 또는 이중직이나 삼중직으로 무늬를 나타낸 직물이다.

> **추가 설명**
> **자카드직의 특징**
> - 큰 무늬나 곡선 등의 표현에는 경사 하나하나에 독립된 종광을 사용해야 한다. 이러한 목적을 위하여 개발된 것이 자카드직기이다.
> - 한 무늬를 완성하는 경사수는 자카드의 침과 이와 한 조가 되어 있는 훅의 수에 의하여 결정된다. 따라서 무늬가 복잡하고 클수록 많은 침을 필요로 한다.

(4) 사직물과 여직물

① 사직과 여직
- ㉠ 사직(익직) : 두 가지 경사가 있어서, 한 경사는 보통 직물에서와 같이 직선상으로 위사와 교차하나 다른 경사는 규칙적으로 직선으로 교차한 경사의 좌우로 왕래하면서 경사와 위사를 얽혀 있으므로 실이 밀리지 않아 공간을 그대로 유지할 수 있다.
- ㉡ 여직 : 위사 3올 또는 그 이상의 위사마다 경사가 규칙적으로 얽어 가는 직물이 있다. 이것은 평직과 사직을 배합한 것이라 볼 수 있는 것으로 여직이라고 부른다.

② 모두 큰 공간을 가지므로 여름 옷, 모기장, 글라스 커튼(레이스 커튼) 등에 이용된다.

③ 사직물과 여직물 : 대표적 사직물은 갑사이고 여직물은 항라이다.
- ㉠ 갑사 : 경·위사 모두 생사를 사용한 대표적인 견사직물이며, 바탕은 변화사직이고, 무늬는 사직인 부분과 평직부분으로 이루어진다.
- ㉡ 고사 : 사직과 평직을 혼합한 조직으로 제직한 직물로 생고사와 숙고사가 있다.
- ㉢ 항라 : 평직과 사직이 일정한 간격으로 배합되어 가로선이 나타나는 직물이다.

(5) 첨모직물

첨모직물은 파일섬유를 바탕 직물에 수직 방향으로 밀생시킨 일종의 입체적 직물이다. 섬유(파일)가 고리 형태로 심어져 있는 것은 루프 파일(loop pile)이라 하고, 털처럼 심어져 있는 것은 컷 파일(cut pile)이라고 한다.

① 위파일 직물
- ㉠ 위파일 직물은 경사로 바탕 경사 한 가지만 쓰고 위사는 바탕 위사와 파일 위사 두 종류를 써서 이중직으로 짠다.
- ㉡ 종류 : 벨베틴, 코듀로이 등
  - 벨베틴(우단) : 바탕 경사, 바탕 위사 외에 파일 위사를 넣어 제직한 후 이 위사를 조직점의 중간에서 잘라 짧은 파일이 고르게 분포된 직물이다.
  - 코듀로이(골덴) : 경사 방향에 직선으로 배열하고 파일 위사를 절단하면 직물 전체에 경사 방향의 파일 두둑이 형성된다. 코듀로이는 두꺼우며 부드러워서 바지, 작업복, 레저복으로 사용된다.

② 경파일 직물
- ㉠ 제조방법 : 이중직물법, 철사법
- ㉡ 종류
  - 벨벳 : 흔히 비로도라고도 불리우는 널리 알려진 경파일 직물이다.
  - 아스트라칸 : 바탕 조직은 소모사, 면사 또는 인조섬유 스테이플사를 사용하고 파일사로는 양모나 모헤어를 사용한다.
  - 플러시 : 바탕 조직으로 경·위사 모두 면사 또는 다른 스테이플사를 사용하고 파일 경사로는 레이온사, 소모사, 면사, 나일론사 등이 사용되며, 파일의 길이는 벨벳보

추가 설명

경파일 직물의 제조
- 이중직물법 : 상·하 2매의 바탕 조직이 있고, 파일 경사가 2매의 바탕 조직 위사와 교대로 교차하면서 직물 사이를 왕복하게 된다. 이렇게 짜여진 직물을 직물빔에 감기 전에 칼로 잘라 주면 두 개의 직물을 얻게 되는 것이다.
- 철사법 : 직물을 제직할 때 철사를 넣어 제직하고, 제직 후 철사를 제거하면서 절단해 주면 두 개의 컷 파일직물을 얻게 되는 것이다.

추가 설명

셰닐사

셰닐사는 일종의 복합사로 경사 몇 올을 조금씩 간격을 두고 배열하고 파일이 될 실을 위사로 제직하며, 이것을 경사 사이의 간격이 있는 곳에서 경사 방향으로 절단하여 약간의 꼬임을 주어 얻는다. 셰닐사에 붙은 털이 직물의 표면 또는 양면에 나타나게 제직한 직물이다.

다 길어서 1mm 이상이며, 밀도는 작아 성근 편이다.
③ 셔닐직물
  ㉠ 경사에는 보통 실을 사용하고 위사로 셔닐사를 사용하여 평직으로 제직한 것이다.
  ㉡ 직물의 조직은 평직이지만 셔닐사의 털이 직물의 표면에 나타나 파일 직물과 같은 효과를 나타낸다.
④ 타월직물
  ㉠ 타월직물(테리 클로스) : 일종의 경파일 직물이지만 그 제조는 다른 파일직과는 다른 독특한 방법이 사용된다.
  ㉡ 벨로아 : 테리 클로스의 변화 조직으로 클로스의 파일을 절단시킨 것으로 벨벳에 비해 밀도가 좀 작고 파일길이가 짧지만 유사한 표면 효과를 나타낸다.
⑤ 플로크 파일직물 : 바탕 옷감에 고압전기장을 이용하거나 접착제 바른 기포 위에 산포하면서 짧은 섬유를 식모(植毛)한다.
⑥ 터프트 파일직물 : 바탕 옷감에 바늘을 사용하여 파일을 심는다.

(6) 삼축(三軸)직물

① 장점
  ㉠ 인열강도가 크며, 안정성이 크고 잘 늘어난다.
  ㉡ 제조속도가 빠르며 아름답고 가볍다.
② 용도 : 풍선, 배의 돛에 사용하는 천, 외의(外衣) 등 공기압을 받는 옷감이나 수송용 또는 기타 산업용 재료로 적합하다.

(7) 축면류

① 진크레이프 : 진크레이프는 강연사를 사용하여 제직한 후 크레이프 가공한 것으로, 깔깔하고 신축성이 좋으며 구김도 덜 생기나 세탁에 의해 크게 수축된다. 종류에는 뉴톤, 오리엔탈 크레이프, 조젯 크레이프, 크레이프 드신, 팰리스 크레이프, 플래트 크레이프, 크레이프백 새틴이 있다.
② 크레이프직 : 직물 조직에 의해서 곰보 효과를 나타낸 것으로 축면직이라고도 한다. 표면이 오톨도톨하게 보이는 직물로서 오트밀이라고도 부른다.
③ 시어 서커 : 제직 시 2개의 경사빔을 사용하여 한쪽 빔의 경사의 장력을 늦추어 주면 늦추어진 경사는 직물 속에 여유있게(정상보다 1.5배 정도) 들어가서 그 부분은 파형을 만들며, 얻어진 직물은 요철 줄무늬를 이루게 된다. 여름에 몸에 붙지 않고 시원하며 다림질이 필요없다.

추가 설명

삼축직물
1960년대 말 미국 펜실베이니아의 다우에 의해 개발된 제직 방법으로 3개의 실(경사 둘, 위사 하나)이 60°를 이루면서 교차되는 직물이다.

추가 설명

축면류 : 직물의 표면이 평활하지 않고 오톨오톨하여 특별한 감촉을 주는 직물로 크레이프류 또는 측면류라고 한다.

추가 설명

조젯 크레이프
강연사를 사용하며, S선임 2올과 Z선임 2올씩을 교대로 경위사로 배열하여 평직으로 제직한 후에 정련하여 표면을 오톨도톨하게 만든 아주 얇은 직물이다.

02 편성물

1 편성물의 구조 및 특성

(1) 편성물의 구조

① 편성물의 정의 : 고리(코, loop)의 연결에 의해 이루어지는 옷감이다.
② 편성물의 편성에 사용되는 바늘 : 래치바늘과 탄성바늘, 래치바늘을 변형시킨 복합바늘의 세 가지가 있다.
③ 편성물의 고리방향 : 고리의 길이방향(직물에서의 경사)을 웨일(wale), 폭방향(위사)을 코스(course)라고 부른다. 위편성물은 한 가닥의 실로서 코스방향, 즉 가로로 고리가 연결되어지며, 경편성은 웨일방향, 즉 세로로 고리가 얽힌다.

> **추가 설명**
> 편성물의 게이지(gauge) : 직물에서의 밀도에 해당하는 것으로 편성기의 단위 너비 사이에 있는 편침 밀도이다. 게이지값이 클수록 편성물의 밀도는 커 조밀한 편성물이 된다.

(2) 편성물의 특성

편성물은 신축성이 크고 방추성이 우수하며, 유연하고 함기율이 큰 옷감으로 의생활의 간편화와 함께 수요가 증대되고 있다.

① 함기율 : 함기율이 대단히 크다. 편성물은 보온성이 좋고 통기성과 투습성이 좋아서 대단히 위생적인 옷감이다.
② 내추성 : 섬유와 실의 자유도가 커서 구김이 생기지 않으며 세탁 후에는 다릴 필요가 없다.
③ 유연성 : 편성물은 대단히 부드럽고 유연하다.
④ 신축성 : 느슨한 루프에 의해 편성되어 있으므로 직물보다 큰 신장이 생긴다.
⑤ 내마찰성 : 마찰에 의해 표면의 형태가 변하기 쉽고 마찰 강도가 약하다.
⑥ 컬업 : 편성물은 가장자리가 휘말리는 성질이 있는데, 이 때문에 편성물은 재단과 봉제가 어렵다.
⑦ 전선(傳線) : 한 루프가 끊어지면 사다리꼴로 코가 계속해서 풀리는 현상을 말한다.

> **추가 설명**
> 편성물의 특성 : 직물에 비해 제조속도가 빠르고 신축성이 좋으며, 가벼워서 몸을 덜 구속하므로 착용 시 부담을 느끼지 않는다.

2 위편성물과 경편성물

(1) 위편성물

① 위편성물의 편성 : 위편성물은 대바늘을 사용한 수편물을 그대로 기계화한 것인데, 원통상의 편성물을 짜는 환편기와 평면상의 편성물을 짜는 횡편기의 두 종류가 있다.
② 위편성물의 조직 : 편성물은 코의 연결 방법에 따라 평편, 고무편, 펄편의 기본 조직과 여러 가지 변화 조직이 있으며, 조직에 따라 그 성능이 다르다.
  ㉠ 펄편 : 평편에서의 이면의 코스가 한 줄씩 교대로 나타나게 한 조직으로 웨일(경) 방향의 신축성이 좋아 아기들의 옷에 적합하다.
  ㉡ 평편(저지) : 편성물의 가장 기본적인 조직으로서 다른 편성물에 비해 가볍고, 편성속도가 빨라 스웨터, 셔츠, 양말 등에 널리 사용된다.
  ㉢ 고무편 : 코의 웨일이 표리에 교대로 나타나는 조직으로, 코스(위)방향의 신축성이 대단

> **추가 설명**
> 위편성물과 경편성물
> • 위편성물 : 한 가닥의 실이 고리를 엮으면서 좌우로 왕래하여 평면상의 편성물을 만들거나, 원통상의 편성물을 만드는 것
> • 경편성물 : 많은 경사를 이용하고, 이들 경사들이 고리를 만들면서 좌우에 있는 실을 엮어 만드는 편성물

히 크고 두터운 편성물이 얻어지므로 셔츠의 소매끝이나 장갑의 손목 등에 이용된다.
- ㉣ 양면편 : 두 개의 1×1 고무편을 표리에 복합한 조직이다.
- ㉤ 레이스편 : 코를 옆 웨일의 코에 합쳐서 걸어 편성하는 조직으로 많은 공간이 생긴 편성물을 얻을 수 있다.
- ㉥ 부편 : 코스 도중에서 코를 만들지 않고 띄우는 편성 조직으로서 무늬를 표현하는 데 사용한다.
- ㉦ 턱편 : 한 코스의 코를 다음 코스의 코와 합쳐서 그 다음 코에 거는 조직으로 표면에 변화가 생기고 다공성이며 두껍고 내구성이 큰 편성물을 얻을 수 있다.
- ㉧ 편성파일 : 파일 직물과 외관상 거의 같고 제조가 빠르며, 파일직물보다 유연하다.
- ㉨ 자카드편 : 여러 색깔의 무늬 표현을 위해 자카드(Jacard)편성기가 사용된다.

(2) 경편성물

① 경편성물의 편성 : 직물의 경사와 같이 배열된 많은 수의 경사를 코로 서로 얽어서 편성하는 것으로, 코가 좌우로 비스듬히 지그재그형으로 진행되어 만들어진 것이다.

② 경편성물의 종류 : 대표적인 것이 트리코이며 이외에 라셀, 밀라니즈, 심플렉스 등이 있다.
- ㉠ 트리코 : 경편성물의 대표라 할 수 있으며, 위편성물에 비하여 밀도가 치밀하나 신축성과 벌키성은 낮다. 실용적인 측면에서 볼 때 형체안정성과 뜯김, 마모성 등 내구성과 강도가 위편성물에 비해 높으며, 촉감이 부드럽고 평활하며, 가볍고 드레이프성이 우수하다.
- ㉡ 라셀(raschel) : 래치바늘, 탄성바늘, 복합바늘을 사용하여 베일이나 레이스와 같은 얇은 것부터 파일편까지 다양하게 편성하여 다양한 형태의 무늬를 얻을 수 있다.
- ㉢ 심플렉스(simplex) : 더블 트리코로 싱글 트리코편을 2겹 겹쳐 제작한 편성물로서 벌키성이 크고, 형체안정성과 내전선성(耐傳線性)이 트리코보다 우수하다.
- ㉣ 밀라니즈(milanese) : 트리코보다 조직이 균일하고 신축성이 좋으며 표면이 매끄러우나 편성 기구가 복잡하고 재편 속도가 느리다.

03 부직포, 펠트 및 기타 피복 재료

1 부직포와 펠트

(1) 부직포

① 부직포의 정의 : 부직포는 섬유로부터 직접 만들어진 옷감으로 방적, 제직, 편성을 거치지 않고 또는 기계적인 처리에 의하여 섬유를 시트(sheet)상으로 접착시켜 만든 옷감이다.

② 부직포의 제조
- ㉠ 웹형성 : 섬유를 얇은 시트 상태로 만들어 주는 공정이다. 웹을 만드는 방법에는 방적

추가 설명

고무편 : 코스(위)방향의 신축성이 대단히 크고 두터운 편성물이 얻어지므로 셔츠의 소매끝이나 장갑의 손목 등에 이용된다.

경편성물의 특성 : 많은 바늘이 동시에 코를 만들기 때문에 피륙의 제조 방법 중 가장 속도가 빠르다.

트리코와 라셀 : 트리코가 가늘고 균일한 실을 사용하는 데 반하여 라셀은 장식사 등 모든 복잡한 실을 사용하여 다양한 편성물을 얻을 수 있다.

에서와 같은 카드를 사용하여 만든 웹을 적당한 두께로 포개는 방법과, 면방적에서와 같이 타면기에서 개면된 섬유를 바람으로 날려서 게이지 롤러(gauge roller)의 표면에 흡착하여 필요한 두께의 섬유층을 만드는 방법이 있다.

  ⓒ 접착
- 수지접착 : 접착제로서는 천연고무 라텍스, 합성고무 라텍스, 요소나 멜라민 수지, 아크릴 수지 등 여러 가지가 사용된다.
- 열융착 : 열융착에 의하여 부직포를 만들 때에는 원료섬유에 쉽게 융해되는 열융착용 섬유를 혼합하여 웹을 만들고 열처리를 하게 되는데, 열융착용 섬유로는 폴리염화비닐(P.V.C.), 미연신 폴리에스테르, 폴리에틸렌 등이 사용된다.
- 니들펀치 : 가시가 달린 바늘로 웹을 무수히 찔러 섬유를 얽어서 웹을 고정하는 방법이다.
- 수류(水流)세트법 : 바늘 대신에 고압의 물을 분사하여 섬유를 얽히게 하여 부직포를 만드는 방법이다.

 ③ 부직포의 용도 : 간이복, 실험복, 수술복, 비옷 등의 1회용 의복, 심감, 안감, 브래지어 등 의복의 부품, 라미네이트(laminate), 연마포, 여과포, 실내장식과 가구 등에 사용되며, 근래에는 방한용 충전재, 인조피혁의 형태로 된 제품도 생산되고 있다.

(2) 펠트
① 펠트의 정의 : 펠트란 섬유에서 실을 거치지 않고 섬유를 직접 얽어서 옷감의 형태로 만든 것이다.
② 펠트의 제조 : 모섬유의 스케일에 의한 축융성을 이용한 것이다.
③ 용도 : 탄력성이 있으나 두껍고 강경하고, 직물에 비해 인장과 마모에 약하므로 모자, 의복의 장식, 보온재, 여과포, 연마포 등의 공업용으로 사용된다.

3 기타 피복 재료

(1) 가죽과 모피
① 천연피혁
  ㉠ 피혁의 구조 : 콜라젠(collagen)이라는 섬유상 단백질이 콜라젠 섬유를 만들고 이 섬유가 마치 부직포처럼 얽혀 있는 것이다.
  ㉡ 피혁의 특징
- 피혁의 비중은 1.0 정도로 비교적 가볍고 강도와 신도가 크며, 가공에 따라 우수한 촉감을 가진다. 흡습·투습성이 크며, 흡수하면 팽윤되고 딱딱해질 수 있다.
- 통기성이 적고 열전도성이 낮아 보온 및 방풍에 효과적이다. 젖은 상태의 가죽을 열 건조하면 수축·변형이 일어날 수 있다.

② 인조피혁
  ㉠ 의피 : 의피는 투습성, 내마모성, 인열강도 등이 천연피혁보다 부족하다. 따라서 가

추가 설명

부직포의 특성
- 형체안정성이 좋다.(탄성과 리질리언스가 좋아서)
- 봉제 가공이 용이하다.
- 직물과 같이 절단된 부분에서 실이 풀어지지 않는다.(솔기처리를 따로 하지 않아도 된다)
- 가볍고, 통기성이 좋으며 보온성이 좋다.
- 화학적으로 안정하다.

추가 설명

부직포의 문제점
- 유연성이 부족하다.(드레이프성이 좋지 못하다)
- 강도가 부족하고 마찰에는 약하다.
- 내후성이 좋지 못하다.(일광에 강도가 감소)

추가 설명

의피
합성수지 피복포로서 면 또는 화학섬유로 된 바탕천 위에 폴리염화비닐, 폴리아미드, 폴리우레탄 등의 합성수지의 피막을 피복한 것이다.

구, 가방, 비옷, 코트 등에 사용된다.
ⓒ 합성피혁 : 미국 듀퐁사에 코팜의 개발로 여러 가지 합성피혁이 생산되고 있는데, 동물 피혁과 같이 다공성이어서 통기성·투습성을 가지고 있는 것으로서, 포로메릭(poromaric)이라고 부른다.
③ 모피 : 동물의 가죽을 털이 붙은 그대로 후처리하여 옷감으로 사용하는 것이다.

(2) 기타 재료

① 접합포 : 2매 또는 그 이상의 직물, 또는 다른 옷감류를 접착시켜 얻어진 천을 접합포라고 한다.
  ㉠ 접착제를 사용하여 접착시키는 방법과 가스불로 용융접착시키는 방법이 있다.
  ㉡ 장·단점 : 값싸게 특성있는 옷감을 얻을 수 있는 장점이 있으나 유연성이 줄어들고 사용 도중 접착된 두 옷감이 분리된다.
② 누비천 : 누비천은 두 개의 옷감 사이에 솜, 매트나 폼(foam)층을 넣어 만드는 것으로 열가소성 섬유에 있어서는 재봉사로 봉합하는 방법 외에 고주파 에너지 발생장치로도 접합할 수 있다.
③ 솜과 폼
  ㉠ 솜 : 솜에는 면, 재생면, 견, 인조섬유 등이 다양하게 쓰일 수 있다.
  ㉡ 폼 : 직경의 0.5~1mm의 미세한 기포를 천연고무 또는 폴리우레탄 중합체내에 분산시킨 다공성 물질로, 스펀지(sponge)라는 용어가 일반화되어 있다.
④ 투습방수포 : 투습방수포는 우수한 방수성을 가지면서도 통기성과 투습성을 가진 옷감으로 등산, 스키, 방한복 등의 좋은 소재로 사용되고 있다.
⑤ 스티치본드 : 웹이나 실을 펼쳐 놓고 꿰매어 만든 옷감을 스티치본드라고 한다.

추가 설명

모피의 특성
- 가볍고 부드러우며, 탄력성이 풍부하다.
- 관리만 잘하면 내구력도 우수하다.
- 촉감이 좋고, 보온 효과가 모든 옷감 중 가장 우수하다.
- 장식적인 효과가 크다.
- 보관에서 습기, 해충, 화기, 열 등을 피해야 한다.

추가 설명

솜에 쓰이는 종류
- 면 : 압축탄성이 좋은 것이 좋다. 원면에 상당량의 낙면을 섞어서 만든다.
- 재생면 : 방적·봉제 공정에서 나오는 면사, 레이온 부스러기 등을 회수하여 만든 것이다.
- 견 : 부잠사 또는 폐견을 이용하여 만드는데, 면에 비해 가볍고 따뜻하며 리질리언스도 좋지만 비싸다. 풀솜이라고 한다.
- 인조섬유 : 폴리에스테르가 가장 성능이 좋다. 합성섬유 솜은 면솜에 비해 가볍고 리질리언스도 좋으며 세탁도 가능하다.

실전예상문제

1   다음 중 옷감의 구성 방법이 나머지 셋과 다른 옷감은?

① 브레이드   ② 편성물   ③ 부직포   ④ 레이스

> **해설** 옷감의 구성방법에 따른 분류
> - 실로 만든 옷감 : 직물, 편성물, 레이스, 브레이드
> - 섬유로부터 직접 구성된 옷감 : 펠트, 부직포
> - 원료중합체로 직접 만든 옷감 : 플라스틱 필름, 인조가죽, 스폰지(폼)

2   다음 중 섬유에서 실을 거치지 않고 섬유로부터 바로 만든 옷감으로, 의복의 심감으로 널리 쓰이는 것은?

① 레이스   ② 부직포   ③ 폼   ④ 브레이드

> **해설** 문제 1번 해설 참조

3   다음 중 옷감의 구성 방법이 다른 세 가지와 다른 하나는?

① 플라스틱 필름   ② 브레이드   ③ 인조가족   ④ 스폰지

> **해설** 문제 1번 해설 참조

4   다음 중 펠트와 부직포의 옷감 제조방법에 있어서 공통점은?

① 섬유로부터 직접 만든다.
② 섬유에서 실을 만든 후 가공하여 제조한다.
③ 원료중합체를 녹여 만든다.
④ 섬유와 중합체를 혼합하여 제조한다.

> **해설** 문제 1번 해설 참조

5   의류 소재 중 직물에 비해 편성물의 장점은 무엇인가?

① 신축성이 좋아 편성물 의류를 착용하면 구속감이 없고 활동이 자유롭다.
② 단단한 옷감을 얻을 수 있다.

정답   1. ③   2. ②   3. ②   4. ①   5. ①

③ 함기율이 적으므로 여름용 소재에 적합하다.
④ 직물에 비해 형태유지가 잘 되며 다림질이 필요하지 않다.

해설 편성물은 한 올 또는 여러 올의 실의 바늘에 의해 고리를 만들면서 연결되어 이루어진 옷감을 말한다. 직물 다음으로 많이 쓰이는 옷감이고, 의생활의 간편화와 함께 수요가 증대되었다. 편성물은 제조 속도가 직물에 비해 매우 빠르며, 다공성이고 유연하다. 또한 신축성도 크고 구김이 잘 안생긴다.

6 다음의 〈보기〉에서 설명하고 있는 의류 소재는 어떤 것인가?

> **보기** 한 올 또는 여러 올의 실의 바늘에 의해 고리를 만들면서 연결되어 만들어지는 옷 감으로 직물에 비해 제조 속도가 매우 빠르고 신축성이 크고 다공성이며 유연하다.

① 편성물   ② 펠트   ③ 부직포   ④ 브레이드

해설 문제 5번 해설 참조

7 다음 중 신축성이 크고 구김이 잘 생기지 않으며 제조 속도가 빠르고 다공성이며 유연한 옷감은?

① 합성수지로부터 직접 시트(sheet)상으로 만든다.
② 양모의 축융성에 의해 만든다.
③ 바늘에 의해 실이 고리를 이루면서 만든다.
④ 섬유에서 바로 만든다.

해설 문제 5번 해설 참조

8 다음 중 펠트와 부직포의 차이점으로 적합한 것은?

① 펠트는 부직포에 비해 얇고 부드럽다.
② 펠트는 축융성에 의해, 부직포는 접착제나 열용융 접착에 의해 옷감으로 된다.
③ 펠트는 합성섬유를, 부직포는 천연섬유를 주로 사용한다.
④ 펠트는 섬유에서, 부직포는 중합체에서 바로 만든 옷감이다.

해설 펠트는 양모의 축융성에 의해 양모 또는 양모와 다른 섬유와의 혼합물을 압축과 가온하에서 문지르면 섬유가 얽혀서 옷감이 된다. 그리고 부직포는 섬유로 얇은 시트를 만들고 이 피막 상태의 섬유 집합체를 접착제나 가열에 의한 용융 접착에 의하여 고착시킨 것이다.

9 다음 중 옷감의 드레이프성에 가장 큰 영향을 미치는 재료의 성질은?

① 내추성 ② 강연성 ③ 필링성 ④ 탄성회복률

> **해설** 드레이프성 : 옷의 외형을 이루는 자연스러운 곡선의 아름다움을 나타내는 특성이다. 강연성이 큰 직물은 드레이프성이 좋지 않다.

10 다음 중 강연성(剛軟性)에 대한 설명으로 적합한 것은?

① 옷감이 뻣뻣한가 부드러운가의 정도이다.
② 옷감의 조직에 따른 보온성의 정도이다.
③ 편성물과 직물의 구조를 나타낸다.
④ 옷감이 두꺼운가 얇은가를 나타낸다.

> **해설** 옷감의 강연성은 그 옷감이 뻣뻣한가, 부드러운가의 정도를 나타내는 성능으로 옷감의 촉감과 드레이프성에 영향을 미친다.

11 다음 중 내추성을 측정하기에 가장 적합한 방법은?

① 할로테스트 ② 스프레이 테스트 ③ 개각도법 ④ 산소지수법

> **해설** 내추성 : 옷감의 구김을 막는 성질, 혹은 구김에 견디는 정도를 말한다. 내추성의 평가에는 개각도법이 간단하여 널리 쓰이는데 시험편(24cm)의 중간을 접은 스테인리스판에 끼우고 이 스테인리스판을 플라스틱판 사이에 넣어 일정한 무게(500g)의 추를 올려 놓는다. 일정 시간(5분) 후에 하중을 제거하고, 접었던 시료를 철사 등에 걸어 그 벌어진 각도를 재어 방추율을 계산하는 것이다. 즉 완전히 펴졌을 때를 180도로 보고 개각도가 크면 그 옷감을 잘 구겨지지 않는 것을 의미하는 것이다.

12 다음 중 옷감의 내추성에 대한 설명으로 옳은 것은?

① 옷감의 변형 방지에 관계되는 특성이다.
② 옷감의 뻣뻣한 정도를 말하며 초기탄성률에 영향을 받으며, 탄성률이 큰 것이 부드럽다.
③ 옷의 외형을 이루는 특성으로 옷감의 강연성, 무게에 따라 달라진다.
④ 구김에 대한 성질로 옷감을 구성하는 재료의 탄성과 리질리언스에 따라 달라진다.

> **해설** 옷감에 구김이 생기는 정도는 일차적으로 재료 섬유의 탄성과 리질리언스의 영향을 받는다. 두꺼운 옷감이 얇은 옷감에 비해 내추성이 좋으며, 첨모직물, 기모가공된 직물이 내추성이 좋다.

정답 6.① 7.③ 8.② 9.② 10.① 11.③ 12.④

13 다음 중 옷감의 내추성을 개각도법에 의해 측정했을 때 개각도가 큰 직물의 특성은?
① 오래 사용할 수 있다.　　　　　　② 구김이 잘 생기지 않는다.
③ 구김이 잘 생긴다.　　　　　　　④ 뻣뻣하지만 매끄럽다.

해설 문제 11번 해설 참조

14 다음 중 옷감의 인열강도에 대한 설명으로 가장 적합한 것은?
① 옷감을 찢는 데 필요한 힘으로 나타내며, 코팅한 직물의 성능을 측정하는 데 사용된다.
② 직물이나 편성물에서 섬유나 실이 빠져나와 탈락되지 않고 표면에 뭉쳐 있는 정도를 시험하는 데 쓰인다.
③ 옷감의 항장력을 나타내는 것으로 직물 조직에 특히 영향을 많이 받는다.
④ 옷감이 터지는 데 드는 힘의 크기로, 각 방향으로 힘을 고루 받아야 하는 자루 등을 만들 천의 성능을 말한다.

해설 인열강도 : 옷감을 찢는데 필요한 힘으로 나타낸 것으로 코팅한 직물의 성능을 측정하는 등 역학적 특성 중의 하나로, 측정법에는 텅(tongue)법, 트래피조이드(trapezoid)법이 있다.

15 다음 중 옷감의 성능에 대한 설명으로 옳지 않은 것은?
① 인장강도는 옷감을 찢는 데 필요한 힘으로 나타낸다.
② 흡수성은 옷감이 물을 흡수하는 성능이다.
③ 드레이프성은 의복을 제작하였을 때의 자연스러운 곡선을 나타내는 성능이다.
④ 강연성은 옷감의 부드러움과 뻣뻣함을 나타내는 성능이다.

해설 옷감을 찢는 데 필요한 힘은 인열강도이다.

16 다음 중 시료를 원형의 클램프로 고정시킨 후 옷감 밑에 있는 고무막을 유압으로 팽창시켜 시료가 파열될 때의 힘으로 측정하는 옷감의 성능은?
① 내추성　　　　② 내연성　　　　③ 파열강도　　　　④ 인열강도

해설 파열강도의 측정 방법 : 시료를 원형의 클램프로 고정시킨 후 옷감 밑에 있는 고무막을 유압으로 팽창시켜 시료가 파열될 때의 힘으로 측정하는 방법이다.

17 다음 중 옷감의 함기율에 대한 설명으로 옳은 것은 어느 것인가?

① 옷감을 통해 공기가 투과되는 성질과 두께 사이의 상관관계
② 옷감의 전체 부피에 대한 공기가 차지하고 있는 부피의 백분율
③ 열전도율에 따라 변화하며, 실험복 등에서 필수적인 성질
④ 옷감의 두께에 따라 변화하며, 함기율과 옷감의 보온성은 반비례함.

해설 함기율 : 기공도(porosity)로 나타내는 것이 일반적이다. 함기율은 옷감의 보온성, 투기성, 투습성과 밀접한 관계를 가지고 있으며, 옷감의 위생적 성능으로 특히 중요하여 피복의 쾌적성에 영향을 크게 미친다. 함기율은 옷감의 전체 부피에 대한, 공기가 차지하고 있는 부피의 백분율로 표시한다.

18 다음 중 직물을 뜨거운 롤러 사이로 통과시킴으로써 다림질한 것과 같이 매끄럽고 윤이 나게 하는 가공은?

① 기모가공　　② 머서화가공　　③ 캘린더링　　④ 방축가공

해설 캘린더링 : 직물을 뜨거운 롤러 사이로 통과시킴으로써 다림질한 것과 같이 매끄럽고 윤이 나게 만들어 주는 공정이다.

19 다음 중 기모가공된 옷감의 성능으로 가장 적합한 것은?

① 따뜻하고 부드러움　　② 빳빳하고 얇음　　③ 부드럽고 광택있음　　④ 매끈하고 단단함

해설 기모가공 : 옷감 표면의 털을 일으켜 세워 촉감을 부드럽게 하는 가공법으로 기모직물은 손맛이 따뜻하고 부드러우며, 발수성이 증가되고 방오성도 향상되므로 면, 모직물뿐 아니라 폴리에스테르 등 합성섬유 옷감에도 널리 행해진다. 융이라고 알려져 있는 면플란넬이 대표적인 기모직물이다. 피치스킨 가공이 대표적이다.

20 다음 중 기모가공을 한 옷감의 특성에 해당하는 것은?

① 옷감 표면이 매끈해지며, 광택이 좋아진다.
② 면플란넬(융)은 기모가공 제품의 하나이며, 투명한 옷감이다.
③ 옷감에 부드러움과 따뜻함을 주며, 방수성이 증가된다.
④ 발수성과 방오성은 저하되지만 내구성이 커진다.

해설 문제 19번 해설 참조

정답 13.❷　14.❶　15.❶　16.❸　17.❷　18.❸　19.❶　20.❸

21 다음 중 기모가공에 대한 설명으로 가장 적합한 것은?

① 부직포를 만드는 방법으로 발수성이 증가되고 방오성도 향상된다.
② 펠트를 만들 때 사용하는 가공법으로 모직물을 축융가공하는 것이다.
③ P.P 가공이 대표적이며, 수축을 방지하지만 내구성이 나쁘다.
④ 피치스킨 가공이 대표적이며, 손맛이 따뜻하고 부드럽다.

해설 문제 19번 해설 참조

22 다음 중 주로 면, 마, 인견 등의 셀룰로스 섬유제품을 물리적으로 수분과 열, 압력을 가하여 강제로 수축시키고 처리 후 직물의 수축률이 ±1% 이하가 되는 가공은?

① 샌퍼라이징　　② 기모가공　　③ 발수가공　　④ 퍼머넌트 프레스

해설 면, 마, 인견 등의 셀룰로스 섬유제품은 옷감제조 과정에서 받은 장력 때문에 사용 중에 점차로 치수가 줄어들게 된다. 샌퍼라이징은 의복을 만들기 전에 직물을 물리적으로 수분과 열, 압력을 가하여 강제로 수축시켜 더 이상 수축이 되지 않도록 하는 가공방법으로, 이 가공을 하면 직물의 수축률은 ±1% 이하가 된다.

23 다음 중 옷감의 수축을 방지하기 위한 가공에 해당되지 않는 것은?

① 런던 슈렁크　　② 염소 처리법　　③ 퍼머넌트 프레스 가공　　④ 샌퍼라이징

해설 ①, ②, ④는 방축가공이고, ③은 구김방지가공이다.

24 다음 중 방추가공에 대한 설명으로 알맞은 것은?

① 수지를 사용하여 섬유 분자 사이에 가교를 만들어줌으로써 탄성을 좋게 한 것이다.
② 옷감의 표면을 기모기로 긁어 털을 일으키는 가공으로 손맛이 따뜻하고 부드럽다.
③ 레이온이나 양모섬유의 수축 방지를 위해 물리·화학적 처리를 하는 것이다.
④ 모직물이 제직 과정에서 탄력을 받아 늘어나는 것을 안정화시킨 것이다.

해설 방추수지가공 : 수지가공에 의해 섬유내 비결정부분에 열고정성 수지가 분자간 가교를 형성하여 탄성, 내추성, 방축성 등을 향상시키는 가공이다. ②는 기모가공, ③은 방축가공, ④는 런던 슈렁크 가공에 대한 설명이다.

25 다음의 가공방법 중 그 목적이 다른 하나는?

① 듀어러블 프레스 가공　　② 리플 가공　　③ 퍼머넌트 프레스 가공　　④ 방추수지가공

[해설] 수지를 사용하여 섬유분자 사이에 분자간 가교를 만들어주면 방추성이 향상된다. 퍼머넌트 프레스 가공은 피피(P.P.)가공, 듀어러블 프레스(D.P.)가공으로 알려져 있다. 피피가공이 된 옷은 세탁 후 다리지 않아도 입을 수 있는데 이를 워시 앤 웨어(W&W)성이라고 한다.

26 다음 중 아주 가는 실로 짠 고밀도 직물이 발수성능을 나타내는 원리에 대한 설명으로 적합한 것은?

① 매끈하므로 물이 스며들지 못하며, 발수성능이 크다.
② 가는 실이 사용되었으므로 재귀반사가 일어나 발수성이 우수하다.
③ 직물의 틈이 외부의 물은 들어오지 못하고 신체 내부의 땀을 내보낼 수 있는 정도의 크기이다.
④ 실이 많이 사용되었으므로 외부의 물이 스며들지 않는다.

[해설] 발수성 소재 : 물은 스며들지 않고 구르지만 직물 자체는 통기성을 가지고 있다.

27 다음 중 의류소재가 불에 잘 타지 않게 하거나 불이 쉽게 옮겨붙지 않도록 하는 가공은?

① 방염가공　　　② 방축가공　　　③ 방수가공　　　④ 방오가공

[해설] 방염가공 : 잘 타지 않고, 불꽃 발생을 방지하는 가공이다. 의복이나 실내장식용 섬유제품에 대한 내연성이 중요시됨에 따라 방염가공이 크게 발전되었다. 특히 화재가 일어났을 때 섬유제품으로 인한 유독가스의 발생 등이 문제가 된다. 선진국에서는 어린이의 잠옷 또는 노인 아파트의 실내장식품 등에 내연성이 있는 옷감을 사용하도록 규정하고 있으며 우리나라에서도 일정 규모 이상의 건물 등에는 방염가공된 제품을 사용하도록 규제하고 있다.

28 어린이용, 노인용 의복이나 실내 장식용 섬유 제품에서 중요시되고 있으며 화재가 났을 때 섬유 제품으로 인한 유독 가스가 발생될 수 있는 곳에 적용할 수 있는 가공은?

① 털 태우기　　　② 축융가공　　　③ 방오가공　　　④ 방염가공

[해설] 방염가공의 특징
- 어린이용, 노인용 의복이나 실내 장식용 섬유 제품에서 중요시되고 있다.
- 화재가 났을 때 섬유 제품으로 인한 유독 가스가 발생될 수 있는 곳에 적용할 수 있다.
- 옷감에 처리하면 산소가 차단되어 불꽃 발생을 방지하여 잘 타지 않는다.

29 다음 중 위생 가공한 의류 소재의 성능에 대한 설명으로 옳은 것은?

① 대전을 방지하여 오염되는 것을 막아준다.　　② 불에 잘 타지 않는다.
③ 병균의 번식 억제와 냄새 방지 효과가 있다.　　④ 표면이 매끈해지며 부드럽다.

정답　21. ④　22. ①　23. ③　24. ①　25. ②　26. ③　27. ①　28. ④　29. ③

해설 **위생가공** : 섬유제품에 대해 곰팡이의 발생과 땀, 오염에 의한 나쁜 냄새의 발생을 방지하거나, 흡습성이 적은 섬유의 흡수성을 증가시키는 가공 등을 말한다.

30 다음 중 섬유제품에 대해 곰팡이의 발생 및 땀, 오염에 의한 악취 발생을 방지하는 가공은?
① 방축가공 ② 오염가공 ③ 방충가공 ④ 위생가공

해설 문제 29번 해설 참조

31 다음 중 내의나 양말, 행주 등에 널리 행해지는 위생가공의 효능으로 알맞은 것은?
① 전기전도성 증대 ② 방축 및 방추성 부여 ③ 내구성 향상 ④ 항균방취 성능 부여

해설 위생가공이란 항균, 방취, 소취성을 부여하는 가공이다.

32 다음 중 알칼리 감량 가공의 효과로 알맞은 것은?
① 모직물에 좀의 침식을 방지할 수 있는 효능이 있다.
② 옷감이 무거워지므로 방탄복에 널리 쓰인다.
③ 폴리에스테르의 투습성이 향상되므로 위생적인 의복 소재가 된다.
④ 폴리에스테르의 촉감이 향상되어 천연견과 비슷하다.

해설 알칼리 감량 가공을 한 폴리에스테르는 천연 견에 가까워진다.

33 다음 베틀(직기)의 부품들 중 배열된 경사를 아래위로 벌려서 위사가 투입되는 개구를 만들어 주는 장치는?
① 직물홍두깨(직물법) ② 잉아(종광) ③ 북(래피어) ④ 바디

해설 **종광(잉아)** : 배열된 경사를 아래 위로 벌려서 위사가 투입되는 개구를 만들어 주는 장치이다.

34 다음 중 개구가 만들어지며 이 개구를 통해 위사가 통과되고 경·위사가 교차되면서 필요한 직물 조직이 만들어지는 제직 과정은?
① 종광 ② 경사빔 ③ 바디침 ④ 북

[해설] 직물을 만드는 직기에는 종광틀이라는 것이 있는데, 이 종광틀은 상하로 운동하게 되어 있어 개구가 만들어지며, 이 개구를 통해서 위사가 통과되고 경·위사가 교차되면서 필요한 직물조직이 만들어지는 것이다.

35 개구의 형성 → 북침 → 바디침으로 이루어지는 제직 과정 중 북침 과정에서는 어떤 작용이 이루어지는가?

① 투입된 위사를 직물이 짜여진 곳까지 밀어붙인다.
② 개구 사이로 위사를 통과시킨다.
③ 경사들이 짝을 이루어 북길을 만든다.
④ 종광이 경사를 들어 올린다.

[해설] 북침과정은 개구 사이로 위사를 통과시키는 과정이다.

36 위사가 경사를 엮을 수 있도록 필요한 종광을 상하로 움직여 경사층 사이를 열어주는 직물 제직 과정은?

① 개구의 형성 ② 바디침 ③ 경사의 송출 ④ 북침

[해설] 개구의 형성 : 위사가 경사 사이를 엮을 수 있도록 필요한 종광 및 종광틀을 상하로 움직여 경사층 사이를 열어주는 것이다.

37 다음 직물을 만드는 제직 과정 중 '바디침' 공정에 대한 설명으로 옳은 것은?

① 북에 짜여진 직물을 감는다.
② 경사 사이로 엮어진 위사를 경사와 직물의 경계점인 직전까지 밀어준다.
③ 개구 사이로 위사를 통과시킨다.
④ 경사층 사이를 열어준다.

[해설] 바디침은 북침운동에 의해 경사 사이로 엮어진 위사를 경사와 직물의 경계점인 직전까지 밀어주는 것이다.

38 다음 중 직물의 구조에 대한 설명으로 옳은 것은?

① 가공이나 세탁 후 위사방향으로 더 많이 수축된다.
② 직물의 경사방향은 위사방향에 비해 강도는 약하고 부드럽다.

정답 30.④ 31.④ 32.④ 33.❷ 34.❶ 35.❷ 36.❶ 37.❷ 38.④

③ 위사는 풀을 먹여 사용해야 하며, 경사보다 가는 것이 일반적이다.
④ 경사는 위사보다 꼬임이 많고 강한 실을 사용한다.

해설 경사(날실)는 직물의 변 또는 길이 방향에 평행하게 배열된 세로 방향의 실이고, 위사(씨실)는 직물의 폭방향으로 걸쳐진 가로 방향의 실이다. 직물의 위사 방향은 경사 방향에 비해 강도는 약하며, 신축성이 크고, 경사는 위사에 비해 꼬임이 많은 실이 사용되므로, 경사 방향이 위사 방향보다 경직된다. 또한 제직 시에 경사는 장력을 받고, 그후의 정리 · 가공 시에도 주로 경사 방향에 장력이 작용하고 있기 때문에 완성된 직물은 경사 방향으로 더 많이 수축된다.

39 다음 중 직물의 경사방향에 대한 설명으로 옳은 것은?

① 직물의 폭이 경사방향이다.
② 직물은 경사방향으로 더 많이 수축된다.
③ 경사로는 다양한 굵기와 실을 쓰기가 쉽다.
④ 경사방향은 항상 위사방향보다 유연하다.

해설 문제 38번 해설 참조

40 다음 중 직물에서 식서(selvage)의 역할은?

① 원재료와는 다른 섬유를 사용해야 한다.
② 직물의 가격은 식서에 따라 결정된다.
③ 직물의 짜임새, 즉 촘촘한 정도를 나타낸다.
④ 제직, 가공, 정리시에 양쪽에서 당기는 힘에 견딘다.

해설 식서 : 직물 가장자리에 5mm 정도의 너비를 가진 촘촘한 부분으로 직물의 제직, 가공, 정리시에 양쪽에서 당기는 힘은 이 부분에 걸리게 된다.

41 다음의 〈보기〉와 관계가 가장 깊은 것은?

보기 직물의 짜임새를 나타내는 것으로 1인치 평방에 들어 있는 경사와 위사의 수이다.

① 직물의 밀도   ② 직물의 폭   ③ 직물의 혼용률   ④ 직물의 두께

해설 직물의 밀도 : 그 직물의 짜임새를 나타내는 것이므로 피륙의 내구성을 결정짓는 중요한 요인이 된다. 촘촘하게 짜여진 직물은 느슨하게 짜여진 직물에 비해 더 많은 실이 사용되었으므로 단단하며, 세탁시 덜 수축되고, 형체유지도 잘 되며, 솔기부분이 미끄러져 터지는 일이 적다. 직물의 밀도는 보통 1인치 평방에 들어 있는 경사와 위사의 수로 경사밀도와 위사밀도를 표시하며, 때로 그 합으로 표시되기도 한다.

42 다음 중 직물의 밀도에 대한 설명으로 틀린 것은?

① 밀도가 큰 직물은 촘촘함
② 일정한 면적의 직물 내에 들어 있는 경·위사의 수
③ 직물의 짜임새를 표시
④ 경·위사에 사용된 실의 굵기

해설 문제 41번 해설 참조

43 다음 중 직물의 밀도가 클 때 나타나는 현상으로 적합한 것은?

① 부드럽고 드레이프성이 좋으며, 염색이 용이하고 여러 가지 색을 얻을 수 있다.
② 솔기가 잘 미끄러지지만 구김은 생기지 않는다.
③ 기공도가 크고 가장자리가 잘 풀린다.
④ 단단하고 강하며, 외의로 착용하면 바람을 막을 수 있다.

해설 문제 41번 해설 참조

44 다음 중 밀도가 큰 직물의 특성에 대한 설명으로 옳은 것은?

① 세탁시 덜 수축된다.
② 솔기부분이 잘 터진다.
③ 느슨하게 짜여져 있기에 단단하지 않다.
④ 세탁시 형체유지가 어렵다.

해설 문제 41번 해설 참조

45 다음 중 옷감의 밀도를 측정하는 데 편리하게 사용하는 장치는?

① 후도계   ② 직물분해경   ③ 의장지   ④ 천칭

해설 직물의 밀도측정에는 직물분해경(확대경)을 사용하는데 측정결과 1인치 평방에 경사 75올, 위사 70올이 들어 있으면 밀도는 경사밀도 75, 위사밀도 70으로 표시하거나 75×70으로 표시한다.

46 다음 중 직물의 삼원조직이란?

① 평직, 사직, 능자직   ② 능직, 사직, 중합직   ③ 평직, 능직, 수자직   ④ 평직, 수자직, 사직

정답 39.❷ 40.❹ 41.❶ 42.❹ 43.❹ 44.❶ 45.❷ 46.❸

해설 직물의 조직 중 기본이 되는 평직, 능직, 수자직을 삼원조직이라 한다.

47 다음 중 광목이나 깅엄 등 평직의 조직 특성으로 가장 알맞은 것은?
① 제직이 간단하며 튼튼하고 실용적이다.
② 직물 표면의 왼쪽 아래에서 오른쪽 위로 사선이 나타난다.
③ 조직점은 가능한 한 적게 하여 연결시킨다.
④ 매우 반짝거리며 아주 부드럽다.

해설 평직 : 조직점이 가장 많은 직물로, 광목, 깅엄, 니농, 당목, 덕, 디미티, 론, 보일, 브로드 클로스, 쉬엔퉁, 오건디, 옥스포드 등이 있는데, 평직의 특징은 다음과 같다.
- 조직점이 많아서 실의 자유도가 작으므로 구김이 잘 생긴다.
- 조직점이 많아서 경직하다.
- 제직이 간단하다.
- 표면이 좀 거칠고 광택이 나쁘다.
- 조직점이 많아서 강하고 실용적이다.
- 쉽게 변화하는 직물을 얻을 수 있다.
- 겉과 안이 동일하다.

48 평직물의 특성과 직물 예가 바르게 묶인 것은?
① 광택은 좋지만 마찰에 약함 — 공단
② 사문선이 있어 외관이 아름다움 — 데님
③ 광택이 좋고 부드러움 — 옥스퍼드
④ 제조 방법이 간단하고 튼튼함 — 광목

해설 문제 47번 해설 참조

49 직물의 삼원조직 중 평직에 대한 설명으로 가장 알맞은 것은?
① 조직점은 가능한 한 적게 하고 일정한 법칙에 따라 분산시킨다.
② 광택이 좋고 매우 부드럽다.
③ 제직이 간단하고 강하고 실용적이다.
④ 직물표면에 사문선이 있다.

해설 문제 47번 해설 참조

50 다음 직물들은 모두 밀도가 같다. 이들 중 조직점이 가장 많은 것은?
① 광목　　② 비니션　　③ 공단　　④ 서지

해설 조직점이 가장 많은 직물은 평직으로, ②, ③은 수자직, ④는 능직이다.

51 다음의 〈보기〉와 관계가 깊은 조직은?

보기 평직에 비해 실의 자유도가 커서 유연하며, 조직점이 사선 방향으로 연결되어 사문선을 나타낸다.

① 능직 ② 수자직 ③ 바스켓직 ④ 태비직

해설 능직(사문직) : 경사 또는 위사가 계속하여 2올 또는 그 이상의 올이 업·다운으로 교차되어 조직점이 사선 방향으로 연결되어 있어 조직점이 능선(사문선)을 나타내며, 이 능선이 위사와 이루는 각을 능선각이라 한다.

52 다음 그림과 같은 조직으로 된 직물의 특성으로 가장 알맞은 것은?

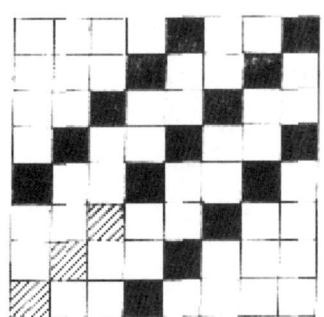

① 제직이 간단하다.
② 평직에 비해 유연하고 구김이 덜 생긴다.
③ 광택이 나쁘고, 마찰에 약하다.
④ 조직점이 많아 강하고, 실용적이다.

해설 능직의 특징
- 강도, 특히 마찰에 대하여는 평직보다 약하다.
- 표면이 평활하며 광택이 좋고 외관이 아름답고 더러움을 덜 탄다.
- 실의 자유도가 커서 직물이 유연하고 구김이 덜 생긴다.
- 같은 굵기의 실로 밀도가 큰 직물을 만들 수 있다.

정답 47.❶ 48.❹ 49.❸ 50.❶ 51.❶ 52.❷

53 능직의 장점이 아닌 것은?

① 마찰강도가 평직보다 강하다.
② 광택이 좋고 더러움이 덜 탄다.
③ 직물이 유연하고 구김이 덜 생긴다.
④ 같은 굵기의 실로 밀도가 큰 직물을 만들 수 있다.

해설 능직은 구김, 유연성, 광택 등은 평직보다 좋으나 마찰강도가 평직보다 약하다.

54 다음 중 수자직의 특성으로 볼 수 없는 것은?

① 마찰강도가 강하다.
② 구김이 덜 생겨 장식 효과가 좋다.
③ 광택이 좋고 매끄럽다.
④ 굴곡이 적고 부드럽다.

해설 수자직의 특징
- 조직점이 적고 띄엄띄엄 있으며, 실의 굴곡이 가장 적어서 부드럽고 매끄러워 광택이 좋다.
- 조직점이 적어서 구김이 덜 생기고 장식효과가 좋다.
- 강도 특히 마찰에 약해서 실용적이지 않다.
- 수자직물에는 공단, 도스킨, 비니션이 있다.

55 다음 중 수자직의 특성과 해당 직물이 바르게 짝지어진 것은?

① 같은 굵기의 실로 밀도가 큰 직물을 만들 수 있음 — 오건디
② 구김이 덜 생기고 장식효과가 좋으며 튼튼함 — 양단
③ 직물의 표면은 경사 또는 위사가 돋보이게 함 — 데님
④ 부드럽고 매끄러워 광택이 좋음 — 도스킨

해설 문제 54번 해설 참조

56 다음 중 수자직물의 특성에 대한 설명으로 적합한 것은?

① 대부분의 수자직물은 위수자이다.
② 강도 특히 마찰에 강하여 실용적이다.
③ 실의 굴곡이 적어서 부드럽고 매끄러워 광택이 좋다.
④ 구김이 잘 생긴다.

해설 문제 54번 해설 참조

57 다음 중 직물들의 밀도가 모두 같다면 조직점이 가장 적은 것은?

① 개버딘   ② 깅엄   ③ 광목   ④ 공단

해설 수자직은 1완전조직 내의 조직점이 가장 적으며, 실의 자유도가 크다. 물론 수자직, 능직에 비해 평직은 1완전조직 내의 조직점이 가장 많다. 조직점은 경·위사의 교차점이다. 수자직물에는 공단, 도스킨, 비니션이 있으며 ①은 능직, ②, ③은 평직물이다.

58 수자직의 경우 1완전조직에서 하나의 경사는 위사와 단 한번만 교차하는데, 이때 한 경사의 교차점과 다음 경사의 교차점과의 간격을 무엇이라고 하는가?

① 사문각   ② 매수   ③ 뜀수   ④ 사문선

해설 수자직의 1완전조직에서 한 경사는 위사와 단 한번 교차하며 조직점은 분산된다. 즉 조직점을 일정한 법칙에 따라 분산시키는데, 한 경사의 교차점과 다음 경사의 교차점과의 간격을 뜀수(counter)라고 한다.

59 다음 중 하나의 개구에 두 올 또는 그 이상을 함께 넣어 제직하는 것으로 위사방향 또는 경사방향의 이랑이 나타나는 것은?

① 사문직   ② 주자직   ③ 두둑직   ④ 주야 수자직

해설 두둑직 : 위사를 2올 또는 그 이상을 투입하면 위사방향의 이랑이 나타나고(경두둑직), 경사를 2올 또는 그 이상을 나란히 업·다운시키면 경사방향의 이랑이 나타난다(위두둑직).

60 다음 능직물 중 사문선의 방향을 변화시켜 청어뼈와 같은 모양의 무늬를 나타낸 것은?

① 서지   ② 데님   ③ 셰퍼드 체크   ④ 헤링본

해설 헤링본은 능직물 중에서 사문선이 일정한 간격을 두고 반대로 된 파능직으로 그 문양이 청어의 등뼈와 같다는 데서 생겨난 이름이다.

61 다음 중 바스켓직에 해당하는 직물은?

① 옥스포드   ② 버버리   ③ 오건디   ④ 진

해설 바스켓직 : 경사와 위사를 2올 또는 그 이상을 나란히 엮어 감으로써 보통 평직보다 단위면적 중의 조직점이 적고, 부드럽고 평활하며, 구김이 덜 생기는 직물을 얻을 수 있다. 예 몬크스 클로스, 옥스포드 등

정답 53.❶ 54.❶ 55.❹ 56.❸ 57.❹ 58.❸ 59.❸ 60.❹ 61.❶

62 다음 중 제직이 간단하고 조직점이 많으며, 강하고 실용적인 조직으로 된 옷감은?

① 헤링본　　② 옥양목　　③ 도스킨　　④ 공단

해설 평직 : 제직이 간단하고 조직점이 많으며, 강하고 실용적인 조직으로, 광목, 깅엄, 니농, 당목(唐木), 덕, 디미티, 론, 보일, 브로드클로스, 쉬엔퉁, 오건디, 옥스포드, 옥양목, 태피터, 그로그레인, 포플린, 하부타에, 홈스펀 등이 있다.

63 다음 그림과 같은 조직으로 된 옷감 이름끼리 나열된 것은?

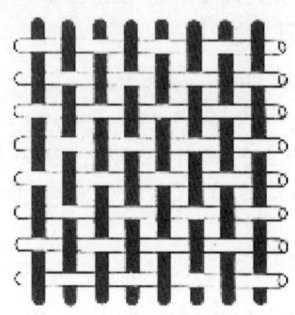

① 광목, 깅엄　　② 공단, 광목　　③ 개버딘, 광목　　④ 광목, 서지

해설 문제 62번 해설 참조

64 다음 중 평직물에 해당하는 것은?

① 공단　　② 개버딘　　③ 서지　　④ 광목

해설 문제 62번 해설 참조

65 다음 중 옥스포드(oxford shirting)에 대한 설명으로 가장 옳은 것은?

① 경사밀도를 위사밀도보다 크게 하여 위사방향에 두둑이 나타난 평직물이다.
② 경위사 모두 꼬임없는 생사를 사용한 견직물이다.
③ 거칠고 불균일한 방모사를 사용하여 평직으로 짠 옷감이며, 제직 후 일반적으로 축융가공한다.
④ 바스켓 조직으로 된 셔츠감으로 조직이 치밀하지 않으므로 부드럽고 광택이 있다.

해설 옥스포드 : 바스켓 조직으로 된 셔츠감으로, 원래는 2×1조직을 가진 것을 말했으나 근래에는 2×2, 3×3조직의 바스켓 조직을 모두 옥스포드라고 부른다. 조직이 치밀하지 않으므로 부드럽고 광택이 있다. 일반적으로 면직물이지만 여러 가지 인조섬유도 사용된다.

66 다음 중 포플린에 대한 설명으로 가장 적합한 것은?

① 위사에 거친 견사를 사용한 견직물
② 경·위사의 굵기와 밀도를 달리하여 얻은 변화 평직물
③ 거칠고 불균일한 방모사를 사용한 평직물
④ 경밀도를 2배 정도로 크게 제직하여 기모가공한 직물

> **해설** 포플린 : 경사 밀도를 위사 밀도보다 많게 하거나 경사에 위사보다 가는 실을 사용하여 위사 방향으로 두둑 효과를 낸 직물이다. 여성복, 셔츠, 운동복, 파자마 등에 널리 이용된다.

67 다음 중 개버딘(gaberdine)에 대한 설명으로 옳은 것은?

① 2/2능직으로 경·위사의 밀도를 비슷하게 제직하여 사문각이 45°를 이룬다.
② 5매 수자직으로 제직된 모직물로 매우 부드럽다.
③ 경사에 20수 이하의 굵은 색사를 사용한 사직물이다.
④ 주로 2/2사문조직으로 경사밀도가 위사밀도보다 커 사문각이 60° 이상이다.

> **해설** 개버딘 : 경사로 50s~70s 소모쌍사를 사용하고, 위사로는 경사와 같은 것을 사용하거나 30s~64s 소모쌍사를 사용하고, 주로 2/2사문조직으로 제직하지만 경사밀도가 위사밀도보다 커서 사문각이 60° 이상을 이룬 실용적인 모직물이다.

68 다음 중 능직만으로 묶인 것은?

① 진, 서지, 버버리, 공단
② 그로그레인, 포플린, 브로드
③ 드릴, 진, 브로드, 당목
④ 진, 데님, 서지, 개버딘

> **해설** 능직 : 경사 또는 위사 중 어느 것이 2올 또는 그 이상씩 교차하여 직조한 것으로 조직점이 능선으로 나타나는 것으로 사문직이라고도 하며, 드릴, 진, 데님, 버버리, 서지, 개버딘, 슈러, 헤링본 등이 있다.

69 다음 중 대표적인 능직물에 해당하는 것은?

① 도스킨
② 니농
③ 옥양목
④ 데님

> **해설** 문제 68번 해설 참조

정답 62.❷ 63.❶ 64.❹ 65.❹ 66.❷ 67.❹ 68.❹ 69.❹

70 다음 그림과 같은 직물의 조직은 무엇인가?

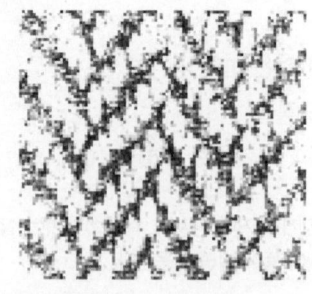

① 변화평직　　　② 바스켓직　　　③ 파능직　　　④ 변칙수자직

해설　위 그림은 헤링본 직물로서, 헤링본 직물은 파능직에 속한다.

71 다음 중 능직물의 하나로 사문선이 일정한 간격을 두고 반대로 되며 문양이 청어의 등뼈와 유사하다는 데서 생긴 명칭은?

① 슈러　　　② 헤링본　　　③ 데님　　　④ 타탄

해설　헤링본 : 능직물 중에서 사문선이 일정 간격을 두고 반대로 된 파능직으로 그 문양이 청어의 등뼈와 같다는 데서 생겨난 이름이다. 재킷 등에 널리 쓰이는 대표적인 변화능 직물이다.

72 다음 중 광목, 보일, 옥양목 등의 직물 조직도를 나타낸 것은?

해설　광목, 보일, 옥양목은 평직물이다. ①은 평직물의 조직도이다. ②는 비능직, ③은 수자직, ④는 바스켓 조직

73 다음 중 수자직물끼리 나열된 것은?

① 홈스펀, 트위드   ② 생고사, 데님   ③ 양단, 깅엄   ④ 공단, 도스킨

해설 수자직물에는 공단, 도스킨, 비니션이 있다.

74 반복되는 작은 무늬를 가진 직물을 제직하는 데 필요한 장치는?

① 패시픽컨버터   ② 캘린더   ③ 도비   ④ 자카드

해설 반복되는 작은 무늬와 바둑판 무늬의 제직을 위한 것이 도비(dobby)장치이고, 복잡하고 큰 무늬를 위한 직기가 자카드(Jacgurad)직기이다.

75 다음 중 직물을 제직할 때 16매~32매의 종광의 움직임을 조절하여 무늬를 얻는 장치는?

① 북   ② 바디   ③ 자카드   ④ 도비

해설 비교적 간단한 무늬를 만들 때에는 도비장치가 사용된다. 직기 곁에 붙어 있는 이 도비장치에는 구멍이 뚫어져 있는 목재 또는 플라스틱판에 의해 16~32매의 종광의 움직임이 조절된다. 무늬에 맞는 여러 가지 개구는 이 판에 뚫어져 있는 구멍에 의해 만들어지고 여기에 투입되는 위사에 의해 무늬가 형성된다.

76 다음 중 양단, 다마스크 등과 같이 복잡하고 화려한 무늬를 나타내기 위한 제직 장치는 무엇인가?

① 족답직기   ② 바디   ③ 자카드직기   ④ 도비직기

해설 자카드직기 : 큰 무늬, 곡선의 표현 등을 위하여 사용되는 직기로서, 종광틀을 사용하지 않고 하나하나의 종광이 독립적으로 상하운동을 하여 무늬를 놓은 것이다. 자카드직기로 만들어지는 대표적인 직물로는 다마스크, 브로케이드, 양단이 있다.

77 다음 중 자카드 직물에 대한 설명으로 옳은 것은?

① 경사 또는 위사의 어느 한 쪽이 이중으로 되어 있다.
② 컷 파일과 루프 파일 두 가지 형태가 있다.
③ 비교적 간단한 무늬가 있는 직물로 버즈아이 등이 있다.
④ 대표적 직물에는 다마스크와 브로케이드가 있다.

해설 문제 76번 해설 참조

정답 70.❸ 71.❷ 72.❶ 73.❹ 74.❸ 75.❹ 76.❸ 77.❹

78 다음 중 자카드 직물에 해당하는 것은?

① 브로케이드　　② 버즈아이　　③ 피케　　④ 광목

해설 문제 76번 해설 참조

79 다음 중 다마스크(damask) 직물에 대한 설명으로 옳은 것은?

① 무늬없는 수자직물로 매끈함
② 경수자와 위수자를 배합하여 무늬를 나타냄
③ 체크무늬를 가진 2/2 능직물임
④ 바탕조직은 평직, 능직, 수자직 등으로 여기에 수자직, 능직으로 무늬를 나타냄

해설 다마스크 : 경수자와 위수자를 배합하여 무늬를 나타낸 직물로 견사 외에 면, 모, 아마 등 스테이플을 사용하며, 실내장식용 직물 등에 이용한다.

80 다음 중 우리 가정에서 매일 사용하는 타월(towel, terry cloth)은 어떤 조직에 해당하는가?

① 변화수자직　　② 능직　　③ 크레이프직　　④ 파일직

해설 첨모직물 : 파일섬유를 바탕직물에 수직방향으로 밀생시킨 일종의 입체적 직물이다. 섬유(파일)가 고리형태로 되어 있는 것은 루프 파일(loop pile)이라 하고, 털처럼 심어져 있는 것은 컷 파일(cut pile)이라고 한다.
- 경파일 직물 : 벨벳, 아스트라칸, 플러시 등
- 위파일 직물 : 벨베틴, 코듀로이 등
- 타월 직물 : 타월직물, 벨로아
- 터프트 파일 직물 : 바탕옷감에 바늘을 사용하여 파일을 심는다.
- 플로크 파일 직물 : 바탕옷감에 접착제를 사용하여 섬유를 식모(植毛)한다.
- 셔닐직물 : 조직상으로 평직인데 셔닐사의 털이 표면에 나타난다.

81 다음 중 파일직물에 해당되지 않는 것은?

① 포플린　　② 타월　　③ 벨벳　　④ 코듀로이

해설 문제 80번 해설 참조

82 다음 중 파일직 소재끼리 나열된 것은?

① 시어 서커, 벨베틴, 플러시　　② 벨벳, 셔닐직물, 리플

③ 코듀로이, 벨베틴, 시어 서커　　　　④ 코듀로이, 벨벳, 타월

해설 문제 80번 해설 참조

83 다음 중 경파일 직물에 해당하는 것은?

① 코듀로이　　② 벨벳　　③ 크레이프드신　　④ 항라

해설 파일 직물 : 벨벳, 골덴 등 천 위에 털이 심어져 있는 것을 말하는데 경파일 직물은 벨벳, 플러시, 아스트라칸 등이고 위파일 직물은 벨베틴(우단), 코듀로이(골덴) 등이다.

84 위파일 직물에 해당하는 것으로 옳은 것은?

① 코듀로이　　② 벨벳　　③ 양단　　④ 다마스크

해설 문제 83번 해설 참조

85 다음 중 코듀로이에 대한 설명으로 가장 알맞은 것은?

① 체크무늬를 가진 2/2 능직물이다.
② 테리클로스의 변화조직으로 벨벳보다 밀도가 작다.
③ 위파일직물로 경사 방향의 두둑이 형성된다.
④ 우단을 말하며 짧은 파일이 직물표면에 고루 분포한다.

해설 코듀로이 : 위파일 직물로 골덴이라고 알려져 있다. 이는 경사 방향에 직선으로 배열하고 파일 위사를 절단하면 직물 전체에 경사 방향의 파일 두둑이 형성된다. 코듀로이는 두꺼우며 부드러워서 바지, 작업복, 레저복으로 사용되며, 최근에는 의복의 캐주얼화에 따라 그 용도가 넓어져 가고 있다.

86 다음 파일직물의 제조 방법 중 플로크에 대한 설명으로 적합한 것은?

① 바탕옷감에 짧은 섬유를 식모하여 얻는 직물이다.
② 경사를 느슨하게 넣어 주어 루프파일을 만든다.
③ 경사로 파일을 만든다.
④ 위사로 파일을 만든다.

정답 78.❶　79.❷　80.❹　81.❶　82.❹　83.❷　84.❶　85.❸　86.❶

해설 플로크 파일직물 : 바탕옷감에 짧은 섬유를 식모하여 얻는 파일직물이다.

87 다음 중 셔닐직물에 대한 설명으로 알맞은 것은?
① 경사에는 보통 실을 사용하고, 위사로 셔닐사를 사용하여 평직으로 제직한 것
② 테리클로스의 변화조직으로 벨벳과 유사한 표면효과를 나타낸 것
③ 사직과 평직이 무늬나 바탕에 섞여 나타난 것
④ 경 · 위사 모두 생사를 사용한 견사직물

해설 셔닐직물 : 그 형태를 보면 일종의 파일직물이지만 제직 방법은 다른 파일직물과 전혀 다르다. 즉 경사에는 보통 실을 사용하고 위사로 셔닐사를 사용하여 평직으로 제직한 것이다. 그러므로 직물의 조직은 평직이지만 셔닐사의 털이 직물의 표면에 나타나 파일직물과 같은 효과를 나타낸다.

88 다음의 〈보기〉에서 설명한 직물의 명칭은?

> 보기 하나의 경사는 직선상으로 위사와 교차하나 다른 경사는 규칙적으로 직선으로 교차한 경사의 좌우로 왕래하면서 위사를 얽어매어 만들어졌기 때문에 실이 밀리지 않는다.

① 사직　　　　② 파일직　　　　③ 크레이프직　　　　④ 바스켓직

해설 사직과 여직 : 두 가지를 사용하여 하나의 경사는 직선으로 위사와 교차하고 다른 하나는 직선으로 교차한 경사의 좌우로 왕래하면서 위사를 얽어매어 만든 직물을 사직이라고 하고, 평직과 사직을 배합한 형식의 직물을 여직이라고 한다.

89 다음 중 평직과 사직이 일정한 간격으로 배합되고 가로선이 나타나며 견 외에 합성섬유도 사용되고 생사로도 제작되는 것은?

① 항라　　　　② 숙고사　　　　③ 데님　　　　④ 갑사

해설 항라 : 평직과 사직이 일정한 간격으로 배합되어 가로선이 나타나는 직물이며, 평직부분의 위사 올 수에 따라 삼월려, 오월려 등으로 구분한다. 견 외에 합성섬유도 사용되며 생사로 촘촘히 짠 것을 당항라, 중간에 무늬가 있는 것을 문항라라고 부른다.

90 다음의 〈보기〉 직물들의 공통적인 특성은?

보기 뉴톤, 크레이프 드신, 조젯 크레이프 등

① 표면이 평활하지 않고 오톨도톨하거나 특별한 감촉을 준다.
② 발수성이 크며, 무늬가 화려하다.
③ 세탁시 직물의 수축이 심하지만, 보온성이 크며 두꺼운 직물이다.
④ 표면의 광택이 좋으며, 촉감이 부드럽다.

해설 축면류 : 직물의 표면이 오톨오톨하여 특별한 감촉을 주는 직물을 크레이프류 또는 축면류라고 한다. 제조 방법에 따라 진크레이프와 크레이프직의 두 가지로 분류한다. 진크레이프에는 뉴톤, 오리엔탈 크레이프, 조젯 크레이프, 크레이프 드신, 팰리스 크레이프, 플래트 크레이프, 크레이프백 새틴이 있다.

91 다음 중 진크레이프에 속하지 않는 것은?
① 아문젠   ② 크레이프 드신   ③ 팰리스   ④ 뉴톤

해설 문제 90번 해설 참조

92 다음 중 조젯 크레이프(georegette crepe)를 만드는 데 가장 적합한 실은?
① 꼬임이 많은 실   ② 부드러운 실   ③ 머서가공된 실   ④ 염색이 잘된 실

해설 조젯 크레이프 : 경·위사 모두 2,500~3,000t.p.m.의 강연사를 사용하며, S꼬임 2올과 Z꼬임 2올씩을 교대로 경위사로 배열하여 1인치 사이에 57~84×57~80 정도의 밀도로 평직으로 제직한 후에 정련하여 표면을 오톨도톨하게 만든 아주 얇은 직물이다. 견, 모, 레이온, 나일론, 폴리에스테르 등으로 만들어져 베일, 숙녀복, 커튼 등에 사용된다.

93 다음 중 직물의 표면이 오톨도톨한 감촉을 주는 것은?
① 조젯 크레이프   ② 숙고사   ③ 벨베틴   ④ 머슬린

해설 문제 92번 해설 참조

94 다음 중 크레이프직에 대한 설명으로 옳은 것은?
① 표면에 가로줄이 있으면 두꺼운 직물
② 표면이 오톨도톨하여 특별한 감촉을 주는 직물

정답 87.❶ 88.❶ 89.❶ 90.❶ 91.❶ 92.❶ 93.❶ 94.❷

③ 신축성이 나쁘고, 구김이 잘 생기는 직물
④ 경사와 위사에 꼬임이 작은 실을 사용하여 부드러운 직물

해설 문제 90번 해설 참조

95 다음 중 직조시 경사의 장력을 달리하여 직물에 파상 효과를 표현한 직물은?

① 엠보스　　② 리플　　③ 크레이프직　　④ 시어 서커

해설 • 시어 서커 : 한쪽 빔의 경사의 장력을 늦추어 직조하여 그 부분이 파상을 형성하게 하는 것이다.
• 리플과 엠보스 : 곰보 표면을 위한 가공법에 의한 것이다.

96 다음 중 직물 표면이 평활하지 않고 요철 줄무늬를 이루며 제직할 때 한쪽 경사빔의 경사 장력을 늦추어 제직하면 얻을 수 있는 옷감은?

① 서지　　② 시어 서커　　③ 타월　　④ 터프트 파일

해설 시어 서커 : 제직 시 2개의 경사빔을 사용하여 한쪽 빔의 경사의 장력을 늦추어 주면 늦추어진 경사는 직물 속에 여유있게(정상보다 1.5배 정도) 들어가서 그 부분은 파형을 형성하며 얻어진 직물이다. 여름에 몸에 붙지 않고 시원하며 다림질이 필요없다.

97 직물과 비교한 편성물의 장점으로 알맞은 것은?

① 가장 많이 쓰이는 옷감이며, 가장자리 처리가 필요하지 않다.
② 부분적인 장식이나 칼라 등에 널리 쓰인다.
③ 실의 교차방법을 변화시키면 다양한 무늬를 얻을 수 있다.
④ 제조 속도가 빠르며 유연하고 부드럽다.

해설 편성물(knit)의 특성 : 직물에 비해 제조 속도가 비교적 빠르고 유연하며, 부드러운 옷감으로 구김도 잘 안 생긴다.

98 다음 중 편성물의 게이지(gauge)에 대한 설명으로 적합한 것은?

① 루프의 형태와 크기를 나타내며, 수치가 큰 것이 강도가 크다.
② 편성물의 신축성을 나타내는 데 사용되는 지수이다.
③ 편성기 전체에 있는 편침 밀도로 값이 클수록 느슨한 편성물이다.
④ 직물에서의 밀도와 같은 것으로 값이 클수록 조밀한 편성물이다.

해설 편성물의 게이지(gauge) : 직물에서의 밀도에 해당하는 것으로 편성기의 단위 너비 사이에 있는 편침 밀도로 정의할 수 있다. 즉 게이지값이 클수록 편성물의 밀도는 커 조밀한 편성물이 된다.

99 다음 중 편성물과 직물을 비교할 때 편성물의 특성을 가장 잘 설명한 것은?

① 실의 교차 방법을 변화시켜 다양한 무늬를 가진 옷감을 얻을 수 있다.
② 유연하지만 다공성이고 비쳐 보이므로 의복의 부분적인 장식 등에 많이 쓰인다.
③ 제조 속도가 느리지만 단단한 옷감을 얻을 수 있다.
④ 유연성이 뛰어나며, 신축성과 내추성이 크다.

해설 편성물은 신축성이 크고 쾌적성이 높으며 방추성이 우수한 관리적인 측면에서 우수한 옷감이다. 특히 편성물의 옷은 유연성이 있어 옷이 구속감을 주지 않고 활동이 자유롭다.

100 다음 중 편성물의 특성에 대한 설명으로 적합한 것은?

① 신축성이 작다.   ② 가볍고 내마찰성이 좋다.
③ 함기율이 대단히 크며 유연하다.   ④ 잘 구겨진다.

해설 편성물은 제조속도가 직물에 비해 매우 빠르며, 부드럽고 유연하다. 또한 신축성도 크고 구김이 잘 안생긴다.

101 편성물(knit)을 직물과 비교할 때 사용에 있어 유리하다고 볼 수 있는 것은?

① 방수성이 우수하고 변형이 잘 일어나지 않는다.
② 신도가 작다.
③ 재단과 봉제가 용이하다.
④ 실의 자유도가 커서 구김이 생기지 않는다.

해설 편성물(knit)은 섬유와 실의 구김이 생기지 않으며 세탁 후에도 다릴 필요가 없다.

102 편성물은 직물과 비교하면 다른 조건들이 같을 때 보온성이 더 크다. 이에 대한 이유로 가장 적합한 것은?

① 부드럽다.   ② 함기량이 많다.   ③ 신축성이 좋다.   ④ 가볍다.

정답 95.④ 96.② 97.④ 98.④ 99.④ 100.③ 101.④ 102.②

해설 편성물은 직물과 비교하면 여러 가지 특성이 다르다. 직물은 경·위사가 교차되어 이루어지지만 편성물은 실이 고리를 만들면서 연결되어 옷감을 만들기 때문에 유연하며 신축성이 크다. 특히 직물에 비해 함기량이 많으므로 보온성이 크다.

103 다음 중 편성물의 기본이 되는 조직은?

① 평편, 터크편, 부편
② 평편, 고무편, 레이스편
③ 평편, 펄편, 터크편
④ 평편, 고무편, 펄편

해설 편성물의 기본이 되는 조직은 평편, 고무편, 펄편이고 그 외에 여러 가지 변화 조직이 있다.

104 위편성물의 조직 중 코의 웨일이 표리, 즉 안과 밖에 교대로 나타나는 조직의 특성에 해당하는 것은?

① 한 코스의 코를 다음 코스의 코와 합쳐서 그 다음 코에 거는 조직이다.
② 코스방향의 신축성이 크고 두터운 편성물을 얻을 수 있다.
③ 웨일방향의 신축성은 작지만 아기들의 옷에 적절한 조직이다.
④ 코스방향의 신축성이 작지만 두터운 편성물을 얻을 수 있다.

해설 고무편 : 코의 웨일이 표리에 교대로 나타나는 조직이다. 이와 같이 웨일이 표리에 교대로 나타나므로 이 편성물은 표리가 없어 양면이 같은 외관을 나타낸다. 고무편은 코스(위)방향의 신축성이 대단히 크고 두터운 편성물이 얻어지므로 셔츠의 소매끝이나 스웨터의 밑단, 장갑의 손목 등에 이용되는 조직이다.

105 위편성물 중 코스방향의 신축성이 크고 두터운 옷감을 얻을 수 있어 셔츠의 소매끝이나 스웨터의 밑단, 장갑의 손목 부분에 널리 이용되는 것은?

① 심플렉스
② 고무편
③ 밀라비즈
④ 부편

해설 문제 104번 해설 참조

106 다음 중 레이스편에 대한 설명으로 옳은 것은?

① 두 개의 1×1 고무편을 표리에 복합한 것으로 외관은 표리가 모두 1×1 고무편과 같다.
② 코를 옆 웨일의 코에 합쳐서 걸어 편성하는 조직으로 많은 공간이 생긴다.
③ 코스 도중에 코를 만들지 않고 띄우는 편성조직으로 무늬를 표현하는 데 쓰인다.
④ 한 코스의 코를 다음 코스의 코와 합쳐서 그 다음 코에 거는 조직

해설 ①은 양면편, ③은 부편, ④는 턱편의 설명이다.

107 다음 옷감의 제조 방법 중 가장 속도가 빠른 것은?

① 경편성물 ② 위편성물 ③ 능직 ④ 평직

해설 경편성물은 많은 바늘이 동시에 코를 만들기 때문에 그 속도가 매우 빠르다.

108 다음 중 라셀과 트리코는 어느 옷감에 해당하는가?

① 플로크 파일직물 ② 이중직물 ③ 경편성물 ④ 위편성물

해설 경편성물 : 직물의 경사와 같이 배열된 다수의 경사를 코로 서로 엮어서 편성하는 것으로, 코가 좌우로 비스듬히 지그재그형으로 진행한다. 경편성물은 많은 바늘이 동시에 코를 만들기 때문에 피륙의 제조방법으로서는 가장 속도가 빠르다. 경편성물은 편성기의 종류에 따라 트리코, 라셀, 밀라니즈, 심플렉스 등으로 분류되는데 대표적인 것은 트리코이다.

109 위편성물에 비해 밀도가 치밀하며, 촉감이 부드럽고 평활할 뿐 아니라 가볍고 드레이프성이 우수한 경편성물의 대명사라고 볼 수 있는 것은?

① 편성파일 ② 양면편 ③ 밀라니즈 ④ 트리코

해설 트리코 : 경편성물의 대표적인 것으로, 위편성물에 비하여 밀도가 치밀하며 전선현상도 없고, 촉감이 부드럽고 평활하여 란제리 등에 널리 쓰인다.

110 다음의 〈보기〉에서 설명하고 있는 옷감은?

> 보기
> • 경편성물이다.
> • 형체안정성과 전선현상 등에서 위편성물보다 우수하다.
> • 장식사 등 복잡한 실을 사용할 수 있다.

① 부편 ② 펄편 ③ 라셀 ④ 트리코

해설 라셀(raschel) : 래치바늘, 탄성바늘, 복합바늘을 사용하여 베일이나 레이스와 같은 얇은 것부터 파일편까지 다양하게 편성할 수 있다. 트리코가 가늘고 균일한 실을 사용하는 데 반하여 라셀은 장식사 등 모든 복잡한 실을 사용하여 다양한 편성물을 얻을 수 있다.

정답 103.④ 104.② 105.② 106.② 107.① 108.③ 109.④ 110.③

111 재료섬유로 얇은 시트를 만들고 이 피막 상태의 섬유 집합체를 접착제나 가열에 의한 용융 접착에 의해 고착된 옷감은?

① 브레이드　　　② 인조피혁　　　③ 부직포　　　④ 펠트

해설 접착에 의해 섬유에서 바로 만들어진 옷감이 부직포이다. 부직포는 접착제와 열융착의 두 가지 방법에 의해서 접착된다.

112 방적이나 제직, 편성이 아닌 접착이나 용융에 의해 얻은 옷감은?

① 부직포　　　② 편성물　　　③ 합성피혁　　　④ 펠트

해설 부직포 : 방적, 제직, 편성을 거치지 않고 화학적 또는 기계적인 처리에 의하여 섬유를 시트(sheet)상으로 접착시켜 만든 옷감을 말한다. 부직포는 가볍고 통기성, 보온성, 형체안정성이 우수하며 절단된 부분이 풀어지지 않는 등 장점이 인정되어 그 용도가 확대되고 있다.

113 다음의 〈보기〉가 설명하고 있는 옷감은?

> **보기** 가볍고 통기성이 좋으며, 절단부분이 풀리지 않아 솔기처리가 필요하지 않지만 강도나 유연성은 부족하여 일반의복보다 심감, 위생용품 등에 널리 쓰인다.

① 부직포　　　② 브레이드　　　③ 접합포　　　④ 레이스

해설 문제 112번 해설 참조

114 다음 중 부직포의 특성과 용도에 대한 설명으로 적합한 것은?

① 내추성이 좋아 오랫동안 햇볕을 쪼여도 강도가 유지되므로 옥외 텐트용으로 널리 쓰인다.
② 강도가 크고 특히 마찰에 강하므로 기계부품 등 산업용으로 널리 쓰인다.
③ 유연하고 드레이프성이 좋아 겉옷감으로도 널리 쓰인다.
④ 가벼우며 형체안정성이 좋아 심감에 널리 쓰인다.

해설 문제 112번 해설 참조

115 다음 부직포에 대한 설명 중 가장 옳은 것은?

① 내후성이 크므로 야외에서의 텐트재료 등에 쓰인다.

② 봉제가공이 용이하며 가볍고 보온성이 좋다.
③ 마찰에도 강하므로 일반의복에 쓸 수 있다.
④ 아주 강하므로 강한 세탁에도 견딘다.

해설 문제 112번 해설 참조

116 펠트는 섬유의 어떤 성질을 이용하여 만든 것인가?

① 면의 꼬임   ② 양모의 축융성   ③ 견의 피브로인   ④ 양모의 케라틴

해설 펠트(felt) : 양모의 축융성에 의해 섬유가 얽혀서 된 옷감으로 양모 또는 양모와의 혼합섬유층을 압축·가온하에서 문질러 얻는다.

117 다음 중 천연피혁의 특징으로 옳은 것은?

① 강도와 신도가 작다.   ② 비중이 아주 무겁다.
③ 흡습·투습성이 좋다.   ④ 흡수하면 부드러워진다.

해설 천연피혁은 비중이 비교적 가볍고, 강도와 신도가 크며 흡수하면 팽윤되고 딱딱해질 수 있다.

118 다음 중 합성솜으로서 가장 좋은 섬유는?

① 폴리프로필렌   ② 캐시밀론   ③ 아크릴   ④ 폴리에스테르

해설 인조섬유 솜의 대부분은 폴리에스테르가 차지하고 있다.

119 합성솜이 목면솜보다 좋은 성질은?

① 강도   ② 보온성   ③ 흡습성   ④ 리질리언스

해설 합성섬유솜은 면솜에 비하여 가볍고 리질리언스도 좋은 편이다.

정답 111.❸ 112.❶ 113.❶ 114.❹ 115.❷ 116.❷ 117.❸ 118.❹ 119.❹

MEMO

04 가공

 단원 개요

가공공정은 직물의 사용 목적과 가공 방법에 따라 염색 및 후가공을 위한 준비공정과 일반 가공, 심미 가공, 기능 가공으로 크게 분류할 수 있다.

일반 가공에서는 가공의 개념 및 역사, 가공을 위한 준비공정의 단계, 각 직물 소재에 따른 가공공정의 특징과 주의할 점을 설명하고 있다.

심미 가공에서는 직물의 표면을 평활하게 하고 독특한 광택을 부여하기 위한 광택 가공과 표면섬유를 일으켜 두께와 보온성을 증가시키고 촉감을 변화시키는 기모 가공, 물리적·화학적 방법을 이용하여 소재 자체에 요철감이나 주름을 부여하거나 외관 및 재질을 변형시키는 가공 및 다양한 수지 가공들을 소개하고 있다.

기능 가공에서는 수축, 주름 및 구김을 방지하고 직물이나 의류의 변형을 방지하기 위한 형태 안정 가공과 오염 방지 가공과 필링 방지 가공과 같이 편리성과 내구성을 향상시키는 가공법, 안전과 쾌적성을 향상시키기 위하여 특정 성능을 부여하는 가공법들에 대하여 다루고 있다.

 출제 경향 및 수험 대책

이 단원에서는 해마다 출제 비율이 약간씩 달라지기는 하지만 평균 5~6문제 정도는 출제되고 있는 편이다. 그 출제 내용을 살펴보면 가공의 의의와 분류, 가공의 공정, 광택 가공과 기모 가공, 외관 및 재질 변형 가공, 형태 안정 가공, 관리의 편리성 및 내구성 향상 가공, 안전 및 쾌적성 가공 등에 대해서 묻는 문제들이 출제되고 있는 바, 자세하고 철저한 학습이 요구된다.

4

01 일반 가공

1 가공의 의의

(1) 가공의 개념

① 좁은 의미의 가공 : 제직된 직물 혹은 편성물에 상품으로서의 가치와 독특한 특성 및 외관을 부여하는 후가공을 말한다. 그러나 점차 복합적이고 첨단화된 기술이 가공에 도입되어 직물 위주로 이루어지던 종래의 후가공 개념에서 부가가치 향상 가공의 개념으로 전환되고 있다.

② 넓은 의미의 가공 : 직물이나 편물의 완성에 필수 불가결한 과정으로서 방적과 제직을 제외한 모든 공정을 말한다.

(2) 가공의 발달

① 기원전의 가공 : 기원전 2000년경 양모의 특성을 이용한 축융이 이루어졌으며 기원전 100년경 인도에서 쌀뜨물을 이용하여 면직물에 풀을 먹여 사용하였다.

② 로마와 그리스 시대의 가공 : 엉겅퀴 가시나 고슴도치의 가죽으로 모직물을 풀어 사용했는데, 이는 현재의 기모가공에 해당한다.

③ 근대적 의미의 가공 : 1800년대 존 머서(John Mercer)가 고농도의 수산화나트륨용액에 면을 처리하면 견과 같은 광택과 염색성을 얻는다는 것을 발견했다.

④ 1926년 수지가공법 개발 : 면직물의 주름 방지 가공의 시초가 되었으며 세탁 후 다림질이 필요 없는 워시 앤드 웨어(wash & wear) 가공, 듀어러블 프레스(durable press : DP)가공 등으로 향상되었다.

⑤ 1900년대 중반 이후 : 나일론과 폴리에스테르 등 합성섬유의 개발과 함께 친수 가공, 방오 가공, 폴리에스테르의 알칼리 감량 가공 등이 개발되었다.

⑥ 최근에는 인체와 환경에 친화적인 천연소재를 사용하는 천연 가공방법과 환경 친화적인 가공공정의 개발이 추진되고 있다.

2 가공의 분류

(1) 물리적 가공

가공되는 재료에 물리적인 힘과 열을 사용하여 주로 천의 외관을 변형시키는 방법이다.
예 털깎기, 축융, 캘린더링, 기모, 엠보싱, 타포 가공 등

(2) 화학적 가공

① 섬유를 구성하는 화학구조에 의해 결정되는 여러 가지 성질들을 화학약품을 부착하거나 화학반응, 중합을 통해 변화시키는 가공방법이다.

② 화학적 가공으로 얻을 수 있는 효과 : 외관의 변화보다는 직물의 성능과 품질의 향상이

추가 설명

가공의 발달 : 예전에는 주로 직물의 고유한 성질을 유지, 향상시키거나 단점을 보완하는 등 상품으로서의 가치를 확보하기 위해 가공이 이루어져 왔으나 최근에는 소재의 고유한 특성과는 전혀 다른 성능과 외관 효과를 부여하기 위한 가공들도 개발되어 사용되고 있다.

추가 설명

고대 이집트의 미이라 : 식물성 왁스를 사용하여 직물 내의 틈을 메워 공기와 물이 통하지 않도록 했던 불통기성 방수 가공을 하여 현재까지도 살갗이나 머리카락 등이 그대로 남아 있다.

추가 설명

의류 소재 가공의 분류
- 가공되는 재료의 상태에 따른 분류 : 직물 가공, 편물 가공, 부직포 가공
- 가공 목적에 따른 분류 : 광택 가공, 기모, 형태 고정 등
- 가공하는 수단에 따른 분류 : 물리적 가공, 화학적 가공

다. 화학약품을 사용하는 화학적 가공의 효과는 대부분 그 효과가 일시적인 물리적 가공과는 달리 반영구적이다.
③ 화학적 가공에 의해 변화시킬 수 있는 특성 : 흡수성, 항균성, 방향성, 방오성, 난연성, 방축성, 자외선 및 전자파 차단성 등 주로 직물의 기능성에 해당하는 것이다.

3 가공의 공정

(1) 가공의 준비공정

① 검사 · 표식 : 가공 전 생지를 검사하고 결점이 발견되면 직물의 가장자리 부분에 색사 등을 붙여 표시한다.
② 매듭빼기 · 오염빼기 · 수정 : 직물 표면에 보기 싫게 나타난 실이나 매듭 등을 제거하고 손상이 나서 구멍이 생긴 부분은 보수하며 기름얼룩, 녹 등은 세제나 약품을 써서 제거한다.
③ 필이음 : 직물 끝을 서로 오버록 재봉기로 봉합하여 연결한 후 롤러에 균일한 장력으로 감아 작업이 용이하도록 하는 것으로, 롤링(rolling) 과정이라고 한다.
④ 털 태우기 : 광택을 좋게 하고 가공 효과를 높이기 위한 공정으로, 플란넬과 같이 표면 잔털이 있는 직물을 제외하고는 대부분의 표면 잔털을 제거한다.
⑤ 풀빼기(호발) : 풀기가 남아 있으면 가공제가 침투하기 어렵고 가공 효과가 떨어지므로 풀기를 제거한다.
⑥ 정련 · 표백 : 방직이나 편직공정에서 발생하는 기름때와 오염들을 제거하는 공정을 정련, 정련에서 제거되지 못한 색소성분을 제거하여 섬유를 하얗게 하는 공정을 표백이라고 한다.
⑦ 세척 : 물 또는 세제를 포함한 용액으로 씻어주는 공정으로서, 수세(washing)라고도 한다.
⑧ 탈수 · 건조 : 탈수는 세척이나 약품처리 후에 젖은 직물로부터 수분을 제거하는 과정, 건조는 탈수 후에도 직물에 남아 있는 습기를 제거하는 것이다.
⑨ 습기주기 : 가공공정 중에 필요한 적당한 수분율은 5~6% 정도이다.
⑩ 폭내기 : 적당히 습기가 공급된 직물을 경사방향으로 일정한 힘으로 잡아당겨 주면서 폭 방향의 양쪽 끝을 클립이나 관으로 잡아서 건조시켜 폭을 고정하는 공정이다. 어긋났던 직물의 올을 바로잡을 수 있고 균일한 직물의 폭을 얻을 수 있다.
⑪ 풀먹이기 : 풀을 직물에 먹이는 공정으로, 직물의 무게를 증가시키고 빳빳하게 한다. 촉감 개선, 광택 부여, 두꺼운 느낌, 오염 방지 효과 등이 있다.
⑫ 타포 · 유포 : 두드리거나(타포) 비벼서(유포) 직물을 부드럽게 하는 공정이다.
⑬ 마무리 공정 · 천감기 : 직물의 색상, 외관, 폭, 길이, 중량 등을 검사하고 얼룩이나 흠이 없는지 확인한다.

> **추가 설명**
> 가공의 준비과정 : 검사 · 표식 → 매듭빼기 · 오염빼기 · 수정 → 필이음 → 털 태우기 → 풀빼기(호발) → 정련 · 표백 → 세척 → 탈수 · 건조 → 습기주기 → 폭내기 → 풀먹이기 → 타포 · 유포 → 마무리 공정 · 천감기

(2) 직물에 따른 가공처리공정

① 견직물의 가공 : 정련, 표백, 염색 등의 공정을 거치면서 손실된 외관과 촉감을 교정하여

견 특유의 우아한 외관과 촉감을 회복시키는 공정이다. 예 약품을 사용하여 주름, 난연, 방수 및 내노화성을 부여하는 것 등

② 면·마직물의 가공: 면·마직물 가공의 목적은 직물의 용도, 특성에 따라 적당한 처리를 하여 중량, 촉감, 길이, 폭, 광택 등을 조절하거나 때로는 특수한 화학 처리, 수지 가공 등을 통해 직물의 품질과 성능을 개선하여 상품의 가치를 향상시키는 데 있다.

㉠ 면직물의 가공 : 풀먹이기 또는 수지 가공 후 캘린더링을 통과시켜 광택을 내는 것이다.

㉡ 마직물의 가공 : 실을 광택있고 부드럽게 하여 조직을 선명하게 하며 마섬유 특유의 칼칼한 느낌을 내도록 하는 것이다.

③ 모직물의 가공 : 대체로 준비 → 축융 → 세척 → 자융(crabbing) → 염색 → 탈수 → 건조 → 기모 → 전모(shearing) → 광내기(lusting) → 데카타이징의 순서로 진행

④ 아세테이트 직물의 가공 : 열, 알칼리 및 강산, 장력에 약하므로 습열 처리에서는 85℃ 이하로, 건열 처리에서는 140℃ 이하로 조건 설정해 주는 것이 좋다.

⑤ 레이온 직물의 가공 : 레이온 필라멘트 직물은 견직물의 가공에 준하여, 레이온 스테이플 직물은 면직물이나 양모직물의 가공방법에 준하여 가공한다.

⑥ 합성섬유 직물의 가공 : 생지 검사 → 릴랙싱 → 정련 → 건조 → 예비 열고정 → 염색 → 건조 → 마무리 열고정 → 특수가공의 순서로 진행된다.

02 심미 가공

1 광택 가공

(1) 일반적인 광택 가공

① 머서화(mercerizing)

㉠ 머서화는 존 머서(John Mercer)가 면직물에 수산화나트륨용액을 여과시킨 결과 면직물이 수축하며 조직이 촘촘해지는 것을 발견하면서 시작되었다.

㉡ 머서화된 면직물은 표면의 잔털이 없고 균제도가 높아 견과 같은 부드러운 촉감과 광택을 가지게 되어 실켓(silket) 가공이라고도 한다.

㉢ 머서화의 원리와 효과
- 면직물에 장력을 가하면서 수산화나트륨용액으로 처리하면 팽윤현상을 일으켜 면섬유 특유의 리본 모양의 단면이 원형으로 변화한다.
- 염료에 대한 친화력과 염색성이 향상되고 광택과 투명도가 증가하며 흡습성과 형태의 안정성도 향상된다.

㉣ 최근 면직물을 주로 사용하는 골프웨어, 티셔츠, 속옷 등에 머서화가 보편화되는 추세이다.

㉤ 머서화의 응용 : 가공의 효과를 증진시키거나 제품의 품질이나 성능을 향상시킬 목적

추가 설명

아세테이트 직물의 가공
- 아세테이트 직물은 열, 알칼리 및 강산, 장력에 약하므로 가공 조건을 선정함에 있어서 세심한 주의가 필요하다.
- 습열 처리에서는 85℃ 이하로, 건열 처리에서는 140℃ 이하로 조건 설정해 주는 것이 좋다.
- 아세테이트는 가소성이 좋으므로 직물을 펼친 상태로 가공하는 것이 바람직하다.
- 정련, 표백, 큐어링이 끝난 직물은 디카타이징이나 캘린더링으로 광택을 낸다.

추가 설명

합성섬유의 특징적인 가공 조건
- 릴랙싱(relaxing) : 직조 후의 불안정한 상태의 직물을 기계적, 열적, 화학적 방법을 사용하며 비틀림을 완화시켜 주는 것으로 후공정에서의 구김의 방지와 수축률을 조정하는 역할을 한다.
- 열고정(heat setting) : 가공 처리에 의한 치수 변동을 없애고 형태를 고정하기 위한 것이다.

추가 설명

광택 가공 : 직물의 표면을 평활하고 매끄럽게 하여 상품의 가치를 높이기 위한 가공이다. 캘린더링, 머서화, 글레이징 가공, 시레 가공, 무아레 가공, 슈라이너 가공, 타포 가공, 코팅 가공 등이 있다.

으로 고온 머서화, 저온 머서화, 액체 암모니아 머서화 등이 개발되고 있다.
② 캘린더링(calendering)
  ㉠ 적당히 습기가 있는 직물을 연속적으로 캘린더 사이를 통과시키면서 압력과 온도를 높여서 표면을 평활하게 하며 광택을 내는 공정이다.
  ㉡ 캘린더링에 의한 광택은 세탁에 의해 효과가 떨어지나 수지나 풀을 캘린더링 전에 처리해 주면 내구성이 향상된다.
③ 모직물의 광택 가공
  ㉠ 모 소재의 광택내기는 일반적인 소재와는 달리 캘린더를 이용하지 않고 스팀과 함께 주로 프레스를 이용하여 광택을 낸다.
  ㉡ 습기를 공급한 모직물을 가열된 평판 사이에서 눌러주어 표면을 평활하게 하며 광택과 함께 폭신한 촉감을 부여한다.
  ㉢ 사용되는 프레스의 종류에 따른 방법 : 로터리 프레스와 페이퍼 프레스법이 있다.

추가 설명
특수 광택 가공 : 다양한 광택을 부여하는 방법으로 수지 처리를 하는 방법, 직물을 두드려 실올을 납작하게 만들어 빛의 반사를 증가시키는 방법, 특수한 캘린더를 사용하는 방법, 코팅에 의한 방법 등이 사용된다.
예 글레이징 가공, 시레 가공, 무아레 가공, 슈라이너 가공, 타포 가공, 코팅 가공

(2) 특수한 광택 가공
① 무아레(moire) 가공 : 직물에 나뭇결 모양, 파도 모양, 물이 지나간 흔적과 같은 무늬가 나타나게 하는 공정이다.
② 시레(ciré) 가공 : 나일론이나 폴리에스테르 직물 또는 편성물을 뜨거운 롤캘린더로 눌러 거울과 같은 고도의 광택을 부여하는 가공이다.
③ 글레이징(glazing) 가공 : 마찰 캘린더를 사용하여 직물의 한쪽 면에 극히 매끄럽고 강한 광택을 만드는 가공법이다.
④ 코팅(coating) 가공 : 직물의 표면에 비닐, 에나멜, 락커, 오일, 고무, 왁스 등 화학 및 천연수지를 직접 도포하는 가공으로, 다양한 광택과 독특한 외관을 얻을 수 있다.
⑤ 타포(beetling) 가공 : 광택 가공 공정 중 딱딱해진 조직을 부드럽게 하기 위해 직물을 두드려 주는 것으로 직물에 특별한 광택을 부여하는 가공이다.
⑥ 슈라이너(schreiner) 가공 : 1800년대 슈라이너가 발명한 슈라이너 캘린더에 의해 부드럽고 은은한 광택을 내는 가공으로, 주로 면직물에 견과 같은 광택을 부여하기 위해 사용되는 가공이다. 예 면 공단

추가 설명
기모 : 직물의 한쪽 또는 양쪽 표면을 긁어 표면의 잔털이나 파일(pile)을 일으켜 세우는 것이다.

2 기모 가공

(1) 일반적인 기모 가공
① 기모의 방법 : 솔잎이나 침을 사용하는 방법과 말린 티젤(teasel)을 이용하는 티젤 기모법이 있다.
② 기모 조건과 방법에 따른 기모의 분류
  ㉠ 건조 기모 : 털을 수직으로 일으켜 세우는 것으로 기모 후에 표면에 일으킨 털을 제거하면 조직이 뚜렷하게 보인다.

추가 설명
티젤 기모법 : 큰 드럼의 표면에 많은 티젤을 부착시키고, 직물과 접촉시킨 상태에서 빠른 속도로 회전시킴으로써 보풀을 일으키는 방법이다.

ⓒ 습윤 기모 : 직물에 습기를 주어 기모하는 것으로, 한 방향으로 털을 눕힐 수 있으므로 건조 기모보다 광택이 나고 효과가 영구적이다.
③ 기모한 직물의 특성 : 두꺼운 느낌이 나고 보온성이 증가할 뿐 아니라 부드러운 외관과 촉감을 갖게 된다.
④ 대표적인 양모 기모 직물 : 도우스킨(doeskin), 비버(beaver) 등이 있다.

(2) 특수한 기모 가공

① 벨루어 가공(velour finish) : 모직물을 축융·기모하여 표면의 털을 조밀하게 일으켜 세운 다음 일정한 길이로 잘라서 표면을 가지런하게 정리하는 가공이다.
② 벨벳 가공 : 모직물을 축융하여 두껍게 하고 직물의 양쪽 면을 기모하여 털을 풍부하게 일으켜 세우는 가공으로, 모포, 플란넬, 벨벳 등에 이용되며, 블랭킷(blanket) 가공이라고도 한다.
③ 냅(nap) 가공 : 기모한 직물이나 편성물의 표면섬유를 둥근 브러시나 마찰판으로 마찰하여 직물 표면에 여러 모양으로 털무늬를 만드는 가공이다.
④ 샌딩(sanding) 가공 : 새끼양, 송아지, 돼지와 같은 동물 새끼의 가죽을 뒤집어 안쪽을 사포나 에머리로 다듬어 벨루어와 같이 곱게 털을 일으켜 마무리한 것으로, 에머리(emery) 가공, 스웨이드 가공(sueding)이라고도 한다.

3 외관 및 재질 변형 가공

(1) 외관을 변형시키는 가공

① 염축(salt shrinking) 가공 : 견과 다른 섬유가 교직된 직물을 낮은 농도의 수용액에 담가 견만을 수축시키든지 견직물에 수용액을 섞은 풀을 부분적으로 프린트하여 부분적으로 수축시켜서 크레이프와 같은 효과를 주는 것이다.
② 리플(ripple) 가공 : 직물에 산이나 알칼리 등의 화학약품을 써서 부분적으로 수축시켜 울퉁불퉁한 무늬를 만드는 가공이다. 특히 만들어진 무늬가 줄무늬인 경우를 플리세(plissé) 가공이라고 한다.
③ 엠보싱(embossing) : 특수 캘린더를 사용하여 직물에 입체적인 무늬가 나타나게 하는 것이다.
④ 가먼트 워싱(garment washing) : 의복이 완성된 상태에서 세척 등에 의해 외관의 변화를 주는 것이다.
⑤ 주름/구김 가공 : 열가소성이 있는 섬유(나일론, 폴리에스테르 등)의 직물을 원하는 형태로 만들어 열을 가한 후 냉각시키면 그 형태가 영구적으로 고정되는 것이다.

(2) 재질을 변형시키는 가공

① 의마 가공 : 면, 레이온 또는 합성섬유 직물에 마와 같은 외관과 태를 부여하여 가격이 저렴하고 관리나 사용이 편리하도록 하기 위한 가공으로, 리네넷(linenette) 가공이라고

추가 설명
기모가공의 목적
- 일반 기모 가공의 목적 : 축융으로 뭉친 직물의 표면을 회복시키는 데 있다.
- 특수 기모 가공의 목적 : 직물이나 편성물의 표면 잔털을 일으켜 세워 부드러운 외관과 촉감을 얻고 보온성을 향상시키며 원료의 소재와 다른 독특한 효과를 부여하는 데 있다.

추가 설명
외관 및 재질 변형 가공법
- 효소나 화학약품을 사용하여 직물의 태를 변화시키는 방법
- 플로킹 또는 표면섬유의 변형을 주는 방법
- 직물 표면에 요철이나 주름을 부여하는 방법

추가 설명
재질을 변형시키는 가공 : 주로 화학적 처리에 의해 직물의 중량을 증감시켜 태의 변형을 일으키는 가공으로, 효소 감량 가공, 세리신 정착 가공, 의마 가공, 알칼리 감량 가공, 증량 가공 등이 있다.

도 한다.
② 증량 가공 : 견의 무게를 증가시키고 두께, 촉감, 광택, 강연성을 증가시켜서 성능을 향상시킬 뿐 아니라 수축을 방지하여 제작을 쉽게 한 것이다.
③ 세리신 정착 가공 : 견직물이 마직물이나 모직물과 같은 태와 촉감을 갖도록 하기 위해 정련 과정 중 세리신이 제거되지 않도록 하는 것이다.
④ 알칼리 감량 가공 : 폴리에스테르 직물에 알칼리를 처리하면 섬유가 부드러워지고 가늘어지는 효과를 이용하는 가공법이다.
⑤ 효소 감량 가공 : 면, 레이온 등의 셀룰로스 섬유에 셀룰라제(cellulase)를 처리하여 직물을 유연하고 매끈하게 하는 가공이다.

(3) 질감을 변형시키는 가공

① 번아웃(burn out) : 발식가공이라고도 하며, 직물을 부분적으로 용해시켜 투명도의 차이에 따라 대비되는 무늬를 만드는 가공이다.
② 전모(shearing) 가공 : 직물 표면에 생긴 잔털들을 잘라 표면을 가지런하게 하고 조직을 선명하게 하기 위한 공정이다.
③ 플로킹(flocking)
  ㉠ 플로킹의 정의 : 직물 위에 짧은 섬유나 작은 섬유입자들을 접착해서 파일직물이나 기모 가공의 효과를 내는 가공이다.
  ㉡ 디자인에 따라 부분적으로 식모하면 입체감이 있는 무늬를 얻을 수 있고, 전체적으로 접착제를 코팅하여 식모하면 벨벳·벨루어나 융과 같은 효과가 나타난다.
  ㉢ 사용한 접착제와 단섬유(flock)의 성질에 따라 다르지만 비교적 내구성이 있는 가공법이다.

> **추가 설명**
> 직물 변형 가공 : 직물의 표면 특성과 함께 촉감을 변형시키는 가공 방법으로, 플로킹, 전모 가공, 번아웃 등이 있다.

> **추가 설명**
> 형태 안정 가공 : 공정 처리과정이나 사용 및 세탁에 의해 수축, 구김, 주름과 같은 원하지 않는 변형이 일어나는 것을 방지하는 가공이다.

> **추가 설명**
> 축융수축(felt shrinkage) : 양모 섬유의 스케일 구조와 탄성으로 인해 발생하며, 스케일로 인한 마찰계수의 이방성(방향에 따라 달라지는 성질) 때문에 일어나는 양모 특유의 수축이다.

03 기능 가공

1 형태 안정 가공

(1) 방축 가공

① 방축 가공의 정의와 종류 : 직물의 수축을 방지하기 위한 가공으로, 미리 직물을 수축시켜 고정한 후 그 이후의 수축을 방지하는 기계적인 방법과 화학약품을 이용하여 수축을 방지하는 화학적 처리 방법이 있다.
② 모직물의 수축 방지
  ㉠ 모직물은 물세탁 시 수축되므로 대부분 드라이클리닝으로 세탁해야 한다.
  ㉡ 모직물의 수축 문제는 이완수축, 팽윤수축 및 축융수축이 복합적으로 작용하여 발생한다.

> **추가 설명**
> 샌퍼라이즈 가공 : 면이나 마직물에 액체 암모니아 처리를 하고 직물의 길이 방향으로 압축하여 세탁에 의한 수축을 방지하는 가공이다.

ⓒ 모직물의 축융수축 방지 방법 : 스케일의 파괴 및 제거법(스케일을 화학약품을 사용하여 제거하는 방법), 스케일의 수지처리법(스케일을 수지와 같은 고분자물질로 감싸는 방법), 화학적 방법과 수지처리의 조합법
③ 면직물의 수축 방지 : 면·마직물은 제직이나 가공공정 중에 직물이 받았던 장력에 의해 직물이 변형되었다가 세탁 후 수축되므로 기계적인 방법을 사용하여 방축 가공을 한다.
예 샌퍼라이즈 가공, 리그멜 가공 등

(2) 직물의 고정 가공

① 열고정 가공
㉠ 열고정(heat setting)의 정의 : 합성섬유는 열을 가하면 부드러워져서 다시 모양을 만들 수 있는 열가소성을 가지게 된다. 이러한 합성섬유의 열가소성을 이용하여 직물의 정련, 표백 또는 염색이나 가공공정에서 일어나는 꼬임·주름·불균일한 수축 등을 방지하는 가공법이다.
㉡ 고정하는 방법에 따른 분류 : 스팀을 사용하는 스팀고정, 물 속에서 처리하는 습열고정법, 열풍이나 적외선을 사용하는 건열고정법이 있다.
㉢ 열고정의 역할 : 직물의 공정 중에 발생하는 품질의 불균일을 방지하고 완성된 제품을 사용할 때 세탁과 관리가 쉽고 품질을 향상시킨다.
② 모직물의 고정 가공 : 양모직물을 증기나 뜨거운 열탕 속에서 일정시간 신장시키면 회복력을 잃어 온도가 내려가도 완전히 회복되지 않고 신장된 상태를 유지하는 것이다. 예 데카타이징(decatizing), 자융(crabbing), 포팅(potting, wet decatizing)

(3) DP(durable press) 가공

① DP 가공의 정의 : 방추가공이 발전한 것으로 세탁 후에도 다림질이 필요 없는 워시 앤드 웨어성과 형태 안정성을 강화하여 반복되는 세탁에도 수지 가공의 효과가 유지될 수 있도록 한 가공이다.
② 모직물의 DP 가공
㉠ 양모직물은 착용 시 치수의 안정성이 떨어지고 구김이 잘 생기는 등 형태 안정면에서 단점이 있으므로 형태 안정성을 갖기 위해서는 모섬유의 스케일에 의한 축융이 일어나지 않도록 처리하는 방축 가공과 함께 형태를 유지하기 위한 고정 가공이 병행되어야 한다.
㉡ 시로세트(SIROSET) 가공법 : 모직물의 방축 가공으로 널리 알려진 것으로, 양복바지의 주름이나 플리츠스커트 등에 영구성을 부여하기 위하여 사용된다. 시로세트 가공의 원리는 양모섬유 내의 시스틴 결합의 결합력을 증가시키는 것이다.
③ 면과 면혼방 직물의 DP 가공 : 면과 면혼방 직물의 워시 앤드 웨어 가공의 단점을 보완하고 반복되는 세탁에도 가공 효과가 지속되도록 하기 위해 개발된 가공법이다.

추가 설명

대표적인 모직물의 고정 가공
- 자융(crabbing) : 얇은 모직물이나 양모를 주재료로 하며 세척이나 염색에 앞서 열탕 처리로 직물의 표면 형태를 미리 고정하는 것으로 탕신법이라고도 한다.
- 데카타이징(decatizing) : 증기에 의한 고정방법으로 증융(blowing)이라고도 한다.
- 포팅(potting) : 표면 요철과 잔주름을 없애고 고도의 평활한 표면을 얻기 위해 하는 가공으로 습식 데카타이징이라고도 한다.

④ DP 가공의 문제점 : 강도가 저하되고, 고온처리하므로 변색될 우려가 있으며, 솔기의 울음이나 솔기의 주름이 생길 우려가 있다.

2 관리의 편리성 및 내구성 향상 가공

(1) 방오 가공
① 방오 가공의 정의 : 의복을 오염으로부터 보호하는 것으로, 발오 가공과 오염 제거 가공이 있다.
② 이상적인 방오 가공 : 오염이 쉽게 달라붙지 않고 일단 오염이 침투하면 쉽게 제거되도록 하는 것이다.

(2) 방수 가공
① 방수 가공
  ㉠ 방수성의 정의 : 어떠한 경우에도 물이 침투하지 못하는 성질이다.
  ㉡ 방수 가공의 종류 : 방수가 절대 목적인 불통기성 방수 가공, 발수가 목적인 통기성 발수 가공, 방수성과 함께 투습성을 제공해주는 투습 방수 가공이 있다.
  ㉢ 방수 가공 직물은 의복용으로 사용되지 않고, 주로 범포나 시트, 천막, 포장지 등에 사용된다.
② 발수 가공
  ㉠ 발수성의 정의 : 천에 물이 떨어졌을 때 곧바로 스며들지 않고 물방울을 형성하는 성능을 말하며, 발수성이 있으면 수용성 얼룩들도 잘 묻지 않는다.
  ㉡ 발수 가공은 통기성 방수 가공이라고도 한다.
  ㉢ 발수 가공은 레인코트, 스키복 등 스포츠용의 통기성을 필요로 하는 의복용에 이용된다.

(3) 필링 방지 가공
① 필링 방지 가공의 정의 : 직물 표면에 느슨하게 박혀 있던 섬유가 마찰로 인해 빠져 나오면서 작은 섬유 덩어리인 필(pill)을 형성하게 되는 것을 말한다.
② 필이 생성되기 쉬운 경우 : 섬유가 가늘고 부드럽고 길이가 짧으며, 원사의 꼬임이 적을수록 필이 생기기 쉽다.
③ 목적 : 필링 방지 가공은 필링 현상을 막기 위한 것이다.
④ 필링 방지 가공의 방법
  ㉠ 합성수지로 섬유의 표면을 싸서 보풀이 발생하는 것을 미리 방지하는 방법
  ㉡ 화학적으로 처리하여 섬유의 강도를 떨어뜨려 표면에 생기는 보풀들이 쉽게 떨어지게 하는 방법

(4) 미끄럼 방지 가공
① 미끄럼 방지 가공의 정의 : 슬립(slip)현상을 방지하기 위한 가공이다.

추가 설명

방오 가공의 종류
- 발오 가공(soil repellent) : 기름때와 같은 유성오염이 쉽게 섬유 내로 스며들지 못하고 표면에 머무르게 하는 것이다.
- 오염 제거(soil release) 가공 : 세탁 시 유성오염이 잘 제거되지 않는 직물에 처리해서 물과 세제가 오염을 잘 분리해 내도록 친수성을 부여하는 가공이다.

추가 설명

필(pill)의 형성과 탈락 단계
- 원사에서 느슨하게 풀려 나온 섬유가 점차 직물 표면으로 나온다.
- 원사에서 빠져 나온 섬유의 끝이 마찰에 의해 엉키고 뭉치면서 필이 형성되기 시작한다.
- 형성된 필은 어느 단계에 이를 때까지 자란다.
- 지속적인 마찰로 인한 마찰력이 지지섬유가 필을 잡고 있는 힘보다 크게 되면 필은 떨어져 나간다.

추가 설명

직물의 슬립(slip) 현상 : 경위사가 제대로 자리를 잡지 못하고 미끄러지는 현상이다.

② 미끄럼 방지 가공의 방법
  ㉠ 슬립 방지제를 직물에 처리하여 그대로 건조시키거나 경위사의 교차점을 접착제로 고정하는 방법이다.
  ㉡ 섬유의 표면을 거칠게 해서 마찰계수를 높게 하는 방법이다.

(5) 내마모 가공
① 내마모 가공은 직물을 사용하거나 세탁하면서 일어나는 마찰에 견딜 수 있도록 하는 가공이다.
② 실이나 직물에 열가소성 수지를 처리하여 섬유들을 결합시켜 마찰에 대한 저항성을 향상시켜 준다.

3 안전 및 쾌적성 가공
(1) 대전 방지 가공
① 대전 방지 가공의 정의 : 친수성 화합물을 사용하여 섬유 표면을 친수화하여 직물 내의 습기를 통해 정전기가 축적되지 않고 방출하도록 하는 것이다.
② 목적 : 합성섬유 내로 전도성 탄소입자를 분산시켜 정전기의 축적을 막는다.

(2) 재귀 반사 가공
① 재귀 반사의 정의 : 빛을 받으면 그 빛을 들어온 방향을 향하여 똑바로 되돌려서 마치 불빛이 나오는 것과 같은 효과를 내는 성질을 말한다.
② 재귀 반사 가공의 이용 : 어린이의 외출복, 유니폼, 구조복, 조정복, 비옷, 신발 끈, 소방복, 장갑, 우산 등에 이용된다.

(3) 난연 가공
① 난연 가공의 정의 : 불이 붙어도 쉽게 진전되지 않고 유해가스를 발생하지 않으며 불꽃이 제거되면 스스로 불이 꺼지는 자기소화성을 부여하는 가공이다.
② 난연 가공의 방법
  ㉠ 공중합법 : 섬유 자체가 고유한 난연성을 갖도록 난연성 모노머들을 공중합시켜서 새로운 성질을 갖는 섬유를 만드는 방법이다.
  ㉡ 방사액에 난연제를 첨가하는 방법 : 폴리에스테르와 레이온 등을 제조할 때 난연제를 첨가하여 방사한다.
  ㉢ 직물이나 섬유의 표면에 처리하는 방법 : 면, 모와 같은 천연섬유직물 표면에 난연제를 처리하여 고정시키는 것이다.

(4) 방염 가공
① 방염 가공의 정의 : 섬유 등이 불에 타지 않도록 화학적으로 처리하는 가공이다.

추가 설명
섬유의 연소성 분류
- 불연성 : 유리섬유, 탄소섬유, 금속섬유, 석면
- 내연성 : 테플론, 방향족 폴리아마이드, 난연가공면, 난연레이온
- 난연성 : 염화비닐(PVC), 난연폴리에스터, 난연나일론, 모다크릴, 난연아크릴, 양모
- 가연성 : 나일론, 폴리에스터
- 이연성 : 아크릴, 아세테이트, 레이온, 면, 마, 견

추가 설명
내수압 : 직물을 통해 물이 세어 나가지 않는 최대 수압, mmH$_2$O

추가 설명
투습도 : 직물의 단위면적을 통해 하루 동안 빠져나갈 수 있는 수분의 무게, g/m^2/day

② 화재가 났을 때 섬유 제품으로 인한 유독 가스가 발생될 수 있는 곳에 적용할 수 있다.
③ 옷감에 처리하면 산소가 차단되어 불꽃 발생을 방지하여 잘 타지 않는다.
④ 어린이용, 노인용 의복이나 실내 장식용 섬유 제품에서 중요시되고 있다.

(5) 항균 방취 가공

① 항균 방취 가공의 정의 : 의류제품에서 미생물의 서식이나 증식을 억제하여 오염을 방지하고 악취와 변색을 방지할 목적으로 하는 가공으로, 항미생물 가공 또는 위생 가공이라고 한다.
② 원리 : 주로 가공처리제를 수지 등을 이용하여 섬유 표면에 흡착시키거나 원사를 제조할 때 혼합하여 섬유 자체에 항균기능을 부여하는 방법을 사용한다.

(6) 투습 방수 가공

① 투습 방수 소재의 정의 : 눈, 비, 바람은 막아주고 인체로부터 발산되는 습기는 배출하여 일명 '숨쉬는 소재'라고 불린다.
② 외부로부터 비바람을 막아줄 수 있는 방수성능은 내수압으로, 땀을 배출할 수 있는 투습 성능은 투습도로 나타낸다.
③ 투습 방수 가공의 이용 : 등산 등의 레저와 스포츠의류, 소방복 등의 특수복이나 스키, 텐트·슬리핑백·장갑 등의 고기능성 용품

(7) 전자파 차단 가공

① 전자파 차단 가공의 정의 : 전자기기의 사용이 급증하면서 전자파로부터 인체를 보호할 목적으로 한 가공이다.
② 섬유제품의 전자파 차단에 사용되는 금속 : 주로 전도성이 좋은 금속(예 동, 니켈, 금, 은 등)도금이 사용된다.

(8) 자외선 차단 가공

① 자외선 차단가공의 정의 : 섬유에 자외선을 흡수 또는 반사하는 특성을 부여하고 자외선 투과를 억제하도록 하는 가공이다.
② 자외선 차단 가공제 : 자외선을 흡수하여 피부에 도달하지 못하도록 하는 자외선 흡수제와 자외선을 흩어버리는 산란제가 있다.
③ 자외선 차단 가공의 장점 : 피부노화, 기미, 피부암 등의 위험 감소, 의복을 시원하게 유지, 햇볕에 의해 변색하는 현상 방지, 선명한 색상 유지

(9) 방향 가공

① 방향 가공의 정의 : 향기 치료를 의복에 도입한 가공법을 말한다.
② 원리 : 향이 나는 물질을 직물에 첨가하는 것이다.

> **추가 설명**
>
> 자외선의 장단점
> - 장점 : 살균과 소독작용을 하며 비타민 D의 합성을 촉진하고 뼈를 튼튼히 한다.
> - 단점 : 공기 중의 오존층이 파괴되어 지나친 자외선의 노출로 인해 피부노화와 피부암 등의 문제가 나타난다.

(10) 원적외선 가공

① 원적외선 가공의 정의 : 축열 보온 가공의 일종으로, 의류에 원적외선 방출물질을 첨가하는 것이다.
② 원적외선의 효과 : 인체의 세포조직을 활성화하여 신진대사 촉진, 세포 활동과정에서 열에너지 발생, 혈액순환을 촉진시켜 면역과 피로회복 강화
③ 원적외선 가공의 이용 : 바이오 가공이라 하여 침구, 의류, 속옷, 신사복, 넥타이 등 많은 곳에 이용되고 있다.

실전예상문제

1 다음 중 가공의 정의에 대한 설명으로 옳지 않은 것은?

① 넓은 의미의 가공이란 직물이나 편물의 완성에 필수 불가결한 과정이다.
② 넓은 의미의 가공이란 방적과 제직을 포함한 모든 공정을 의미한다.
③ 넓은 의미의 가공에는 염색 전의 표백, 정련과 같은 과정도 포함된다.
④ 좁은 의미의 가공은 제직된 직물 혹은 편성물에 상품으로서의 가치와 독특한 특성 및 외관을 부여하는 메이크업 단계인 후가공이다.

> **해설** 넓은 의미의 가공 : 직물이나 편물의 완성에 필수 불가결한 과정으로서 방적과 제직을 제외한 모든 공정을 의미한다.

2 다음 중 고대 이집트 미이라의 보존성과 관계가 깊은 것은?

① 장기 내 효소 ② 식물성 왁스 ③ 살뜨물 ④ 축융

> **해설** 고대 이집트 미이라 : 현재까지 살갗이나 머리카락 등이 그대로 남아 있는 이유는 식물성 왁스를 사용하여 직물 내의 틈을 메워 공기와 물이 통하지 않도록 했던 불통기성 방수가공에 있다.

3 다음 중 가공의 발달에 대한 설명으로 옳지 않은 것은?

① 로마와 그리스 시대에는 엉겅퀴 가시나 고슴도치의 가죽으로 모직물을 풀어 사용했다.
② 1800년대 존 머서(John Mercer)가 면을 고농도의 수산화나트륨용액에 처리하면 견과 같은 광택과 염색성을 얻는다는 것을 발견하였다.
③ 1990년에는 수지 가공법이 영국에서 개발되어 면직물의 주름 방지 가공의 시초가 되었다.
④ 최근에는 인체와 환경에 친화적인 천연소재를 사용하는 천연 가공방법과 환경 친화적인 가공공정의 개발이 추진되고 있다.

> **해설** 1926년에는 수지 가공법이 영국에서 개발되어 면직물의 주름 방지 가공의 시초가 되었으며 세탁 후 다림질이 필요없는 워시 앤드 웨어(wash & wear) 가공, 듀어러블 프레스(durable press : DP) 가공 등으로 향상되었다.

4 다음 중 가공되는 재료의 상태에 따른 분류에 해당되지 않는 것은?

① 직물 가공 ② 편물 가공 ③ 부직포 가공 ④ 화학적 가공

정답 1.② 2.② 3.③ 4.④

해설 가공되는 재료의 상태에 따른 분류 : 직물 가공, 편물 가공, 부직포 가공

5 다음 중 물리적 가공의 예에 해당되지 않는 것은?
① 기모
② 털깎기
③ 라미네이트 가공
④ 타포 가공

해설 물리적 가공의 예 : 캘린더링, 기모, 털깎기, 축융, 엠보싱, 타포 가공 등이 있다.

6 다음 중 화학적 가공에 대한 설명으로 옳지 않은 것은?
① 화학약품을 사용하는 화학적 가공의 효과는 대부분 그 효과가 일시적인 물리적 가공과는 달리 반영구적이다.
② 화학적 가공으로 얻을 수 있는 효과는 직물의 성능보다는 외관의 변화이다.
③ 화학적 가공에 의해 변화시킬 수 있는 특성들은 방오성, 난연성, 방축성, 흡수성, 항균성, 방향성 등이 있다.
④ 화학적 가공은 섬유를 구성하는 화학구조에 의해 결정되는 성질들을 화학약품을 부착하거나 화학반응, 중합을 통해 변화시키는 가공방법이다.

해설 화학적 가공으로 얻을 수 있는 효과는 외관의 변화보다는 직물의 성능과 품질의 향상이다.

7 가공의 준비공정 중 롤링(rolling) 과정과 관계가 깊은 것은?
① 표식
② 필이음
③ 호발
④ 정련

해설 필이음 : 가공에서는 직물 끝을 서로 오버록 재봉기로 봉합하여 연결한 후 롤러에 균일한 장력으로 감아 작업이 용이하도록 한다. 롤링(rolling) 과정이라고 한다.

8 가공의 준비공정 중 광택을 좋게 하고 가공 효과를 높이기 위한 공정은?
① 털 태우기
② 풀빼기
③ 표백
④ 폭내기

해설 털 태우기 : 광택을 좋게 하고 가공 효과를 높이기 위한 공정으로, 플란넬과 같이 표면 잔털이 있는 직물을 제외하고는 대부분의 표면 잔털을 제거한다.

9 다음 중 방직이나 편직공정에서 발생하는 기름때와 오염들을 제거하는 공정을 무엇이라 하는가?

① 호발   ② 정련   ③ 표백   ④ 타포

해설 정련(scouring) : 방직이나 편직공정에서 발생하는 기름때와 오염들을 제거하는 공정이다.

10 다음의 〈보기〉와 관계가 깊은 가공의 준비공정은?

> **보기** 적당히 습기가 공급된 직물을 경사 방향으로 일정한 힘으로 잡아당겨 주면서 폭 방향의 양쪽 끝을 클립이나 핀으로 잡아서 건조시켜 폭을 고정하는 공정이다.

① 폭내기   ② 풀먹이기   ③ 타포   ④ 유포

해설 폭내기(tentering) : 적당히 습기가 공급된 직물을 경사 방향으로 일정한 힘으로 잡아당겨 주면서 폭 방향의 양쪽 끝을 클립이나 핀으로 잡아서 건조시켜 폭을 고정하는 공정이다.

11 다음 중 풀먹이기 또는 수지 가공 후 캘린더링을 통과시켜 광택을 내는 직물의 가공은?

① 견직물의 가공   ② 레이온 직물의 가공   ③ 면직물의 가공   ④ 모직물의 가공

해설 면직물 가공의 공정 : 풀먹이기 또는 수지 가공 후 캘린더링을 통과시켜 광택을 내는 것이다.

12 다음 중 아세테이트 직물의 가공에 대한 설명으로 옳지 않은 것은?

① 아세테이트 직물은 열, 알칼리 및 강산, 장력에 약하므로 가공 조건을 선정함에 있어서 세심한 주의가 필요하다.
② 습열 처리에서는 75℃ 이하로, 건열 처리에서는 160℃ 이하로 조건 설정해주는 것이 좋다.
③ 아세테이트는 가소성이 좋으므로 직물을 펼친 상태로 가공하는 것이 바람직하다.
④ 정련, 표백, 큐어링이 끝난 직물은 디커타이징이나 캘린더링으로 광택을 낸다.

해설 아세테이트 직물은 90℃ 이상의 고열에 강도 저하와 광택의 손실이 있으므로 습열 처리에서는 85℃ 이하로, 건열 처리에서는 140℃ 이하로 조건을 설정해주는 것이 좋다.

13 다음 중 합성섬유 직물의 일반적인 가공공정이 바르게 나열된 것은?

정답 5.❸ 6.❷ 7.❷ 8.❶ 9.❷ 10.❶ 11.❸ 12.❷ 13.❶

① 생지 검사 → 릴랙싱 → 정련 → 염색 → 특수가공
② 생지 검사 → 정련 → 릴랙싱 → 염색 → 특수가공
③ 릴랙싱 → 생지 검사 → 정련 → 염색 → 특수가공
④ 릴랙싱 → 생지 검사 → 정련 → 특수가공 → 염색

해설 합성섬유 직물의 일반적인 가공공정 : 생지 검사 → 릴랙싱 → 정련 → 건조 → 예비열고정 → 염색 → 건조 → 마무리 열고정 → 특수가공의 순서로 진행된다.

14 다음 중 직물의 표면을 평활하고 매끄럽게 하여 상품의 가치를 높이기 위한 가공을 무엇이라 하는가?

① 기모 가공　　② 재질 변형 가공　　③ 광택 가공　　④ 형태 안정 가공

해설 광택 가공 : 직물의 표면을 평활하고 매끄럽게 하여 상품의 가치를 높이기 위한 가공이다.

15 다음 중 광택 가공에 해당되지 않는 것은?

① 캘린더링　　② 머서화　　③ 무아레 가공　　④ 샌딩 가공

해설 광택 가공의 종류 : 캘린더링, 머서화, 글레이징 가공, 시레 가공, 무아레 가공, 슈라이너 가공, 타포 가공, 코팅 가공

16 다음 중 머서화에 대한 설명으로 옳지 않은 것은?

① 머서화를 하면 광택과 투명도가 증가하고 염료에 대한 친화력과 염색성이 향상된다.
② 최근 면직물을 주로 사용하는 골프웨어, 티셔츠, 속옷 등에 머서화가 보편화되는 추세이다.
③ 머서화된 면직물은 모와 같은 부드러운 촉감과 광택을 가지게 되어 실켓(silket) 가공이라고도 한다.
④ 머서화는 존 머서가 면직물에 수산화나트륨용액을 여과시킨 결과 면직물이 수축하며 조직이 촘촘해지는 것을 발견하면서 시작되었다.

해설 머서화된 면직물은 표면의 잔털이 없고 균제도가 높아 견과 같은 부드러운 촉감과 광택을 가지게 되어 실켓(silket) 가공이라고도 한다.

17 다음 중 모직물의 광택 가공에 필요한 것은?

① 캘린더　　② 수산화나트륨　　③ 스팀과 프레스　　④ 롤러

해설 모 소재의 광택내기(lustering) : 일반적인 소재와는 달리 캘린더를 이용하지 않고 스팀과 함께 주로 프레스를 이용하여 광택을 낸다.

18 다음 중 마찰 캘린더를 사용하여 직물의 한쪽 면에 극히 매끄럽고 강한 광택을 만드는 가공법은?

① 시레 가공 ② 무아레 가공 ③ 글레이징 가공 ④ 타포 가공

해설 글레이징(glazing) 가공 : 마찰 캘린더를 사용하여 직물의 한쪽 면에 극히 매끄럽고 강한 광택을 만드는 가공법이다.

19 다음 중 직물에 나뭇결 모양, 파도 모양, 물이 지나간 흔적과 같은 무늬가 나타나게 하는 가공법은?

① 무아레 가공 ② 시레 가공 ③ 슈라이너 가공 ④ 코팅 가공

해설 무아레(moire) 가공 : 직물에 나뭇결 모양, 파도 모양, 물이 지나간 흔적과 같은 무늬가 나타나게 하는 가공법이다.

20 다음 중 주로 면직물에 견과 같은 광택을 부여하기 위하여 사용되는 가공은?

① 타포 가공 ② 슈라이너 가공 ③ 시레 가공 ④ 샌딩 가공

해설 슈라이너(schreiner) 가공 : 슈라이너가 발명한 슈라이너 캘린더에 의해 부드럽고 은은한 광택을 내는 가공으로 주로 면직물에 견과 같은 광택을 부여하기 위해 사용된다. 예 면 공단

21 광택 가공 공정 중 딱딱해진 조직을 부드럽게 하기 위해 직물을 두드려 주는 것은?

① 코팅 가공 ② 타포 가공 ③ 샌딩 가공 ④ 랩 가공

해설 타포(beetling) 가공 : 광택 가공 공정 중 딱딱해진 조직을 부드럽게 하기 위해 직물을 두드려 주는 것으로 직물에 특별한 광택을 부여하는 가공이다.

22 다음 중 일반적인 기모 가공에 대한 설명으로 옳지 않은 것은?

① 기모한 직물은 두꺼운 느낌이 나고 보온성이 증가하며 부드러운 외관과 촉감을 갖게 된다.
② 대표적인 양모 기모직물로는 도우스킨(doeskin), 비버(beaver) 등이 있다.
③ 기모의 방법으로 솔잎이나 침을 사용하는 방법과 말린 티젤(teasel)을 이용하는 티젤 기모법이 있다.
④ 건조 기모는 습윤 기모보다 광택이 나고 효과가 영구적이다.

해설 습윤 기모 : 직물에 습기를 주어 기모하는 것으로, 한 방향으로 털을 눕힐 수 있으므로 건조 기모보다 광택이 나고 효과가 영구적이다.

정답 14.❸ 15.❹ 16.❸ 17.❸ 18.❸ 19.❶ 20.❷ 21.❷ 22.❹

23 다음 중 특수 기모 가공의 목적으로 거리가 먼 것은?

① 원래의 소재와 다른 독특한 효과 부여 ② 보온성 향상
③ 부드러운 외관과 촉감 부여 ④ 축융으로 뭉친 직물의 표면 회복

해설 기모 가공의 목적
• 일반 기모 가공의 목적 : 축융으로 뭉친 직물의 표면 회복
• 특수 기모 가공의 목적 : 직물이나 편성물의 표면 잔털을 일으켜 세워 부드러운 외관과 촉감 부여, 보온성 향상, 원료의 소재와 다른 독특한 효과 부여

24 다음 중 성격상 그 의미가 다른 하나는?

① 냅 가공 ② 에머리 가공 ③ 스웨이드 가공 ④ 샌딩 가공

해설 샌딩 가공(sanding) : 스웨이드(sueding) 가공, 에머리(emery) 가공이라고도 불린다.

25 다음 중 모직물을 축융하여 두껍게 하고 직물의 양쪽 면을 기모하여 털을 풍성하게 일으켜 세우는 가공을 무엇이라 하는가?

① 냅 가공 ② 샌딩 가공 ③ 벨벳 가공 ④ 벨루아 가공

해설 벨벳가공 : 모직물을 축융하여 두껍게 하고 직물의 양쪽 면을 기모하여 털을 풍부하게 일으켜 세우는 가공으로, 모포, 플란넬, 벨벳 등에 이용되며 블랭킷(blanket) 가공이라고도 한다.

26 다음 중 모포, 플란넬, 벨벳 등에 이용되며 블랭킷(blanket) 가공이라고도 하는 것은?

① 냅 가공 ② 샌딩 가공 ③ 벨벳 가공 ④ 벨루어 가공

해설 문제 25번 해설 참조

27 다음 중 모직물을 축융 · 기모하여 표면의 털을 조밀하게 일으켜 세운 다음 일정한 길이로 잘라서 표면을 가지런하게 정리하는 가공법은?

① 냅 가공 ② 샌딩 가공 ③ 벨벳 가공 ④ 벨루어 가공

해설 벨루어 가공(velour finish) : 모직물을 축융 · 기모하여 표면의 털을 조밀하게 일으켜 세운 다음 일정한 길이로 잘라서 표면을 가지런하게 정리하는 가공법이다.

28 다음 중 외관 변형 가공에 해당되지 않는 것은?

① 리플 가공　　② 염축 가공　　③ 가먼트 워싱　　④ 전모가공

해설 외관 변형 가공 : 엠보싱, 리플 가공, 염축 가공, 주름/구김 가공, 가먼트 워싱

29 다음 중 직물에 산이나 알칼리 등의 화학약품을 써서 부분적으로 수축시켜 울퉁불퉁한 무늬를 만드는 가공을 무엇이라고 하는가?

① 리플 가공　　② 염축 가공　　③ 가먼트 워싱　　④ 번아웃

해설 리플(ripple) 가공 : 직물에 산이나 알칼리 등의 화학약품을 써서 부분적으로 수축시켜 울퉁불퉁한 무늬를 만드는 가공이다. 특히 만들어진 무늬가 줄무늬인 경우를 플리세(plissé) 가공이라고 한다.

30 다음 중 의복이 완성된 상태에서 세척 등에 의해 외관의 변화를 주는 가공은?

① 가먼트 워싱　　② 번아웃　　③ 의마 가공　　④ 염축 가공

해설 가먼트 워싱(garment washing) : 의복이 완성된 상태에서 세척 등에 의해 외관의 변화를 주는 가공이다.

31 다음 중 재질 변형 가공에 해당되지 않는 것은?

① 효소 감량 가공　　② 세리신 정착 가공　　③ 전모 가공　　④ 의마 가공

해설 재질을 변형시키는 가공 : 주로 화학적 처리에 의해 직물의 중량을 증감시켜 태의 변형을 일으키는 가공으로, 효소 감량 가공, 세리신 정착 가공, 의마 가공, 알칼리 감량 가공, 증량 가공 등이 있다.

32 다음 〈보기〉의 빈 칸에 공통적으로 들어갈 것은?

> **보기** 견직물이 마직물이나 모직물과 같은 태와 촉감을 갖도록 하기 위해 정련과정 중 (　)(이)가 제거되지 않도록 하는 것을 (　) 정착 가공이라 한다.

① 세리신　　② 타닌　　③ 포르말린　　④ 셀룰로스

해설 세리신 정착 가공 : 견직물이 마직물이나 모직물과 같은 태와 촉감을 갖도록 하기 위해 정련 과정 중 세리신이 제거되지 않도록 하는 것이다.

정답 23.④　24.①　25.③　26.③　27.④　28.④　29.①　30.①　31.③　32.①

33 다음 중 증량 가공의 효과라고 볼 수 없는 것은?

① 무게 증가　　② 촉감, 광택 증가　　③ 수축 방지　　④ 저렴한 가격

해설 증량 가공의 장점 : 견의 무게를 증가시키고 두께, 촉감, 광택, 강연성을 증가시켜서 성능을 향상할 뿐 아니라 수축을 방지하여 제작을 쉽게 한다.

34 다음 중 리네넷(linenette) 가공이라고도 하는 것은?

① 전모 가공　　② 의마 가공　　③ 효소 감량 가공　　④ 증량 가공

해설 의마 가공 : 마와 같은 외관과 태를 면, 레이온 또는 합성섬유 직물에 부여하여 가격이 저렴하고 관리나 사용이 편리하도록 하는 것으로, 리네넷(linenette) 가공이라고도 한다.

35 다음 중 직물의 표면 특성과 함께 촉감을 변형시키는 가공방법에 해당되지 않는 것은?

① 플로킹　　② 번아웃　　③ 전모 가공　　④ 의마 가공

해설 질감을 변형시키는 가공방법 : 플로킹, 전모 가공, 번아웃 등이 있다.

36 다음 중 플로킹에 대한 설명으로 옳지 않은 것은?

① 직물 위에 짧은 섬유나 작은 섬유입자들을 접착해서 파일직물이나 기모 가공의 효과를 내는 가공을 말한다.
② 전체적으로 접착제를 코팅하여 식모하면 벨벳, 벨루어나 융과 같은 효과가 난다.
③ 디자인을 따라 부분적으로 식모를 하게 되면 입체감이 있는 무늬를 얻을 수 있다.
④ 사용한 접착제와 단섬유의 성질에 따라 다르지만 비교적 내추성이 있는 가공법이다.

해설 플로킹은 사용한 접착제와 단섬유(flock)의 성질에 따라 다르지만 비교적 내구성이 있는 가공법이다.

37 다음 중 직물을 부분적으로 용해시켜 투명도의 차이에 따라 대비되는 무늬를 만드는 가공을 무엇이라 하는가?

① 효소 감량 가공　　② 증량 가공　　③ 번아웃　　④ 플로킹

해설 번아웃(burn out) : 발식 가공이라고도 하며, 직물을 부분적으로 용해시켜 투명도의 차이에 따라 대비되는 무늬를 만드는 가공이다.

38 다음 중 공정 처리과정이나 사용 및 세탁에 의해 수축, 구김, 주름과 같은 원하지 않는 변형이 일어나는 것을 방지하기 위한 가공을 무엇이라 하는가?

① 기모 가공　　② 형태 안정 가공　　③ 내구성 향상 가공　　④ 안전 및 쾌적성 가공

해설 형태 안정 가공 : 공정 처리 과정이나 사용 및 세탁에 의해 수축, 구김, 주름과 같은 원하지 않는 변형이 일어나는 것을 방지하는 가공이다.

39 다음 중 모직물의 고정 가공의 대표적인 방법에 해당되지 않는 것은?

① 샌퍼라이즈 가공　　② 포팅　　③ 데카타이징　　④ 자융

해설 모직물의 고정 가공의 예 : 자융(crabbing), 데카타이징(decatizing), 포팅(potting, wet decatizing)

40 모직물의 고정 가공 중 증기에 의한 고정방법으로 증융이라고도 하는 것은?

① 자융　　② 데카타이징　　③ 탕신법　　④ 포팅

해설 데카타이징(decatizing) : 증기에 의한 고정방법으로 증융(blowing)이라고도 한다.

41 다음 중 열고정 가공에 대한 설명으로 옳지 않은 것은?

① 고정하는 방법에 따라 습열고정법과 스팀고정, 건열고정법이 있다.
② 열고정은 직물의 공정 중에 발생하는 품질의 불균일만을 방지하는 역할을 한다.
③ 합성섬유의 열가소성을 이용하여 직물의 정련, 표백 또는 염색이나 가공공정에서 일어나는 꼬임·주름·불균일한 수축 등을 방지하는 가공법을 열고정이라고 한다.
④ 합성섬유는 열을 가하면 부드러워져서 다시 모양을 만들 수 있는 열가소성을 가지게 된다.

해설 열고정의 역할 : 직물의 공정 중에 발생하는 품질의 불균일을 방지하고 완성된 제품을 사용할 때 세탁과 관리가 쉽고 품질을 향상시킨다.

42 다음 중 면이나 마직물에 액체 암모니아 처리를 하고 직물의 길이 방향으로 압축하여 세탁에 의한 수축을 방지하고 탄력을 주는 가공방법은?

① 리그멜 가공　　② 샌퍼라이즈 가공　　③ DP 가공　　④ 세리신 수축 가공

정답 33.❹　34.❷　35.❹　36.❹　37.❸　38.❷　39.❶　40.❷　41.❷　42.❷

[해설] 샌퍼라이즈 가공 : 면이나 마직물에 액체 암모니아 처리를 하고 직물의 길이 방향으로 압축하여 세탁에 의한 수축을 방지하는 가공이다.

43 다음 중 양모섬유의 스케일 구조와 탄성으로 인해 발생하는 수축은?

① 이완수축   ② 팽창수축   ③ 축융수축   ④ 건열수축

[해설] 축융수축(felt shrinkage) : 양모섬유의 스케일 구조와 탄성으로 인해 발생하며, 스케일로 인한 마찰계수의 이방성 때문에 일어나는 양모 특유의 수축이다.

44 다음 중 세탁 후에도 다림질이 필요 없는 워시 앤드 웨어성과 형태안정성을 강화하여 반복되는 세탁에도 수지가공의 효과가 유지될 수 있도록 한 가공은?

① 시로 세트 가공   ② DP 가공   ③ 발수 가공   ④ 필링방지 가공

[해설] DP(durable press) 가공 : 세탁 후에도 다림질이 필요 없는 워시 앤드 웨어성과 형태 안정성을 강화하여 반복되는 세탁에도 수지 가공의 효과가 유지될 수 있도록 한 가공이다.

45 다음 중 모직물의 DP 가공에 대한 설명으로 옳지 않은 것은?

① 양모직물은 착용 시 치수의 안정성이 떨어지고 구김이 잘 생기는 등 형태 안정성 면에서 단점이 있다.
② 양모직물로 만든 의류가 형태 안정성을 갖기 위해서는 방축 가공과 함께 형태 고정 가공이 병행되어야 한다.
③ 시로세트(SIROSET) 가공법은 모직물의 방축 가공으로 널리 알려진 것이다.
④ 시로세트 가공의 원리는 양모섬유 내의 시스틴 결합의 결합력을 감소시키는 것이다.

[해설] 시로세트 가공의 원리는 양모섬유 내의 시스틴 결합의 결합력을 증가시키는 것이다.

46 다음 중 천에 물이 떨어졌을 때 곧바로 스며들지 않고 물방울을 형성하는 성능을 무엇이라 하는가?

① 방수성   ② 발수성   ③ 내마모성   ④ 방오성

[해설] 발수성 : 천에 물이 떨어졌을 때 곧바로 스며들지 않고 물방울을 형성하는 성능을 말한다.

47 다음 중 방오 가공에 대한 설명으로 옳지 않은 것은?

① 방오 가공은 의복을 오염으로부터 보호하는 것이다.
② 방오 가공에는 발오 가공과 오염 제거 가공이 있다.
③ 발오 가공은 주로 나일론과 폴리에스테르 같은 소수성 직물에 처리한다.
④ 이상적인 방오 가공은 오염이 쉽게 달라붙지 않고 일단 오염이 침투하면 쉽게 제거되도록 하는 것이다.

해설 발오 가공(soil repellent) : 유성오염이 쉽게 섬유 내로 스며들지 못하고 표면에 머무르게 하는 것으로 주로 의자나 소파의 덮개천 같은 가구 및 인테리어 직물에 처리한다.

48 직물 표면에 느슨하게 박혀 있던 섬유가 마찰로 인해 빠져 나오면서 작은 섬유 덩어리인 필(pill)을 형성하게 되는데, 이때 필이 생성되기 쉬운 경우라고 볼 수 없는 것은?

① 섬유가 굵을수록
② 원사의 꼬임이 적을수록
③ 섬유의 길이가 짧을수록
④ 섬유가 부드러울수록

해설 필(pill)이 생기기 쉬운 경우 : 섬유가 부드럽고 가늘고 길이가 짧으며 원사의 꼬임이 적을수록 필이 생기기 쉽다.

49 다음 중 불연성 섬유에 해당되지 않는 것은?

① 석면
② 탄소섬유
③ 유리섬유
④ 나일론

해설 섬유의 연소성 분류
 • 불연성 : 유리섬유, 탄소섬유, 금속섬유, 석면
 • 내연성 : 테플론, 방향족 폴리아마이드, 난연가공면, 난연레이온
 • 난연성 : 염화비닐(PVC), 난연 폴리에스테르, 난연나일론, 모다크릴, 난연아크릴, 양모
 • 가연성 : 나일론, 폴리에스테르
 • 이연성 : 아크릴, 아세테이트, 레이온, 면, 마, 견

50 난연 가공의 방법 중 섬유 자체가 고유한 난연성을 갖도록 하는 방법은?

① 공중합법
② 방사액에 난연제를 첨가하는 방법
③ 직물이나 섬유의 표면에 처리하는 방법
④ 직물이나 섬유의 내면에 처리하는 방법

해설 공중합법 : 섬유 자체가 고유한 난연성을 갖도록 하는 방법이다.

정답 43.❸ 44.❷ 45.❹ 46.❷ 47.❸ 48.❶ 49.❹ 50.❶

51 다음과 같은 특성을 나타내는 가공은?

> [보기]
> • 어린이용, 노인용 의복이나 실내 장식용 섬유 제품에서 중요시되고 있다.
> • 화재가 났을 때 섬유 제품으로 인한 유독 가스가 발생될 수 있는 곳에 적용할 수 있다.
> • 옷감에 처리하면 산소가 차단되어 불꽃 발생을 방지하여 잘 타지 않는다.

① 방염 가공　　② 방오 가공　　③ 축융 가공　　④ 털 태우기

[해설] 방염 가공
　• 어린이용, 노인용 의복이나 실내 장식용 섬유 제품에서 중요시되고 있다.
　• 화재가 났을 때 섬유 제품으로 인한 유독 가스가 발생될 수 있는 곳에 적용할 수 있다.
　• 옷감에 처리하면 산소가 차단되어 불꽃 발생을 방지하여 잘 타지 않는다.

52 다음 중 자외선 차단 가공의 장점이라고 볼 수 없는 것은?

① 기미, 피부암 등의 위험　　② 의복을 시원하게 유지
③ 햇볕에 의해 변색되는 현상 방지　　④ 비타민 D의 합성 촉진

[해설] 자외선 차단 가공의 장점 : 피부노화 · 기미 · 피부암 등의 위험 감소, 의복을 시원하게 유지, 햇볕에 의해 변색하는 현상 방지, 선명한 색상 유지

53 다음 중 성격상 그 의미가 다른 하나는?

① 위생 가공　　② 항미생물 가공　　③ 항균 방취 가공　　④ 방향 가공

[해설] 항균 방취 가공 : 의류제품에서 미생물의 서식이나 증식을 억제하여 오염을 방지하고 악취와 변색을 방지할 목적으로 하는 가공으로, 항미생물 가공 또는 위생 가공이라고도 한다.

54 다음 중 원적외선 효과에 해당되지 않는 것은?

① 쾌적성 증대　　② 피로회복 강화　　③ 열에너지 발생　　④ 신진대사 촉진

[해설] 원적외선의 효과 : 인체의 세포조직을 활성화하여 신진대사 촉진, 열에너지 발생, 혈액순환을 촉진시켜 면역과 피로회복 강화

[정답] 51.① 52.④ 53.④ 54.①

05 염색

단원 개요

염색의 역사는 매우 오래되었으며 고대 이집트 시대에 이미 천연염료를 사용한 기록이 있는데, 최초의 합성염료는 퍼킨이 만든 '모브'로 염기성염료이다.

염색은 섬유제품에 착색제인 염료와 안료를 염착시켜 여러 가지 사용 조건에 견딜 수 있는 색을 나타내는 공정이다. 염료는 섬유와 친화력이 있고 물에 용해되거나 그대로 섬유에 염착되지만, 안료는 물에 녹지 않아 바인더, 즉 결합제로 섬유에 고착시킨다.

염색은 염색의 결과나 피염물의 형태, 염색장치 등에 따라 침염과 날염, 선염과 후염 등으로 분류된다. 염색견뢰도는 색의 내구성을 말하므로 염색물의 실용성을 좌우하고 사용 조건에 따라 측정방법이 달라진다.

출제 경향 및 수험 대책

이 단원에서는 해마다 출제 비율이 약간씩 달라지기는 하지만 평균 5~6문제 정도는 출제되고 있는 편이다. 그 출제 내용을 살펴보면 정련과 표백의 개념과 방법, 염색의 개념, 염료와 안료의 구분, 염색방법의 분류, 염색물의 염색방법, 염색견뢰도의 개념과 측정법, 염료의 종류와 특성, 침염의 뜻과 침염방법, 날염의 원리와 날염기법 등에 대해서 묻는 문제들이 출제되고 있는 바, 자세하고 철저한 학습이 요구된다.

01 염색의 이해

1 정련 및 표백

(1) 정련

① 정련의 정의 : 옷감 내에 존재하는 불순물을 제거하는 공정이다.
② 정련제의 종류 : 알칼리, 계면활성제, 유기용매, 효소, 산화제 등이 있다.
③ 면 정련
  ㉠ 면의 구성 : 셀룰로스가 약 94%이며, 나머지는 단백질, 펙틴, 회분, 왁스, 유기산 등의 불순물로 구성된다.
  ㉡ 정련 : 대부분의 불순물은 알칼리를 첨가하여 고온에서 처리하면 제거된다.
④ 모 정련 : 원모는 천연불순물(지방, 땀, 먼지, 식물성 이물질 등)을 함유하므로 원모 상태에서 1차적으로 처리한 후 모직물의 불순물은 2차적으로 제거한다.
⑤ 견 정련
  ㉠ 생견섬유의 구성 : 75% 정도의 피브로인과 20%의 세리신 이외에 2%의 불순물을 포함하고 있다.
  ㉡ 세리신 : 수용성이므로 냉수에 팽윤되고 고온의 비누와 탄산나트륨 용액에서 용해된다. 세리신과 불순물의 함량에 따라 광택과 촉감이 달라지므로 필요에 따라 세리신의 함량을 적절하게 제거한다.
⑥ 인조섬유 정련
  ㉠ 천연불순물이 거의 없으므로, 제조공정에서 함유된 기름을 제거한다.
  ㉡ 탄산나트륨이나 비이온계면활성제 등을 사용하며 온도는 60~80℃에서 처리한다.

(2) 표백

① 표백(bleaching)의 정의 : 섬유에 포함되어 있는 색소를 제거하는 것이다.
② 표백제의 종류 : 산화표백제와 환원표백제가 있다.
  ㉠ 산화표백제 : 산화표백제는 색소를 산화 작용에 의해 파괴하므로 공기 중에서 다시 누렇게 되지 않지만 섬유가 취화할 수 있으므로 주의해야 한다. 주로 산화표백제가 많이 사용된다.
    • 과탄산나트륨 : 산소계 분말표백제로 백색의 분말이고 상온보다는 40℃ 이상에서 효과적이다.
    • 과붕산나트륨 : 백색의 결정성 분말로, 온수(60℃)에서 효과가 좋고 알칼리성(pH 10)을 나타내며, 수용액에서는 분해하여 과산화수소를 발생한다.
    • 과산화수소 : 무색 액체로, 산화작용이 부드러워 섬유의 손상이 적으며, 표백 후 특별한 처리가 필요 없어 모든 섬유에 이용할 수 있으나, 분해되기 쉬우므로 일광을

추가 설명

정련제의 종류
- 알칼리 : 주로 수산화나트륨(NaOH)이 사용되나 강알칼리이기 때문에 섬유가 손상될 수 있으므로 적절한 농도로 사용해야 한다.
- 계면활성제 : 유화작용에 의해 불순물을 쉽게 제거한다.
- 유기용제 : 왁스, 방적유 등을 제거하며, 정련효과는 좋으나 용제의 종류에 따라 독성이 강한 것이 있다.

추가 설명

면 정련 처리 시 주의할 점 : 처리 시 공기와 접촉하면 셀룰로스가 산화되어 취화하므로, 끓이는 정련 과정에서 공기와 접촉하지 않도록 주의한다.

추가 설명

산화표백제의 강도 : 하이포염소산나트륨(NaOCl) 〉 과망간산칼륨($KMnO_4$) 〉 표백분 [$Ca(OCl)_2$] 〉 아염소산나트륨($NaClO_2$) 〉 과산화수소(H_2O_2)

피해서 보관한다.
- 유기염소표백제 : 백색 분말 또는 입자로 물에 녹이면 하이포염소산나트륨을 생성한다.
- 하이포염소산나트륨 : 시판되는 액체상의 표백제로, 면, 마, 레이온, 폴리에스터의 표백에 사용되며 단백질 섬유, 나일론, 수지 가공된 면직물은 황갈색으로 변하고 섬유도 손상된다.
- 표백분 : 물에 용해하면 하이포염소산을 생성하며, 알칼리성을 나타내고 주로 공업용으로 사용되며 가격이 저렴하다.

ⓒ 환원표백제 : 환원표백제는 환원 작용에 의해 표백하므로 섬유를 취화하는 것은 적으나 완전히 희게 하는 것은 어려워, 양모나 견의 단백질 섬유 표백에 사용된다.
- 아황산수소나트륨 : 백색의 결정성 분말로 약산성을 띠며, 모나 면제품의 표백에 사용되었으나 대부분 공기 중의 산소에 의해 산화되므로 지금은 거의 이용되지 않는다.
- 하이포황산나트륨 : 하이드로술파이트라고도 하며, 백색 분말로 강한 환원력을 나타내고 산성에서 효과가 가장 좋다. 모나 견의 표백제로 일부 사용되고 염색의 발색제 또는 배트염료의 환원제로 사용된다.

③ 표백의 실제
ⓐ 단백질 섬유 : 과산화수소에 암모니아 등을 첨가하여 표백하는 산화표백법과 산성아황산나트륨이나 하이포황산나트륨에 의한 환원표백법이 있다.
ⓑ 셀룰로스 섬유
- 표백에 하이포염소산나트륨이 주로 사용되며 섬유의 강도가 저하될 수 있고, 섬유에 염소가 잔류하면 섬유가 약해지거나 황변될 수 있다.
- 아염소산나트륨이나 과산화수소는 섬유의 손상이 적으며 백도 유지력이 좋기 때문에 고급품의 표백제로 사용된다.

ⓒ 합성섬유 : 나일론은 산화에 약하므로 표백제의 선택에 주의하고, 염소계 표백제는 클로라민을 형성하므로 아염소산나트륨을 사용한다.

2 염색의 개념과 종류

(1) 염색의 개념

① 정의 : 염색이란 착색제를 써서 섬유품에 얼마간 내구성(염색견뢰도)이 있는 색을 부여하는 조작을 의미한다.
② 착색제
ⓐ 염료 : 물에 용해 또는 분산하며 섬유에 친화력이 있어 염착되며, 어느 정도의 견뢰도를 나타낸다.
ⓑ 안료 : 물에 불용성이고 친화력이 없으므로 합성수지, 글루(glue), 대두즙, 난단백 등

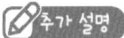

산화표백제의 종류
- 염소계 표백제 : 표백분, 하이포염소산나트륨, 아염소산나트륨, 유기염소계 등
- 산소계 표백제 : 과산화수소, 과탄산나트륨, 과붕산나트륨, 과산화아세트산, 과망간산나트륨

마섬유의 표백 : 마는 면보다 불순물이 많으나 면보다 표백제의 농도를 낮추어서 여러 번 반복하여 불순물을 제거한다.

염료와 안료의 차이점
- 염료는 물이나 용제에 수용성이지만 안료는 불용성이다.
- 염료는 특정 섬유에만 염색할 수 있는 반면 안료는 여러 가지 섬유에 염색이 가능하다.
- 염료는 염료-섬유 간에 염착력이 있어야 하지만, 안료는 바인더로 섬유에 고착시킨다.
- 염료는 침염에, 안료는 날염에 사용된다.

과 같은 섬유와의 결합제(binder)로 섬유에 고착시킨다.

(2) 염색의 분류

① 착색제 작용 방법에 따른 분류 : 침염, 날염, 인염, 분무염, 크레용염, 홀치기염, 납힐염, 협힐염 등
② 염색되는 결과에 따른 분류 : 무지염색, 무늬염색, 멀티컬러염색 등
③ 작업규모나 염색장치에 따른 분류 : 공업염색(기계염색), 공예염색(수공염색)
④ 피염물의 형태에 따른 분류 : 원액염색, 스톡염색, 톱염색, 슬러빙염색, 사염, 포염, 의류염색 등
⑤ 생산공정상의 순서에 따른 분류 : 선염, 후염 등
⑥ 원료섬유에 따른 분류 : 견염, 모염, 면염, 마염, 레이온염, 아세테이트염, 나일론염 등

(3) 침염과 날염

① 침염
　㉠ 정의 : 침염이란 피염물을 착색제, 염색용 약제, 염색매체 등으로 구성된 염액에 침지시켜 염색하는 방법을 의미한다.
　㉡ 착색제로서 염료가 쓰이고, 염색매체로 물이 쓰이다가 근래에는 용제나 거품을 쓰는 방법이 거론되고 있다.
　㉢ 일반적으로 한 가지 색(무지염색)으로 염색되나 홀치기염색에 의해 무늬를 나타내기도 한다.

② 날염
　㉠ 정의 : 날염이란 착색제, 염색용 약제, 염색매체, 호료 등으로 만들어지는 날염호로 옷감 위에 무늬를 찍어 나타내는 염색 방법을 의미한다.
　㉡ 날염호를 원하는 무늬로 음각한 날염 롤러나 원하는 무늬대로 액이 통과할 수 있게 마련된 형지, 스크린 등을 써서 피염물에 날인한 뒤 건조하고 수증기로 가열하여 염착시킨 후 수세하여 착색제 이외의 물질을 제거한다.
　㉢ 주로 직·편성물에 쓰이고, 염료 또는 안료를 착색제로 쓰며, 침염에 비해 매우 농후하고 점성이 있는 조건하에서 착색제 – 섬유 간의 작용이 형성된다.

3 염색견뢰도

① 염색견뢰도 : 여러 가지 외부 인자에 대한 염색물의 색의 저항성 및 내구성을 나타내는 척도를 뜻한다.
② 염색견뢰도를 지배하는 인자 : 일광, 세탁, 수세, 땀, 마찰, 다림질, 표백, 증열, 해수, 축융, 산, 알칼리 등 다양하다.
③ 염료의 선정 : 염색자는 희망하는 색상, 농도, 선명도를 갖도록 염색실험을 하고, 이 실험에 의해 최종 사용 목적에 지장이 없는 견뢰도를 갖는 염료를 선정해야 한다.

추가 설명
날염의 특징 : 호료를 섞은 날염호를 사용하여 색이 번지는 것을 막는다.

추가 설명
침염과 날염의 차이 : 침염은 일반적으로 무지염을, 날염은 무늬를 나타낸다.

추가 설명
염색견뢰도 : 여러 가지 외부 인자에 대한 염색물의 색이 저항도의 척도로서, 염색제품의 실용성에 매우 중요하다.

④ 염색견뢰도 시험규격 : 국제표준화기구법(ISO법), 한국산업규격(KS), 유럽규격(ECE), 미국규격(AATCC), 일본공업규격(JIS) 등이 있다.
⑤ 염색견뢰도 표시법 : 현재 숫자를 사용하는 방법이 고안되어 통용되고 있는데, 이 방법은 각 견뢰도 측정 대상에 따라서 그 결과를 등급에 따른 숫자로 표시하거나 혹은 대응하는 용어로 표시하는 방법이다.

| 표 5-1 | 일광견뢰도 표시법

등급	대응영어	대응 한국어	등급	대응영어	대응 한국어
8	outstanding	최상	4	fairly good	양
7	excellent	수	3	fair	가
6	very good	우	2	poor	하
5	good	미	1	very poor	최하

> **추가 설명**
> 염색견뢰도의 표시 : 염색견뢰도에는 현재 숫자를 사용하는 방법이 고안되어 통용되고 있는데, 등급은 숫자가 클수록 높은 견뢰도를 나타낸다.

| 표 5-2 | 염색견뢰도 표시법(일광견뢰도 이외의 견뢰도)

등급	대응영어	대응 한국어	등급	대응영어	대응 한국어
5	excellent	눈에 띄지 않는다	2	poor	다소 심하다
4	good	약간 눈에 띈다	1	very poor	심하다
3	fair	분명하다			

02 염색의 개념과 종류

1 염료 및 안료

(1) 염료

① 색과 염료의 화학적 구조
  ㉠ 불포화구조설 : 1868년 그레베(Graebe)와 리베르만(Liebermann)은 환원제로 처리하면 유기화합물의 색이 없어지는 것에 근거하여 발색이 불포화구조와 관련되어 있다고 하였다.
  ㉡ 발색단설 : 1876년 비트(O.N. Witt)가 제창한 설로, 어떤 물질이 발색단을 가지면 색을 나타낸다고 하는 것이다. 퍼킨(W.H. Perkin)의 합성염료 발견 이래 20년간에 알려진 유색 유기화합물을 계통적으로 정리해서 얻어진 경험적 귀납인데, 최근의 양자역학을 기반으로 한 발색이론과 비교하여도 크게 다르지 않다.
  ㉢ 최근의 발색이론 : 분광학적 양자역할
    • 분광학에 의하면 모든 유기화합물은 그들 구조 내에 발색단이 있든 없든 복사에너지를 흡수하는 것을 알 수 있으며, 어느 것이 착색되어 보이는 것은 다만 그것이 가시광선 영역 내에서 강한 흡수를 하기 때문이다. 따라서 색이란 일반 현상의 어느 특수한 경우라고 말할 수 있다.

> **추가 설명**
> 발색단과 조색단
> • 발색단 : 스펙트럼에서 흡광 띠를 나타내는, 전자 전이를 하는 원자단으로, 염료 산업에서 염료의 색과 직접 연관된 원자단을 지칭하기 위해 도입되었다. 나이트로기($-NO_2$)·아조기($-N=N-$)·카노닐기($-C=O$)·나이트로소기($-NO$) 등이 있다.
> • 조색단 : 염료 분자에 치환되면 염료의 색을 짙게 하거나 섬유에 쉽게 염색되게 하는 원자단으로, 하이드록시기($-OH$), 아미노기($-NH_2$) 등이 있다.

• 어느 분자가 복사에너지를 흡수하려면 그 양이 그 분자의 높은 에너지 수준으로 여기하는 데 필요한 에너지량과 정확히 일치해야 한다.

② 염료의 분류
   ㉠ 염료
   • 천연염료 : 동물성염료, 식물성염료, 광물성염료
   • 합성염료 : 2가지 이상을 혼합한 염료
   ㉡ 염료의 응용상 분류와 기본염법
   • 직접염법 : 염기성염료, 산성염료, 직접염료
   • 발(현)색염법 : 아조익염료
   • 반응염법 : 반응성염료
   • 분산염법 : 분산 염료
   • 매염염법 : 매염염료
   • 환원염법 : 황화염료, 배트염료
③ 염료의 명칭과 기호
   ㉠ 염료의 명칭 : 관칭과 색어를 조합하고 여기에 적당한 기호를 붙여 명명한다. 관칭으로 염료의 응용상의 종류, 제조회사, 염색성 등을 짐작할 수 있다.
   ㉡ 염료의 기호 : 염료제조자 또는 판매자가 임의로 붙이는 것으로서 일정한 정의를 내릴 수 없다. 그러나 일반적으로 염료의 색조, 성질, 순도 등을 표시하는 수가 많다.

(2) 안료(안료수지염료)

① 안료와 염색
   ㉠ 섬유의 염색 방법 : 안료수지염색에 의한 외부 염(착)색 방법과 원액염색에 의한 내부 염(착)색 방법이 있다.
   ㉡ 안료수지염료는 W/O형, O/W형, W형, O형의 4가지 형으로 날염호를 써서 나타내는데, 현재 주로 쓰이는 것은 W/O형과 O/W형이다.
② 안료수지염료 날염호의 유형
   ㉠ W형(수중분산형)
   • 안료+(물+수용성 고착제)로 이루어져 있다.
   • 수용성 고착제로는 글루, 전분, 고무, 난백 등의 천연고분자물, 합성고분자물 등이 쓰인다.
   • 촉감이 좋지 않고 내마모성과 세탁견뢰도가 약한 편이다.
   ㉡ O형(유기용제중분산형)
   • 안료+(유기용제+유기용제 가용성 합성고분자물)로 이루어져 있다.
   • 화재 위험이 있고 촉감이 뻣뻣하여 비닐 시트의 날염에 사용한다.
   ㉢ W/O형(유중수적형, W/O 에멀션형)

추가 설명

염료의 여러 가지 기호
• B(Baumwolle) : 면염색에 적당
• D(Druck) : 날염에 적당
• E(Egalisierung) : 균염성
• HW(Half Wool, Halb Wolle) : 면과 털의 혼교품 염색에 적당
• K(Kalt) : 냉욕염색에 적당
• L(Linen, Leinen) : 아마 염색용
• P(Paper, Papier) : 종이 염색용
• S(Sulphonic acid, Sulfonsäure, Soluble) : 가용성
• SW(Soluble and Suitable for Wool) : 가용성이고 양털 염색에 적당
• WS(Wool and Silk, Wolle und Seide) : 양털 및 명주 염색용, 견모 혼교품 염색용
• Extra, Conc, Conz, Strong, O, K, X : 순도(염료의 농도)가 높음을 표시

추가 설명

안료수지염료 : 선명도와 광택을 위하여 합성수지의 염으로 표면을 처리한 유기물의 안료이다.

- 안료+물+(용제+용제가용성 고착제)로 이루어져 있다.
- 기름 속에 물이 유화된 형태로 분산되어 있으며, 취급이 불편하다.
- 아리다이, 셔다이 등의 안료가 있다.

② O/W형(수중유적형, O/W 에멀션형)
- (안료+물+고착제)+석유계용제로 이루어져 있다.
- 물속에 기름이 유화된 형태로 분산되어 있으며, 내마모성과 세탁견뢰도가 약하나, 색상이 선명하고 촉감이 좋다.
- 아크라민, 헬리자린 등의 안료가 있다.

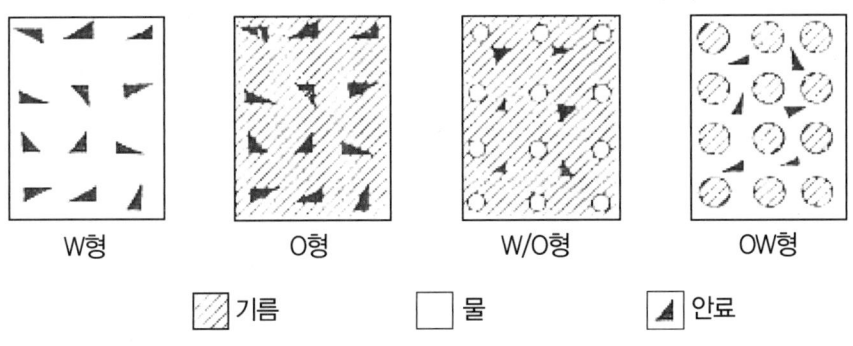

| 그림 5-1 | 안료수지염료 날염호의 모형도

2 염색법

(1) 침염

① 침염의 순서
  ㉠ 염색 준비공정 : 불순물 제거한다. 예 정련, 표백 등
  ㉡ 침염 본공정 : 염색욕에 고르게 잘 적신 피염물을 넣고 필요한 온도와 시간 조절을 하면서 처리한다.
  ㉢ 염색 부수공정 : 염색이 되었으면 피염물과 염색을 분리한 후 충분히 수세한 뒤 공기에 노출하거나 약제로 처리하여 잘 발색시킨다.
  ㉣ 가공공정 및 상품화 : 탈수하여 가공공정에 보내거나 상품화한다.

② 침염의 기본 염법
  ㉠ 직접염법
    - 정의 : 염료가 수용성으로 섬유에 친화력이 있어 염료, 물, 염색용 약제를 넣어 염액을 만든 뒤 이것에 피염물을 넣고 가열하여 염색하는 방법이다.
    - 특성 : 간단하고 쉽게 염색되지만 염색견뢰도가 좋지 않다.
  ㉡ 매염염법
    - 정의 : 염료가 그대로는 섬유에 친화력이 없지만, 염료와 섬유에 친화력이 있는 매개적 물질(매염제)을 먼저 섬유에 결합시킨 후 염료와 결합시키고 이 결합된 매개적

> **추가 설명**
> 침염의 순서 : 염색 준비공정 → 침염 본공정 → 염색 부수공정 → 가공공정 및 상품화

물질에 염료를 결합시키는 염색법이다.
- 특성 : 염색견뢰도가 좋은 편이나 염색과정이 복잡하고 균염을 얻기 곤란하다.

ⓒ 환원염법
- 정의 : 섬유에 친화력이 없는 불용성 염료를 알칼리에서 환원시켜 염색하는 염법이다.
- 특성 : 배트염료와 황화염료는 불용성으로 섬유 친화력도 없지만, 알칼리성 환원제 액으로 처리하면 환원되어 수용성이 되어 섬유 친화력이 생긴다. 다시 공기 중에 드러내면 산화형의 색으로 되돌아간다.

> **추가 설명**
> 직접염법의 특성 : 염색을 할 때에 염색하려고 하는 실이나 옷감, 염료를 특별히 처리하지 않아도 염색이 잘 된다.

> **추가 설명**
> 직접염법의 예
> 직접염료에 의한 셀룰로스 섬유(면섬유), 산성염료에 의한 단백질 섬유(모, 견)와 나일론, 염기성염료에 의한 아크릴 섬유의 염색 등

| 표 5-3 | 기본 염법과 염료

기본 염법	염료의 종류
직접염법	• 산성염료 • 염기성염료 • 직접염료
매염염법	• 매염염료
환원염법	• 배트염료 • 황화염료
발(현)색염법	• 아조염료
반응염법	• 반응성염료
분산염법	• 분산염료

> **추가 설명**
> 매염염법의 예
> 셀룰로스 섬유를 염기성염료(매염제 : 타닌산)로 염색하거나 모섬유를 매염염료(매염제 : 중크롬산나트륨)로 염색하는 것

ⓔ 발색(현색)염법 : 섬유의 존재하에 염료의 원료가 되는 물질들에 반응을 주어 섬유 내부에 염료를 형성시키는 방법으로 염색하는 것이다.

ⓜ 분산염법
- 정의 : 염료가 수중에서 분산되어 그대로도 섬유에 좋은 친화력을 갖는 때에 쓰이는 염법이다.
- 특징 : 보기에 따라서는 직접염법이라 볼 수 있지만, 염료가 수용성이 아니고 수중에 콜로이드 상태로 분산시켜 염색하는 점이 다르다.

ⓗ 반응염법
- 정의 : 1956년 ICI사(英)에 의해 발표된 프로시온 염료를 계기로 하여 알려진 1군의 염료에 대해 쓰이는 염법을 의미한다.
- 특징 : 반응염법은 실제 염색에서는, 먼저 반응성염료를 물에 녹인 다음 직접염법과 같이 약제(중성염)를 넣어 일단 피염물(셀룰로스 섬유, 단백질 섬유, 나일론 등)에 흡진시킨 다음, 알칼리를 넣어 섬유와 염료 사이에 공유결합 반응이 생기도록 한다. 염법이 간단하고 일광·습윤 등 튼튼한 염색견뢰도를 갖는다.

> **추가 설명**
> 염기성염료의 발명 : 1856년 퍼킨이 발명한 모브를 비롯해 마젠타, 말라카이트그린 등 가장 일찍이 만들어진 염료들이 염기성염료에 속한다. 염색견뢰도가 좋지 못하여 사용량이 줄어들었다가 아크릴섬유의 발견으로 다시 중요하게 되었다.

③ 염기성염료와 염색
ⓘ 염기성염료의 성질
- 염기성염료는 색이 선명하며, 색농도가 크다.

- 염기성염료는 물속에서 녹아 착색된 부분은 양(+)이온으로 되고, 함께 음(−)의 대(對)이온을 만든다.
- 안정한 것이라도 너무 오래 끓이면 어느 정도는 분해되므로 조심해야 한다.
- 염기성염료의 수용액에 알칼리를 가하면 녹기 힘든 유기염기로 되므로 침전이 생기며, 또 음이온성 물질에 의해서도 침전이 생길 수 있다.
- 이 염료의 염색물이 일광이나 세탁에 견뢰하지 못하나, 아크릴섬유에 대해서는 견뢰해진다.
- 이 염료는 아크릴섬유, 양모, 명주, 나일론의 염색에 쓰인다.

ⓒ 염기성염료의 염착기구
- 염기성염료의 염착은 이온결합으로 이루어진다.
- 물속에서 양(+)이온이 된 염료는 음(−)이온으로 전하된 어떤 입자와 서로 정전기적 힘으로 결합(이온결합, 정전기적 결합)되어 염색된다.
- 아크릴섬유, 명주, 양모, 나일론 등은 물속에서 음(−)으로 하전되므로, 염기성염료의 양(+)이온과 결합하여 염착된다.

④ 산성염료와 염색
ⓐ 산성염료의 성질
- 산성염료는 염색에 있어 필요로 하는 산도가 각각 다르다.
- 산성염료로 염색할 때는 일반적으로 염액에 산을 가입해 주어야 한다.
- 산성염료는 물에 녹아서 착색된 부분은 음이온이 되고, 양이온의 대(對)이온을 만든다.
- 일반적으로 일광에는 만족스럽지만, 세탁이나 물에 대해 견뢰도가 나쁜 것이 있다.
- 산성염료로 염색할 때 망초, 소금 등의 중성염을 첨가하면 완염효과가 있다.
- 양모, 명주 등의 단백질섬유의 염색에 매우 중요하며, 나일론, 일부 아크릴 섬유 등을 염색하는 데 쓰인다.

ⓒ 산성염료의 염착기구 : 산성염료는 물속에서 음이온이 되는데, 양모, 명주, 나일론 등은 염액의 pH에 따라 (+)와 (−)로 하전될 수 있으므로 산성염료와 이온결합으로 염착된다.

⑤ 직접염료와 염색
ⓐ 직접염료의 성질
- 직접염료란 매염을 하지 않고 면 등의 천연섬유에 직접 염색되는 염료이다.
- 직접염료로 섬유소섬유(셀룰로스섬유)를 염색할 때 최적 염색온도가 염료에 따라 틀리다.
- 직접염료로 무명 등의 섬유소섬유를 염색할 때는 황산나트륨, 염화나트륨 등의 중성염을 넣어주면 촉염작용이 있으며, 단백질섬유를 염색할 때는 산을 넣어 주면 촉염작용이 있으나 색상이 밝지 않아 많이 사용하지는 않는다.
- 직접염료로 섬유소섬유를 염색할 때는 착색력이 낮은데, 가급적 액량비를 적게 해

> **추가 설명**
> 산성염료의 특성
> - 염액에 산을 첨가한다.
> - 세탁이나 물에 대해 견뢰도가 나쁜 것이 있다.
> - 물에 가장 쉽게 용해되는 염료이다.
> - 단백질섬유의 염색에 매우 중요하다.

주면 유리해진다.
- 가격이 저렴하고 사용은 간편하나 수세, 세탁 등의 염색견뢰도가 좋지 않고 색상도 일부는 선명하지 않다.

ⓛ 직접염료의 염착기구 : 직접염료는 섬유소섬유에 수소결합이나 판데르발스 힘에 의해 염착된다.

⑥ 매염염료와 염색
㉠ 매염염료의 성질
- 매염염료의 대부분은 물에 잘 녹는다.
- 매염염료의 대부분은 섬유를 매염한 뒤, 염료액으로 처리한 것이다.
- 매염제로는 철, 니켈, 크롬, 알루미늄, 주석 등의 금속염을 사용한다.
- 일광, 세탁에 튼튼하며, 배위결합으로 형성되어 습윤견뢰도가 좋다.
- 양모섬유에 가장 많이 쓰이지만 단백질섬유, 나일론섬유의 염색에도 쓰인다.

ⓛ 매염염료의 염착기구
- 섬유에 금속원자가 결합되고, 이 금속원자에 염료분자들이 결합된다.
- 1:1 함금속염료의 결합방식에는 배위결합, 1:2 함금속염료의 결합방식에는 조염결합, 수소결합이 관여한다.

⑦ 황화염료와 염색
㉠ 황화염료의 성질
- 많은 황(S)을 함유한 유기화합물이다.
- 황화염료는 물에 녹지 않으므로 알칼리 환원제에 의해 염착되며, 섬유소섬유의 염색에 사용된다.
- 염색공정이 간단하고 세탁견뢰도가 좋으며, 쉽게 적은 비용으로 섬유소섬유를 튼튼하게 염색할 수 있다.
- 황화염료의 염색물은 대체로 선명치 못하고, 공기와 접촉하거나 산화제에 의해 황산이 발생하므로 섬유소섬유를 크게 다치게 한다.

ⓛ 황화염료의 염착기구 : 황화염료 분자구조 내의 황결합이 절단되어 작은 분자로 된 물질이 섬유소에 흡착되고, 섬유 내에서 산화되어 원상태의 황화염료로 전환된다.

⑧ 배트염료와 염색
㉠ 배트염료의 성질
- 배트염료는 물에 녹지 않지만 환원작용에 의해 류코화합물이 되는 염료이다. 알칼리성 용액에서 용해되고 공기 산화에 의해 다시 원래의 불용성 색소가 되어 섬유에 염착된다.
- 배트염료는 어느 것이나 그 분자구조 내에 카보닐기($>C = O$)를 가지고 있다.
- 배트염료는 물에 녹지 않고, 그대로는 섬유에 염착되지 않는다.
- 배트염료는 환원제로 처리하면 카보닐기가 수소와 결합하여 류코 화합물을 형성한다.

추가 설명

매염염료의 특성
- 침염을 할 때 섬유에 금속염을 처리한 후 염색하는 방법을 사용해야 하는 염료이다.
- 섬유 재료에 친화성이 없어서 매염제를 필요로 한다.
- 천연물감이 대부분 이에 속하는데 염색법이 복잡하여 현재는 잘 쓰지 않는다.

추가 설명

황화염료의 염색 후처리
- 색상 개선을 위해서 : 따스한 젖은 공기 속에 걸어 주고, 공기 함유의 수증기로 찌며, 과산화수소액 또는 과붕산나트륨액으로 40℃에서 20분간 처리
- 섬유 상해 방지를 위해서 : 아세트산나트륨용액으로 처리한 후 건조, 크롬산나트륨과 아세트산을 녹인 액으로 염색물 처리

- 배트염료는 화학적 구조에 따라 인디고계 배트염료, 안트라퀴논계 배트염료로 나뉜다.
- 배트염료는 섬유소섬유, 단백질섬유, 폴리에스테르섬유의 염색에 쓰인다.
- 배트염료는 일광, 세탁, 물에 최상급의 견뢰도를 보인다.
ⓛ 배트염료의 염착기구 : 배트염료는 섬유소섬유와 수소결합, 판데르발스 힘에 의한 결합 등으로 염착한다.

> **추가 설명**
> 류코 화합물 : 불용성의 염료를 환원하여 얻는 무색이나 담색의 수용성 화합물이다.

⑨ 아조익염료와 염색
㉠ 아조익염료의 성질
- 수용성인 염료 성분을 작용시켜 섬유에 불용성 염료분자를 형성시켜서 염색을 한다.
- 녹지 않는 아조염료로서 나트톨염료라고도 한다.
- 세탁, 물, 일광에 강하고 값이 싸다.
- 아조익염료는 주로 섬유소섬유에 쓰이나 아세테이트, 폴리에스테르, 비닐론, 나일론 등에도 쓰인다.
ⓛ 섬유소섬유의 염색 순서 : 하지(下漬) → 디아조화(diazotization) 및 커플링(coupling) → 소핑(soaping) → 블라인딩(blinding)

> **추가 설명**
> 배트염료의 특성
> - 배팅(vatting)이란 배트염료를 수용성 화합물로 전환시켜 주는 것을 말한다.
> - 배트염료는 알칼리성 환원제에 의해 염색되는 염료이다.
> - 환원제로는 히드로설파이트가 가장 많이 쓰인다.

⑩ 분산염료와 염색
㉠ 분산염료의 성질
- 물에 대한 용해도가 작고, 분산되어 염색된다.
- 일광 및 세탁 견뢰도는 높지만 오존, 아황산가스 등에 의해 황변된다.
- 분산염료는 고온에서 승화되는 경향이 있어 전사날염에 이용된다.
- 주로 아세테이트와 폴리에스테르에 사용하며, 나일론, 폴리아크릴로니트릴 등의 모든 합성섬유 염색에도 쓰인다.
ⓛ 분산염료의 염착기구 : 분산염료는 물에 분산된 상태로 염색되는데, 섬유구조 내부에 침투한 다음 수소결합, 판데르발스 힘, 쌍극자 상호작용 등의 물리적 결합에 의해 섬유와 결합하여 염착된다.

> **추가 설명**
> 분산염료로 폴리에스테르 섬유를 염색하는 방법 : 섬유의 치밀한 구조를 느슨하게 해주는 방법에 따라 캐리어염색법, 고온염색법, 서머솔(thermosol)염색법이 있다. 캐리어염색법은 분산염료로 폴리에스테르 섬유를 염색할 때 가장 효과적으로 사용할 수 있는 방법이다.

⑪ 반응성염료와 염색
㉠ 반응성염료의 성질
- 반응성염료의 섬유와의 반응은 알칼리의 가입, 온도의 상승 등으로 촉진된다.
- 반응성염료는 공유결합에 의해 강하게 결합되어 세탁이나 물, 일광에 튼튼하다.
- 반응성염료는 물에 잘 녹으며, 소금, 망초 등을 넣으면 섬유 흡착이 촉진된다.
- 주로 섬유소섬유에 사용되나, 양모·명주 등의 단백질섬유와 합성섬유 염색에도 사용되고 있다.
ⓛ 섬유소섬유의 염색 : 중성염을 가입한 염료액으로 40℃~60℃에서 처리하여 섬유에 흡진되면, 탄산나트륨이나 중탄산나트륨을 가해 반응을 촉구한 다음, 높은 온도에서 소핑한다.

> **추가 설명**
> 반응성염료의 특성
> - 반응성염료는 염색 시 염료와 섬유가 화학적 반응을 일으켜 고착되는 염료이다.
> - 반응성염료의 섬유와의 반응은 공유결합이라는 화학적 결합이고 따라서 세탁이나 물에 매우 튼튼한데, 일광에도 매우 튼튼하게 되어 있다.

(2) 날염

① 날염의 기법

　㉠ 직접날염 : 백색 섬유품 또는 담색 무지염색물에 착색제를 첨가한 날염호를 직접 날인한 다음 적당히 처리하여 무늬가 나타나도록 하는 날염이다.

　㉡ 발염날염 : 섬유품을 발염할 수 있는 염료로 침염으로 염색한 뒤 적절한 발염제를 함유한 날염호로 날인하여 바닥의 색을 빼냄으로써 무늬가 나타나도록 하는 날염이며, 백색발염과 착색발염이 있다.

　㉢ 방염날염
　　• 이 방식은 발염날염과는 반대로 방염제를 날염호에 첨가하여 날인한 뒤 바닥의 색을 전면 날인 및 처리하든가 침염으로 염색하여 무늬가 나타나도록 하는 것이며, 백색방염과 착색방염이 있다.
　　• 직물을 필요한대로 묶어서 묶여진 부분에는 착색제 용액이 침투하지 못하도록 하여 무늬를 나타내는 것이다.

　㉣ 승화전사날염
　　• 분산염료의 승화 염색성을 이용한 일종의 기상염색법(氣相染色法)이다.
　　• 특수 종이에 승화성 분산염료를 주체로 한 잉크로 무늬를 그린 후 특수 종이(전사지라고 함)를 직물 위에 놓고 가압 · 열처리를 하면 분산염료가 승화하여 직물에 응축되어 무늬가 옮겨가도록 하는 방법이다.

② 날염을 하기 위한 직물의 준비

　㉠ 양모 : 차가운 10% 중크롬산나트륨 용액에 3분간 침지시킨 후 수세할 때 충분히 염소화 처리가 되어 있으면 양모가 짙은 노랑색이 되나, 그렇지 않으면 엷은 노랑색이 된다.

　㉡ 나일론 : 열고정 처리 여부를 알기 위해 구긴 상태에서 가압증기하에서 10~15분간 방치한 뒤, 수세, 건조하여 구김이 없으면 열고정은 적당함을 뜻한다.

　㉢ 섬유소섬유 계통 : 정련, 표백 처리 후 품위와 유연성을 부여하기 위해 오일링 처리를 해준다. 오일링 처리 여부를 알기 위해 가압하에서 30분간 증열 처리를 하여 직물이 황변하지 않는가 시험해 본다.

　㉣ 아세테이트의 표면비누화 : 아세테이트는 약한 알칼리 용액에서 끓이면 표면비누화가 일어나 분산염료의 친화력 혹은 고착에는 방해되지 않으나, 마찰견뢰도를 저하시킨다.

③ 날염호의 준비

　㉠ 염료를 쓸 때의 날염호
　　• 염료의 용해 : 물만으로 충분히 용해할 수 없으므로 글리세린, 요소, 염(솔루션 솔트) 등의 용해제를 첨가하여 염료를 용해시킨다.
　　• 날염호에 사용되는 호료(풀감)의 종류 : 녹말, 가공녹말, 천연고무, 단백질, 셀룰로스 유도체, 합성수지, 알긴산 소다 등이 있다.

추가 설명

착색제의 응용방식에 따른 날염의 분류 : 날염은 무늬를 부여하기 위해서 착색제를 첨가한 날염호를 어떠한 방식으로 응용하느냐에 따라 직접날염, 발염날염, 방염날염으로 구분한다.

날염의 특징 : 날염은 염료와 호료를 섞은 날염호를 사용한다.

날염의 작업 순서 : 직물 준비 → 날염호 준비 → 직물상의 무늬에 따라 날염호 날인 → 섬유에 착색제 고착 → 날염 마무리 처리

날염호에 사용되는 호료(풀감)의 구비조건
• 착색제 용액이나 분산액의 점성을 증가시켜 무늬가 번지는 것을 방지하고, 무늬의 윤곽을 선명하게 할 것
• 날인 및 증열 처리 시에 섬유 내부로 염료가 이동하는 것을 방지하지 않을 것
• 점성이 저하되지 않을 것
• 가격이 저렴할 것
• 쓰이는 목적이 완료되면 수세에 의해 쉽게, 완전히 제거될 것

- 호료액의 준비 : 호료는 물만으로도 팽윤시킬 수 있으나 유화제, 탄화수소, 환원방지제 등을 넣어 만들기도 하고 착색제, 분산제 등 약제를 첨가하기도 한다.
  ⓒ 안료수지염료를 쓸 때의 날염호
  - 안료수지염료는 수지 혹은 바인더(binder)를 이용하여 섬유에 친화력이 없는 불용성의 안료를 열처리를 통하여 섬유에 고착시킴으로써 물, 산, 알칼리, 그 밖의 용제에 대해서 견뢰한 날염물을 얻게 한다.
  - 안료수지염료의 날염호의 구성 : 안료, 수지 혹은 바인더, 산, 알칼리, 물, 그 밖의 용제 등으로 구성된다.

④ 날염호의 날인
  ㉠ 롤러 날인 장치 : 롤러 날인 장치는 서로 다른 색을 무늬에 넣고자 하는 경우, 색수와 같은 수의 날인 롤러를 프레셔볼에 부설하여 조합, 날인한다.
  ㉡ 스크린 날인 장치 : 적당한 틀에 사포를 메워 거기에 여러 가지 무늬를 형성시킨 스크린을 직물 위에 놓고, 그 위에서 날염호를 스퀴즈(squeeze)로 긁어서 날인하는 것이다.

⑤ 착색제의 고착
  ㉠ 날인 후의 건조 : 건조는 날인된 무늬를 잘 보유하게 하며, 날인과 다음 공정 사이에 주어지는 작업에서 직물이 오염되는 것을 막아준다.
  ㉡ 증열(steaming) : 섬유에 물감과 안료를 충분히 침투시키고 약품의 작용을 촉진하여 발색 또는 고착을 완전히 이루기 위한 과정이다. 즉, 염료를 섬유에 고착시키기에 직접적인 역할을 하는 단계이다.
  - 상압증열법 : 상압하에서 포화증기로써 염료를 고착시키는 것이다.
  - 가압증열법 : 압력계, 안정장치 등을 설치해 가압하에서 증열시켜 염료를 고착시키는 것으로, 특히 폴리에스테르 날염 시 사용된다.

⑥ 날염 마무리 처리
  ㉠ 풀감, 약제, 미결합 착색제 등을 제거하기 위해서 물로 충분히 씻어 주고, 이어 소핑 처리를 해준다.
  ㉡ 소핑 처리
  - 소핑 처리는 사용하는 염료나 직물의 종류에 따라서 그 정도가 다르다. 직접염료, 산성염료, 염기성염료는 습윤견뢰도가 나쁘기 때문에 보통 소핑 처리를 하지 않으며, 분산염료로 날인한 아세테이트와 나일론직물로 소핑 처리를 하지 않는다.
  - 매염염료는 60℃에서, 배트염료, 아조익염료, 반응염료는 거의 끓는 온도에서 소핑 처리를 하여 견뢰성을 증가시킨다.

> **추가 설명**
> 베이킹 혹은 큐어링법(건열고착법)
> - 증열을 하지 않고, 건조한 직물을 보다 높은 온도에서 단시간 가열해주는 처리이다.
> - 날염호에 들어 있는 수지, 혹은 바인더가 중합에 의해서 강한 접착력을 나타내어 안료를 섬유에 굳게 고착시키게 된다.

실전예상문제

1 다음 중 옷감 내에 존재하는 불순물을 제거하는 공정을 무엇이라고 하는가?

① 호발　　　　② 정련　　　　③ 표백　　　　④ 날인

해설 정련 : 옷감 내에 존재하는 불순물을 제거하는 공정으로 섬유의 종류에 따라 불순물은 각각 다르다.

2 정련제 중 유화작용에 의해 불순물을 쉽게 제거하는 것은?

① 알칼리　　　② 계면활성제　　③ 유기용매　　④ 효소

해설 정련제의 종류 : 알칼리, 계면활성제, 유기용매, 효소, 산화제 등이 사용되며, 계면활성제는 유화작용에 의해 불순물을 쉽게 제거한다.

3 대부분의 불순물은 알칼리를 첨가하여 고온에서 처리하면 제거되는데, 다음 중 끓이는 정련 과정에서 공기와 접촉하지 않도록 주의해야 하는 것은?

① 면 정련　　　② 견 정련　　　③ 모 정련　　　④ 인조섬유 정련

해설 면 정련처리 시 주의할 점 : 처리 시 공기와 접촉하면 셀룰로스가 산화되어 취화하므로, 끓이는 정련 과정에서 공기와 접촉하지 않도록 주의한다.

4 다음 중 견 정련에 대한 설명으로 옳지 않은 것은?

① 생견섬유는 75% 정도의 피브로인과 20%의 세리신 이외에 2%의 불순물을 포함하고 있다.
② 세리신과 불순물의 함량은 광택과 촉감에 영향을 주므로 모두 제거한다.
③ 세리신은 수용성이므로 냉수에 팽윤된다.
④ 세리신은 고온의 비누와 탄산나트륨 용액에서 용해된다.

해설 세리신과 불순물의 함량에 따라 광택과 촉감이 달라지므로 필요에 따라 세리신의 함량을 적절하게 제거한다.

5 다음 중 섬유에 포함되어 있는 색소를 제거하는 것을 무엇이라 하는가?

① 호발　　　　② 정련　　　　③ 표백　　　　④ 날인

해설 표백(bleaching) : 섬유에 포함되어 있는 색소를 제거하는 것으로 표백제에는 산화표백제와 환원표백제가 있다.

6 다음 중 표백제에 대한 설명으로 옳지 않은 것은?

① 산화표백제는 색소를 산화작용에 의해 파괴하므로 공기 중에서 다시 누렇게 되지 않는다.
② 환원표백제는 환원작용에 의해 표백하므로 섬유가 취화될 수 있으므로 주의해야 한다.
③ 환원표백제는 양모나 견의 단백질 섬유 표백에 사용된다.
④ 주로 산화표백제가 많이 사용된다.

해설 환원표백제는 환원작용에 의해 표백하므로 섬유를 취화하는 것은 적으나 완전히 희게 하는 것은 어려워, 양모나 견의 단백질 섬유 표백에 사용된다.

7 다음 산화표백제 중 강도가 가장 큰 것은?

① 과산화수소 ② 아염소산나트륨 ③ 과망간산칼륨 ④ 하이포염소산나트륨

해설 산화표백제의 강도 : 하이포염소산나트륨(NaOCl) 〉 과망간산칼륨($KMnO_4$) 〉 표백분[$Ca(OCl)_2$] 〉 아염소산나트륨($NaClO_2$) 〉 과산화수소(H_2O_2)

8 다음 중 염소계 산화표백제에 해당되지 않는 것은?

① 과산화수소 ② 유기염소계 ③ 하이포염소산나트륨 ④ 표백분

해설 산화표백제의 종류
• 염소계 표백제 : 표백분, 하이포염소산나트륨, 아염소산나트륨, 유기염소계 등
• 산소계 표백제 : 과산화수소, 과탄산나트륨, 과붕산나트륨, 과산화아세트산, 과망간산나트륨

9 다음의 〈보기〉와 같은 성질을 갖는 표백제는?

> **보기** 면, 마, 레이온, 폴리에스터의 표백에 사용되며 단백질 섬유, 나일론, 수지 가공된 면직물은 황갈색으로 변하고 섬유도 손상된다.

① 표백분 ② 하이포염소산나트륨 ③ 아황산수소나트륨 ④ 과산화수소

해설 하이포염소산나트륨 : 시판되는 액체상의 표백제로, 면, 마, 레이온, 폴리에스터의 표백에 사용되며 단백질 섬유, 나일론, 수지 가공된 면직물은 황갈색으로 변하고 섬유도 손상된다.

정답 1.❷ 2.❷ 3.❶ 4.❷ 5.❸ 6.❷ 7.❹ 8.❶ 9.❷

10 다음 중 표백제 과산화수소에 대한 설명으로 옳지 않은 것은?

① 표백 후 분해되기 어렵고 일광에 강하다.   ② 모든 섬유에 이용할 수 있다.
③ 산화작용이 부드러워 섬유의 손상이 적다.   ④ 무색 액체이다.

> **해설** 과산화수소(H_2O_2) : 표백 후 특별한 처리가 필요 없어 모든 섬유에 이용할 수 있으나, 분해되기 쉬우므로 일광을 피해서 보관한다.

11 다음 중 백색 분말로 강한 환원력을 나타내며 모나 견의 표백제로 일부 사용되고 염색의 발색제 또는 배트 염료의 환원제로 사용되는 것은?

① 과탄산나트륨   ② 하이포염소산나트륨   ③ 하이포황산나트륨   ④ 아황산수소나트륨

> **해설** 하이포황산나트륨 : 하이드로술파이트로 더 잘 알려져 있으며, 백색 분말로 강한 환원력을 나타낸다. 모나 견의 표백제로 일부 사용되고 염색의 발색제 또는 배트염료의 환원제로 사용된다.

12 다음 중 셀룰로스 섬유의 표백에 대한 설명으로 옳지 않은 것은?

① 섬유에 염소가 잔류하면 섬유가 약해질 수 있다.
② 마섬유의 표백은 면보다 표백제의 농도를 낮추어서 여러 번 반복하여 불순물을 제거한다.
③ 아황산나트륨과 과탄산나트륨은 섬유이 손상이 적으며 백도 유지력이 좋아 고급품의 표백제로 사용된다.
④ 셀룰로스 섬유의 표백에는 하이포염소산나트륨이 주로 사용된다.

> **해설** 아염소산나트륨이나 과산화수소는 셀룰로스 섬유의 손상이 적으며 백도 유지력이 좋아 고급품의 표백제로 사용된다.

13 착색제 중 안료와 염료의 차이에 대한 설명으로 옳은 것은?

① 안료는 여러 가지 섬유에 쉽게 염색된다.
② 안료는 바인더로 섬유에 고착시켜야 한다.
③ 안료는 물에는 잘 녹지만, 용제에는 잘 녹지 않는다.
④ 안료는 침염에, 염료는 날염에 주로 쓰인다.

> **해설** 염색에 쓰이는 착색제로서 염료와 안료가 있는데, 전자는 일반적으로 물에 용해 또는 분산하여 섬유에 친화력이 있어 염착되는 것이고, 후자는 물에 불용성이고 친화력이 없으므로 합성수지, 글루(glue), 대두즙, 난단백 등과 같은 섬유와의 결합제(binder)로 섬유에 결합시켜 염색의 목적을 달성한다.

14 다음 중 안료와 염료에 대한 설명으로 바르지 못한 것은?

① 염료 분자가 안료 분자보다 작아서 일반적으로 염료로 염색했을 때 염색 견뢰도가 나쁘다.
② 염료-섬유 간에는 염착력이 있어야 하지만 안료-섬유 간에는 염착력이 없는 것도 있다.
③ 안료는 섬유 표면이나 섬유 내부를 흐트러지게 하여 염착된다.
④ 안료 수지 염료는 주로 날염에 쓰인다.

해설 문제 13번 해설 참조

15 다음 중 염료와 안료의 특성을 비교할 때 안료의 특성에 해당하는 것은?

① 주로 침염에 사용된다.
② 고착에는 수지(바인더)가 필요하다.
③ 섬유와 특정 결합력으로 결합된다.
④ 물에 용해된다.

해설 문제 13번 해설 참조

16 다음 중 "염색이란 착색제를 사용하여 섬유제품에 얼마간의 내구성이 있는 색을 부여하는 조작이다." 에서 밑줄친 내구성은 무엇을 의미하는가?

① 안료의 종류   ② 염색방법   ③ 제품의 수명   ④ 염색견뢰도

해설 "얼마간 내구성이 있는 색"이란 세탁, 일광, 마찰, 땀 등에 의해서 쉽게 변·퇴색하는 일이 없는 색을 의미하며, 염색물의 색의 여러 인자에 대한 내구성, 즉 견뢰도는 쓰인 착색제가 속하는 부속, 변·퇴색인자, 염색법의 가부 등에 따른다.

17 다음 중 종류가 나머지 셋과 다른 하나는?

① 스톡염색   ② 무지염색   ③ 무늬염색   ④ 멀티컬러염색

해설 ②, ③, ④는 염색되는 결과에 의해 염색을 분류하는 방법이다. ①은 피염물의 형태에 따라서 염색을 분류한 것이다.

18 '원액염색'과 같은 종류인 것은?

① 기계염색   ② 슬러빙염색   ③ 후염   ④ 교염

해설 원액염색은 피염물의 형태에 따른 분류이므로 스톡염색, 톱염색, 슬러빙염색, 사염, 포염, 의류염색 등이 있다.

정답 10.① 11.③ 12.③ 13.② 14.① 15.② 16.④ 17.① 18.②

19 다음 중 침염의 염색매체로 주로 쓰이는 것은?

① 염료   ② 착색제   ③ 물   ④ 호료

해설 침염의 염색매체는 물이 주로 쓰인다.

20 다음 중 침염과 날염에 대한 설명으로 가장 적합한 것은?

① 침염은 일반적으로 무지염을, 날염은 무늬를 나타낸다.
② 침염은 값싼 염색법이나 날염은 비싼 염색법이다.
③ 침염은 염료를, 날염은 안료를 사용하는 것이다.
④ 침염은 상온에서 하지만 날염은 항상 고온에서 해야 한다.

해설 날염 : 착색제, 염색용 약제, 염색매체, 호료 등으로 만들어지는 날염호를 원하는 무늬로 음각한 날염 롤러나 원하는 무늬대로 액이 통과할 수 있게 마련된 형지, 스크린 등을 써서 피염물에 날인한 뒤 건조하고 수증기로 가열하여 염착 시킨 다음 수세하여 착색제 이외의 물질을 제거해 주는 염색법이다.

21 다음 중 날염과 침염의 차이를 가장 잘 설명한 것은?

① 날염은 염료와 호료를 섞은 날염호를 사용한다.
② 날염은 손으로 하지만 침염은 기계로 할 수 있다.
③ 침염제품은 날염제품에 비해 가격이 저렴하다.
④ 침염에 쓰이는 염료는 날염에는 쓸 수 없다.

해설 날염은 염료와 호료를 섞은 날염호를 사용한다는 데서 염료를 사용하는 침염과 차이를 보인다.

22 다음 중 날염의 특징으로 적합한 것은?

① 여러 가지 기계를 사용할 수 있으므로 침염보다 생산속도가 빠르다.
② 호료를 섞은 날염호를 사용하여 색이 번지는 것을 막는다.
③ 염료보다 안료를 사용하면 무늬가 더 선명하다.
④ 비용이 특히 적게 든다.

해설 문제 20번 해설 참조

23 다음의 〈보기〉와 같은 경우 색의 내구성을 좌우하는 것은?

> **보기** 합성염료를 만들어낸 사람이 최종적으로 해야 할 일은 그 염료가 사용될 의류의 용도에 맞게, 여러 외부 인자에 대해 견디는 색의 내구성을 측정해야 한다.

① 염색메커니즘　　② 염색견뢰도　　③ 염색시간　　④ 염색속도

해설 염색견뢰도는 여러 가지 외부 인자에 대한 염색물의 색의 저항성 및 내구성을 말한다. 따라서 어떠한 섬유제품이 완전히 사용가치를 잃을 때까지 원하는 색상 및 농도를 유지해야 함이 염색물에 요구되는 불가결의 조건임을 생각할 때 염색견뢰도는 섬유공업분야에서 매우 중요한 문제가 아닐 수 없다.

24 다음 중 염색견뢰도에 대한 설명으로 가장 적합한 것은?

① 염색에서 사용할 수 있는 염료의 종류를 나타낸다.
② 염색된 제품의 색의 내구성을 말한다.
③ 염색의 어려움을 나타내는 지수이다.
④ 염색된 제품의 색의 선명도를 말한다.

해설 문제 23번 해설 참조

25 다음 중 염색된 제품의 실용성을 좌우하는 가장 중요한 요인은?

① 염색견뢰도　　② 염료의 종류　　③ 가격　　④ 색상

해설 문제 23번 해설 참조

26 다음 중 등급의 숫자가 클수록 나타내는 염색견뢰도는?

① 견뢰도는 낮다.　　　　　　　　② 중간을 나타낸다.
③ 등급의 숫자와는 상관없다.　　　④ 견뢰도는 높다.

해설 염색견뢰도에는 현재 숫자를 사용하는 방법이 고안되어 통용되고 있는데 등급은 숫자가 클수록 높은 견뢰도를 나타낸다.

정답 19.❸　20.❶　21.❶　22.❷　23.❷　24.❷　25.❶　26.❹

27 다음 중 발색단설을 제창한 사람은?

① 뵈티거(P. Böttiger) ② 그레베(C. Graebe) ③ 리버만(Libermann) ④ 비트(O.N. Witt)

해설 1876년 비트(O.N. Witt)가 제창한 설이 발색단설이다.

28 다음 중 염료의 종류와 염색방법이 바르게 연결된 것은?

① 반응염료 — 직접염법
② 분산염료 — 반응염법
③ 직접염료 — 발색염법
④ 배트염료 — 환원염법

해설 염료의 응용상 분류와 기본 염법
- 매염염법 : 매염염료
- 환원염법 : 황화염료, 배트염료
- 분산염법 : 분산염료
- 발(현)색염법 : 아조익염료
- 반응염법 : 반응(성)염료
- 직접염법 : 염기성염료, 산성염료, 직접염료

29 다음 중 환원염법에 의해 염색되는 염료는 무엇인가?

① 분산염료 ② 황화염료 ③ 매염염료 ④ 직접염료

해설 문제 28번 해설 참조

30 다음 중 염료의 종류에 따른 기본염색법이 잘못 연결된 것은?

① 배트염료 — 환원염법
② 아조익염료 — 매염염법
③ 분산염료 — 분산염법
④ 반응성염료 — 반응염법

해설 문제 28번 해설 참조

31 다음 중 직접염법에 의해 손쉽게 염색할 수 있는 염료에 해당하는 것은?

① 아조익염료 ② 분산염료 ③ 산성염료 ④ 배트염료

해설 염기성염료, 산성염료, 직접염료 등은 직접염법에 의해 손쉽게 염색할 수 있다.

32 양털 및 명주 염색용을 표시하는 것은?

① HW　　　　　② E　　　　　③ WS　　　　　④ S

해설 염료의 기호 중 S는 가용성, WS는 양털 및 명주 염색용, 견모 혼교품 염색용을 의미하고, E는 균형성, HW는 면과 털의 혼교품 염색에 적당함을 나타내는 말이다.

33 다음 중 구입한 염료의 이름 앞에 K가 붙어 있는 경우 이 염료의 특성으로 알맞은 것은?

① 균염성이 있는 염료　② 순도가 낮은 염료　③ 견, 모, 혼방품에 적합　④ 냉욕염색에 적합

해설 염료의 여러 가지 기호 중 K는 냉욕염색에 적당하다는 표시이다.

34 다음 중 어떤 염료의 명칭 앞에 'extra'라는 기호가 있는 경우 이 염료의 특성으로 적합한 것은?

① 균염성이 높다.　　　　　　　　② 염료의 유효분이 적다.
③ 두 가지 색이 나타난다.　　　　④ 순도가 높다.

해설 순도, 곧 염료의 농도를 표시하는 경우 : Extra, Conc, Conz, Strong, O, K, X 등 어느 것이나 순도가 높음을 표시한다.

35 다음 중 안료에 의한 염색방법 중 외부 염(착)색 방법에 쓰이는 염색으로 옳은 것은?

① 무지염색　　　② 공업염색　　　③ 안료수지염색　　　④ 원액염색

해설 안료 : 물이나 용제에 불용성인 화합물의 입자이며, 섬유를 염색하려면 다음의 방법을 쓴다.
• 외부 염(착)색 : 안료수지염색　　• 내부 염(착)색 : 원액염색

36 W형 안료의 수용성 고착제로 사용되지 않는 것은?

① 난백　　　　② 고무　　　　③ 셀룰로스 아세테이트　　　④ 전분

해설 W형(수중분산형) 안료는 안료+(물+수용성 고착제)로 이루어지는 분산계이며, 수용성 고착제는 글루, 전분, 고무, 난백 등 천연고분자물, 합성고분자물 등이다.

37 다음 중 O형 안료를 만드는 방법은?

① 안료+(물+고무)　　　　　　　② 안료+물(용제)

정답 27.④　28.④　29.②　30.②　31.③　32.③　33.④　34.④　35.③　36.③　37.④

③ 안료+(물+글루) ④ 안료+(유기용제+니트로셀룰로스)

해설 O형 안료는 안료+(유기용제 가용성 합성고분자물)로 이루어진다. 가용성 합성고분자로는 니트로셀룰로스, 셀룰로스 아세테이트 등이 있다.

38 O/W형의 안료에 해당하는 것은?
① 아크라민 ② 셔다이 ③ 아리다이 ④ 래커(lacquer)

해설 O/W형의 안료로는 아크라민, 헬리자린이 있고, W/O형의 안료로는 아리다이, 셔다이 등이 있다.

39 안료수지염료 날염호의 유형 중 물속에 기름이 유화된 형태로 분산되어 있으며, 내마모성과 세탁견뢰도가 약하나 색상이 선명하고 촉감이 좋은 것은?
① W형 ② W/O형 ③ O형 ④ O/W형

해설 O/W형(수중유적형, O/W 에머션형) : 물속에 기름이 유화된 형태로 분산되어 있으며, 내마모성과 세탁견뢰도가 약하나 색상이 선명하고 촉감이 좋다.

40 염색에 앞서 가장 먼저 해야 할 일은?
① 온도조절 ② 액의 준비 ③ 건조 ④ 불순물의 제거

해설 염색에 앞서 피염체의 불순물을 제거해 주어야 한다.

41 다음 중 섬유와 주된 사용 염료가 바르게 나열된 것은?
① 면섬유, 직접염료 ② 견섬유, 배트염료 ③ 아세테이트, 산성염료 ④ 모섬유, 직접염료

해설 직접염료 — 섬유소섬유(면섬유), 산성염료 — 양모섬유, 염기성염료 — 아크릴 섬유

42 다음 중 염색하려고 하는 실이나 옷감, 염료를 특별히 처리하지 않아도 염색이 잘 되는 염색법은?
① 배트염법 ② 환원염법 ③ 매염염법 ④ 직접염법

해설 직접염법은 염료가 섬유에 친화력이 있어서 염료, 물, 필요하면 염색용 약제를 넣어 염액을 만들고 이것에 피염물을 넣고 가열하여 염색하는 방법이다.

43 다음 중 환원염법에 속하는 것은?

① 배트염법　　② 인디고염법　　③ 아조익염법　　④ 분산염법

해설 환원염법으로 염색하는 염료는 배트염료와 황화염료이다.

44 다음 중 먼저 금속염(매염제)을 섬유제품에 흡수시킨 후 이 금속염이 염료와 결합함으로써 염색되게 하는 데 사용되는 염료는?

① 아조염료　　② 매염염료　　③ 분산염료　　④ 염기성염료

해설 매염염료 : 염료가 그대로는 섬유에 친화력이 없지만, 염료에도 섬유에도 친화력이 있는 어떤 매개적인 물질이 있을 때는 그 매개적인 물질(매염제)을 먼저 섬유에 결합시키고 이 결합된 매개적 물질에 염료를 결합시키는 염법이다.

45 다음 중 염료와 염색방법이 바르게 짝지워진 것은?

① 산성염료 — 직접염법　　② 배트염료 — 반응염법
③ 반응성염료 — 매염염법　　④ 매염염료 — 환원염법

해설 문제 41번 해설 참조

46 다음 중 염색에 있어 섬유와 염료의 주된 결합력이 공유결합인 것은?

① 직접염료　　② 반응성염료　　③ 분산염료　　④ 산성염료

해설 반응성염료는 염색에 있어 섬유와 염료의 주된 결합력이 공유결합이다.

47 다음 중 반응성염료가 섬유와 반응하는 결합을 무엇이라 하는가?

① 산소결합　　② 배위결합　　③ 이온결합　　④ 공유결합

해설 반응염법 : 반응염료를 물에 녹인 다음 직접염법과 같이 약제(중성염)를 넣어 일단 피염물에 흡진시킨 다음, 알칼리를 넣어 섬유와 염료 사이에 공유결합 반응이 생기도록 한다.

정답 38.❶　39.❹　40.❹　41.❶　42.❹　43.❶　44.❷　45.❶　46.❷　47.❹

48 다음 염료의 분류 중 퍼킨이 발명한 최초의 합성염료에 해당되는 것은?

① 분산염료 ② 산성염료 ③ 아조익염료 ④ 염기성염료

해설 1856년 퍼킨이 발명한 모브(mauve)를 비롯해 마젠타, 말라카이트그린 등 가장 일찍이 만들어진 염료들이 염기성염료에 속한다.

49 다음 중 염기성염료의 특성에 대한 설명으로 가장 옳은 것은?

① 일광이나 세탁 등 모든 견뢰도가 우수하다.
② 가능한 한 고온에서 염색하는 것이 좋다.
③ 양이온성 물질과 함께 사용하면 침전이 생길 수 있다.
④ 색이 선명하고 색농도가 크다.

해설 염기성염료 : 염색할 때 색이 매우 선명하여, 색농도(色濃度, intensity)가 크다.

50 다음 중 색이 선명하여 색농도가 크지만 그 수용액에 알칼리를 가하면 녹기 힘든 침전이 생기는 염료는?

① 반응성염료 ② 직접염료 ③ 염기성염료 ④ 산성염료

해설 염기성염료 : 색이 선명하여 색농도가 크지만 그 수용액에 알칼리를 가하면 녹기 힘든 유기염료로 되므로 침전이 생기며, 또 음이온성인 물질에 의해서도 침전이 생길 수 있다.

51 다음 중 염기성염료의 단점은?

① 물에 약하다. ② 일광, 세탁에 약하다. ③ 불에 약하다. ④ 산성에 약하다.

해설 염기성염료의 단점 : 염색물이 일광이나 세탁에 견뢰하지 못하다.

52 다음 중 염기성염료가 쓰이지 않는 것은?

① 폴리에스테르 ② 아크릴 ③ 명주 ④ 양모

해설 염기성염료로 염색되는 것은 아크릴, 명주, 양모, 나일론 등이다.

53 염기성염료로 양모를 염색할 때 염료와 양모섬유는 주로 어떤 결합을 하는가?

① 이온결합　　　② 공유결합　　　③ 금속결합　　　④ 배위결합

해설 염기성염료의 염착은 이온결합으로 이루어진다.

54 다음 중 물에 녹아 착색된 부분은 음이온으로 되고 세탁이나 물에 대해 견뢰도가 나쁜 것이 있는 염료는?

① 산성염료　　　② 아조익염료　　　③ 황화염료　　　④ 매염염료

해설 산성염료의 특징
- 산성염료는 물에 녹아서 착색된 부분은 음(−)이온이 되고, 양(+)의 대(對)이온을 만든다.
- 산성염료로 염색할 때는 일반적으로 염액에 산을 가입해 주어야 한다.
- 물에 가장 쉽게 용해되며, 일반적으로 일광에는 만족스럽지만 세탁이나 물에 대해 견뢰도가 나쁜 것이 있다.

55 다음 중 산성염료의 견뢰도가 갖는 단점은?

① 세탁과 물에 약하다.　② 일광에 약하다.　③ 공기에 산화한다.　④ 황변한다.

해설 문제 54번 해설 참조

56 다음 중 산성염료에 염착되지 않는 것은?

① 명주　　　② 나일론　　　③ 양모　　　④ 아세테이트

해설 산성염료는 양모, 명주 등의 단백질섬유의 염색에 매우 중요하며, 나일론, 일부 아크릴 섬유 등을 염색하는 데 쓰인다.

57 다음 중 면직물을 직접염료로 염색할 때 염색속도도 증가하고 색깔도 진하게 만들기 위하여 염액에 넣는 조제는?

① 계면활성제　　　② 가성소다　　　③ 아세트산　　　④ 소금

해설 직접염료로 무명 등의 섬유소섬유를 염색할 때는 황산나트륨, 염화나트륨 등의 중성염을 넣어 주면 촉염작용이 있으며, 단백질섬유 염색 시 산을 넣어주면 촉염작용이 있으나 색상이 밝지 않아 많이 사용하지는 않는다.

정답 48.④　49.④　50.③　51.②　52.①　53.①　54.①　55.①　56.④　57.④

58 다음 중 직접염료로 염색할 때 염액비를 줄임으로써 얻을 수 있는 효과로 옳은 것은?
① 염색견뢰도가 향상된다.　　　　　　② 단백질섬유에도 직접 염착된다.
③ 같은 양의 염료로 더 진하게 염색할 수 있다.　④ 염색온도를 낮출 수 있다.

해설 직접염료로 섬유소섬유를 염색할 때는 착색력이 낮은데 가급적 액량비를 적게 해주면 유리해진다.

59 다음 중 직접염료로 셀룰로스섬유를 염색할 때 같은 양의 염료로 더 진하게 염색하는 방법은?
① 산성으로 해준다.　② 염색 온도를 낮춘다.　③ 액량비를 늘린다.　④ 액량비를 줄인다.

해설 문제 58번 해설 참조

60 다음 중 직접염료의 섬유소섬유 염착기구에 해당하는 것은?
① 판데르발스 힘　② 양전하　③ 음전하　④ 이온결합

해설 직접염료의 섬유소섬유 염착기구는 수소결합, 판데르발스 힘에 의한 결합으로 염착된다.

61 다음 중 침염을 할 때 섬유에 금속염을 처리한 후 염색하는 방법을 사용해야 하는 염료는?
① 직접염료　② 황화염료　③ 아조익염료　④ 매염염료

해설 매염염료
　• 침염을 할 때 섬유에 금속염을 처리한 후 염색하는 방법을 사용해야 하는 염료이다.
　• 매염염료는 양모섬유에 가장 많이 쓰이지만 그 밖의 단백질 섬유와 나일론 염색에도 쓰인다.

62 다음 중 매염염료로 가장 많이 염색되는 섬유는?
① 마　② 양모섬유　③ 명주　④ 아세테이트

해설 문제 61번 해설 참조

63 다음 중 매염염료가 갖는 좋은 견뢰도는?
① 습윤성　② 공기　③ 염기　④ 물

해설 매염염료는 배위결합으로 형성되어 습윤견뢰도가 좋다.

64 다음 중 황화염료의 가장 큰 단점은?

① 염색 온도가 각각 다르다.
② 소금이나 망초를 넣어야 염색이 된다.
③ 산화제에 의해 황산이 발생하여 섬유를 다치게 한다.
④ 착색력이 작다.

해설 황화염료의 단점 : 황화염료의 염색물은 대체로 선명치 못하며 공기와 접촉하거나 산화제에 의해 황산이 발생하므로 섬유소섬유를 크게 다치게 한다.

65 황화염료의 색상 개선을 위해 쓰이는 방법이 아닌 것은?

① 아세트산나트륨용액으로 처리한다.
② 과산화수소액으로 40℃ 정도에서 20분간 처리한다.
③ 공기 함유의 수증기로 쪄준다.
④ 따스한 젖은 공기 속에 걸어 둔다.

해설 ①은 상해 방지를 위한 처방이다.

66 배트염료의 염색과정 중 배팅(vatting)에 관한 설명으로 가장 적절한 것은?

① 배트염료로 염색한 후 공기 중에서 산화시켜 처음의 불용성으로 만드는 것
② 배트염료를 고온에서 끓여주는 것
③ 배트염료의 분자구조 중 카보닐기를 제거하는 것
④ 배트염료를 수용성 화합물로 전환시켜 주는 것

해설 배팅 : 배트염료를 수용성 화합물로 전환시켜 주는 것을 말한다.

67 다음 중 알칼리성 환원제에 의해 염색되는 염료는?

① 배트염료　　　② 매염염료　　　③ 산성염료　　　④ 분산염료

해설 배트염료는 알칼리성 환원제에 의해 염색되는 염료이다. 환원제로는 히드로설파이트(hydrosulphite, $Na_2S_2O_4$)가 가장 많이 쓰인다.

정답 58.③ 59.④ 60.① 61.④ 62.② 63.① 64.③ 65.① 66.④ 67.①

68 다음 중 배트염료의 환원제로 쓰이는 것은?

① 아세트산   ② 가성소다   ③ 히드로설파이트   ④ 아세트산액

해설 문제 67번 해설 참조

69 다음 중 아조익염료로 염색할 수 없는 것은?

① 폴리에스테르   ② 나일론   ③ 명주   ④ 양모

해설 아조익염료는 주로 섬유소섬유에 쓰이나 아세테이트나 폴리에스테르, 비닐론, 나일론 등에 쓰이기도 한다.

70 다음 아조익염료에 의한 섬유소섬유 염색순서로 보아 가장 마지막 과정은?

① 커플링   ② 블라인딩   ③ 소핑   ④ 디아조

해설 아조익염료에 의한 섬유소섬유 염색순서 : 하지 → 디아조화 및 커플링 → 소핑 → 블라인딩

71 다음 중 분산염료의 특성으로 적합한 것은?

① 물에 녹지 않고 분산되어 염색하며, 아세테이트에 잘 쓰인다.
② 염색견뢰도는 아주 낮다.
③ 색상이 아주 선명하다.
④ 낮은 온도에서도 물에 잘 녹는다.

해설 분산염료 : 물에 대한 용해도가 매우 작으며, 주로 아세테이트와 폴리에스테르에 사용되며, 나일론, 폴리아크릴로니트릴 등의 모든 합성섬유의 염색에도 쓰인다.

72 다음 중 승화전사날염을 하는 데 가장 적합한 염료는?

① 매염염료   ② 배트염료   ③ 반응염료   ④ 분산염료

해설 분산염료는 고온에서 승화하는 현상이 있으며, 이 현상은 염색견뢰도에 관계되지만 전사날염법을 발전시킨 성질이기도 하다.

73 다음 중 분산염료로 폴리에스테르 섬유를 염색할 때 가장 효과적인 방법은?

① 조제염색법　　② 저온염색법　　③ 상온염색법　　④ 캐리어염색법

해설 캐리어염색법 : 분산염료로 폴리에스테르 섬유를 염색할 때 가장 효과적으로 사용할 수 있는 방법이다.

74 다음 중 분산염료로 폴리에스테르를 염색할 때 사용할 수 없는 방법은?

① 상온염색법　　② 캐리어염색법　　③ 고온염색법　　④ 서머솔염색법

해설 분산염료로 폴리에스테르 섬유를 염색하는 방법 : 섬유의 치밀한 구조를 느슨하게 해주는 방법에 따라 캐리어염색법, 고온염색법, 서머솔(thermosol)염색법이 있다.

75 다음 중 반응성염료를 사용하여 면직물을 염색할 때 섬유와 염료 사이의 주된 결합은?

① 이온결합　　② 공유결합　　③ 조염결합　　④ 배위결합

해설 반응성염료의 섬유와의 반응은 공유결합이라는 화학적 결합이고 따라서 세탁이나 물에 매우 튼튼한데, 일광에도 매우 튼튼하게 되어 있다.

76 다음 중 반응성염료의 특성으로 가장 적합한 것은?

① 물에 대한 용해도가 매우 낮다.　　② 공유결합에 의해 섬유와 결합한다.
③ 주로 합성섬유의 염색에 쓰인다.　　④ 고온에서 승화하는 성질이 있다.

해설 문제 75번 해설 참조

77 침염과 날염의 두드러진 차이에 해당하는 것은?

① 침염제품은 가격이 싸다.
② 날염은 손으로만 한다.
③ 침염에 쓰이는 염료는 날염에 쓸 수 없다.
④ 날염은 염료와 호료를 섞은 날염호를 사용한다.

해설 날염은 무늬를 부여하기 위해서 착색제를 첨가한 날염호를 어떠한 방식으로 응용하느냐에 따라 직접날염, 발염날염, 방염날염으로 구분한다.

정답 68.❸　69.❹　70.❷　71.❶　72.❹　73.❹　74.❶　75.❷　76.❷　77.❹

78 다음 염색방법 중 어떤 직물을 한 가지 색으로 염색해 놓고 발염제를 함유한 날염호로 날인하여 부분적으로 색을 빼내어 무늬를 나타내는 것은?

① 방염날염　　　② 직접날염　　　③ 승화전사날염　　　④ 발염날염

> **해설** 발염날염의 정의 : 섬유품을 발염할 수 있는 염료로 침염으로 염색한 뒤 적절한 발염제를 함유한 날염호로 날인하여 바닥의 색을 빼냄으로써 무늬가 나타나도록 하는 날염법이며, 백색발염과 착색발염이 있다.

79 다음 날염방법 중 발염날염에 대한 설명으로 가장 옳은 것은?

① 백색 또는 옅은 색의 제품에 착색제를 첨가한 날염호를 직접 날인하여 처리한다.
② 적절한 염료가 염색한 후 약제가 함유된 날염호로 날인하여 바탕(바닥)의 색을 일부 빼냄으로써 무늬가 나타난다.
③ 무늬를 스크린에 나타내고 약품 처리하여 날인한다.
④ 왁스 또는 수지를 사용하여 착색제 용액이 부분적으로 섬유에 침투하지 못하도록 하여 무늬를 나타낸다.

> **해설** 문제 78번 해설 참조

80 다음 중 발염날염과 반대되는 방식은?

① 방염날염　　　② 승화날염　　　③ 간접날염　　　④ 직접날염

> **해설** 방염날염 : 발염날염과는 반대로 방염제를 날염호에 첨가하여 날인한 뒤 바닥의 색을 전면 인날 및 처리하든가 침염으로 염색하여 무늬가 나타나도록 하는 것이다.

81 다음 염색방법 중 직물을 필요한대로 묶어서 묶여진 부분에는 착색제 용액이 침투하지 못하도록 하여 무늬를 나타내는 것은?

① 방염날염　　　② 현색날염　　　③ 직접날염　　　④ 발염날염

> **해설** 방염날염
> • 직물을 필요한대로 묶어서 묶여진 부분에는 착색제 용액이 침투하지 못하도록 하여 무늬를 나타내는 염색방법이다.
> • 방염제를 날염호에 첨가하여 날인한 뒤 바닥의 색을 전면 날인 및 처리하든가 침염으로 염색하여 무늬가 나타나도록 하는 것이다.

82 다음 염색방법 중 방염제를 날염호에 첨가하여 날인한 뒤 바닥의 색을 전면 날인 또는 침염하여 무늬를 나타내는 것은?

① 직접날염 ② 방염날염 ③ 전사날염 ④ 발염날염

[해설] 문제 81번 해설 참조

83 다음 염료 중 승화전사날염에 사용하기에 가장 알맞은 것은?

① 아조익염료 ② 산성염료 ③ 분산염료 ④ 직접염료

[해설] 승화전사날염 : 분산염료의 특성을 이용한 가상염색법으로 특수 종이에 분산염료를 주체로 하여 무늬를 그린 후 이 것을 직물에 놓고 가압·열처리하여 염색효과를 나타낸다.

84 다음 중 특수 종이에 분산염료를 주체로 하여 무늬를 그린 후 이것을 직물에 놓고 가압·열처리하여 염색효과를 나타내는 방법은?

① 스크린 날염 ② 승화전사날염 ③ 롤러날염 ④ 방염날염

[해설] 문제 83번 해설 참조

85 날염의 작업 순서로 보아 2번째에 해당하는 것은?

① 직물 준비 ② 착색제 고착 ③ 날염호 날인 ④ 날염호 준비

[해설] 날염의 순서 : 직물 준비 → 날염호 준비 → 날염호 날인 → 섬유에 착색제 고착 → 날염 마무리 처리

86 다음 중 섬유소섬유 계통의 품위와 유연성을 부여하기 위해 하는 처리는?

① 증열 처리 ② 머서가공 ③ 오일링 처리 ④ 표백 처리

[해설] 섬유소섬유의 계통은 정련, 표백처리 후 품위와 유연성을 부여하기 위해 오일링 처리를 해준다.

87 아세테이트를 약한 알칼리 용액에 끓이면 그 결과는?

① 구겨짐 ② 마찰견뢰도의 저하

정답 78.④ 79.② 80.① 81.① 82.② 83.③ 84.② 85.④ 86.③ 87.②

③ 황변　　　　　　　　　　　　　　④ 분산염료의 친화력 저하

해설 아세테이트는 약한 알칼리 용액에서 끓이면 표면비누화가 일어나 분산염료의 친화력 혹은 고착에는 방해되지 않으나 마찰견뢰도를 저하시킨다.

88 양모의 염소화 처리 여부를 알려면 어느 용액에 넣어봐야 하는가?

① 옥살산　　② 황산나트륨　　③ 중크롬산나트륨　　④ 아세트산

해설 양모의 염소화 처리 여부를 알려면 10% 중크롬산나트륨 용액에 3분간 침지 후 수세 시 염소화되어 있으면 짙은 노랑색이 된다.

89 다음 중 염료의 용해제가 아닌 것은?

① 솔루션 솔트 SV　　② 요소　　③ 아세트산　　④ 글리세린

해설 염료의 용해제로는 글리세린, 요소, 염(솔루션 솔트) 등이 있다.

90 안료수지염료의 날염호의 구성에 속하지 않는 것은?

① 소금　　② 안료　　③ 용제　　④ 바인더

해설 안료수지염료의 날염호 : 수지 혹은 바인더, 안료, 물, 산, 알칼리, 그 밖의 용제 등이 들어간다.

91 롤러 날인 장치로 4가지 색상을 날인하려 한다. 필요한 날인 롤러의 수는?

① 2개　　② 4개　　③ 6개　　④ 8개

해설 롤러 날인 장치는 서로 다른 색을 무늬에 넣고자 하는 경우 색수와 같은 수의 날인 롤러를 프레셔볼에 부설하여 조합 날인하게 된다.

92 다음 중 폴리에스터 날염 시에 이용되는 방법은?

① 큐어링　　② 상압증열법　　③ 가압증열법　　④ 베이킹

해설 가압증열법은 특히 폴리에스터 날염 시에 사용된다.

93 다음 중 날염에 있어서 염료가 섬유에 고착되는 데 가장 큰 영향을 미치는 과정은?

① 소핑 ② 수세 ③ 날인 ④ 증열

해설 증열은 염료를 섬유에 고착시키기에 직접적인 역할을 하는 단계이다.

94 다음 중 소핑 처리를 하여 견뢰성을 높이는 염료가 아닌 것은?

① 분산염료 ② 반응염료 ③ 아조익염료 ④ 배트염료

해설 소핑 처리는 사용 염료, 직물의 종류에 따라 그 정도가 다르다. 직접염료, 산성염료, 염기성염료는 습윤견뢰도가 나쁘기 때문에 보통 소핑 처리를 하지 않으며, 분산염료로 날인한 아세테이트, 나일론직물도 소핑 처리를 하지 않는다.

정답 88.❸ 89.❸ 90.❶ 91.❷ 92.❸ 93.❹ 94.❶

MEMO

06 신소재

 단원 개요

신소재에서는 감성 지향 소재와 기능성 지향 소재를 다루고 있다. 감성 지향 소재는 태·외관 소재, 시감 지향 소재와 친환경 소재로 나누며 태·외관 소재에서는 뉴실키 소재, 뉴워스티드 소재, 드라이·쿨터치 소재, 피치스킨라이크 소재, 레더라이크 소재를 포함시키고, 시감 지향 소재에서는 고발색성 소재, 카멜레온 소재와 편광 소재를 다루고, 친환경 소재에서는 리오셀, 치논, 옥수수 섬유와 거미줄 섬유를 설명하고 있다.

기능성 지향 소재는 쾌적 지향 소재와 건강·안전 지향 소재로 나뉘며, 쾌적 지향 소재에서는 보온성 소재, 흡수·흡습성 소재, 투습·방수성 소재, 발수·발유성 소재, 축열·방열 소재와 스트레치성 소재를 포함시키고, 건강·안전 지향 소재에서는 항균·방취 소재, 소취 소재, 방향성 소재, 제전·도전성 소재, 자외선 차단 소재와 전자파 차단 소재를 설명하고 있다.

 출제 경향 및 수험 대책

이 단원에서는 해마다 출제 비율이 약간씩 달라지기는 하지만 평균 3~4문제 정도는 출제되고 있는 편이다. 그 출제 내용을 살펴보면 태·외관 지향 소재, 시감 지향 소재, 친환경 소재 등의 감성 지향 소재, 쾌적 지향 소재, 건강·안전 지향 소재 등의 기능성 지향 소재 등에 대해서 묻는 문제들이 출제되고 있는 바, 자세하고 철저한 학습이 요구된다.

6

01 감성 지향 소재

1 태·외관 지향 소재

(1) 드라이·쿨 터치 소재

① 드라이·쿨 터치 소재의 정의 : 면, 마나 레이온과 같은 촉감과 청량감을 부여하고자 섬유의 집합구조와 표면구조를 개선한 소재이다.

② 드라이·쿨 터치 소재를 얻기 위한 방법
  ㉠ 다공질 중공사의 사용 : 청량감 부여
  ㉡ 변동 복합가연 : 외관이 자연스럽고 청량감 우수
  ㉢ 융착가연 : 마직물과 같은 까실까실함 부여

(2) 뉴워스티드 소재

① 뉴워스티드 소재의 정의 : 양모 섬유의 특징을 모방하여 초기탄성률이 낮은 섬유가 직물 표면이 부풀어지고 권축을 가지도록 한 소재이다.

② 뉴워스티드 소재를 얻는 방법
  ㉠ 에어제트텍스처링 : 매듭이나 루프 형성
  ㉡ 복합가연 : 두 가닥의 원사를 동시에 가연하여 양모섬유의 부품성을 닮고자 한 가공

(3) 뉴실키 소재

① 뉴실키 소재의 정의 : 천연 견의 광택, 까실까실함, 드레이프성과 부품성 등을 거의 완벽하게 모방한 소재이다.

② 뉴실키 소재를 얻기 위한 방법
  ㉠ 섬유 표면 개질 : 미세 패임 형성(견직물 특유의 독특한 태 발휘)
  ㉡ 극세 섬유 방사 : 유연성 증가
  ㉢ 알칼리 감량 가공 : 부드러워지고 드레이프성 향상
  ㉣ 삼각단면 방사 : 우아한 광택 발휘
  ㉤ 자발신장사의 사용 : 부품성과 유연성 부여
  ㉥ 이수축혼섬 : 견직물이 가진 부품성과 유연성 부여
  ㉦ 섬유 형태 변화 : 자연스러움 추구
  ㉧ 섬유 단면형상 개질 : 천연 견섬유의 자연스러운 불균일성 표현

(4) 레더라이크 소재

① 레더라이크 소재의 정의 : 천연 피혁의 외관과 감촉에 가까우면서도 가볍고 관리가 손쉬운 소재이다.

추가 설명

태·외관 지향 소재의 분류
- 레더라이크 소재 : 천연 가죽 모방
- 뉴워스티드 소재 : 양모와 같은 부품성을 가짐
- 뉴실키 소재 : 견의 우아한 광택과 드레이프성 모방
- 드라이·쿨 터치 소재 : 면·마나 레이온의 촉감과 청량감 추구
- 피치스킨라이크 소재 : 기모 가공을 하여 부드러운 촉감과 풍부한 표면감 추구

추가 설명

이수축혼섬 : 수축률이 서로 다른 섬유를 함께 사용하여 실을 만드는 기술로, 견직물이 가진 부품성과 유연성을 부여할 목적으로 개발되었다.

② 레더라이크 소재의 개발을 위한 방법
- ㉠ 광택이 있는 표면을 모방하기 위해서 초극세섬유의 제작 요구
- ㉡ 콜라젠 섬유의 미세분말 등 천연 단백질을 수지층에 혼입하여 피부에 달라붙는 느낌을 없애주고 흡습성과 투습성 향상
- ㉢ 폴리우레탄 막을 초극세 섬유로 만든 부직포 위에 입힘(코팅)으로써 탄성이 있고 광택이 있는 표면 형성

(5) 피치스킨라이크 소재
① 피치스킨라이크 소재의 정의 : 초극세 섬유를 이용하여 제직한 후 기모 가공을 하여 부드러운 촉감과 풍부한 표면감을 가지도록 한 소재를 말한다.
② 피치스킨라이크 소재를 얻기 위한 방법
- ㉠ 기모 가공 : 초극세 섬유로 제직한 직물의 표면을 기계적으로 마찰하여 잔털을 일으켜 세우는 것이다.
- ㉡ 초극세 섬유 방사 : 초극세 섬유는 직접방사와 복합방사에 의해 제조된다.

추가 설명
천연 피혁의 장·단점
- 장점 : 주름의 형태나 굴곡진 부위의 둥근 모양새가 매우 자연스럽고 광택이 우수하다.
- 단점 : 무겁고 냄새가 나며 곰팡이가 생기기 쉽고 물에 젖으면 탈색, 수축, 경화가 일어나기 쉬워 드라이클리닝을 해야 한다.

2 시감 지향 소재

(1) 편광효과 소재
① 편광효과 소재의 정의 : 보는 각도에 따라 빛의 간섭에 의하여 색이 변하는 원리를 모방하여 섬유에 적용시킨 소재이다.
② 편광효과 소재를 만드는 방법
- ㉠ 다중편광 필름의 이용
- ㉡ 다중편평 잠재 꼬임 섬유의 이용

추가 설명
직접방사와 복합방사
- 직접방사 : 방사구를 통해 직접 사출하는 것
- 복합방사 : 두 성분 이상을 함유한 고분자를 한꺼번에 방사하여 분할시키는 것

(2) 카멜레온 소재
① 카멜레온 소재의 정의 : 빛이나 온도 등의 외부 자극에 의하여 카멜레온처럼 색이 변하는 소재이다.
② 카멜레온 소재의 종류
- ㉠ 감습변색 소재 : 물을 흡수하면 구조가 바뀌면서 색상이 달라지는 소재
- ㉡ 감광변색 소재 : 일정한 파장의 광선에 의해 색이 변하는 소재
- ㉢ 감온변색 소재 : 주위의 온도가 변함에 따라 색이 변하는 소재
- ㉣ 뉴카멜레온 섬유 : 광학적, 자기적, 전기적 속성을 가지는 새로운 섬유
③ 카멜레온 소재를 얻기 위한 방법 : 침지, 날염, 마이크로캡슐화, 블렌드 방사

추가 설명
선명성과 심색성을 얻기 위한 방법
- 선명성을 얻기 위한 방법 : 특정 파장대의 빛의 흡수 향상
- 심색성을 얻기 위한 방법 : 표면 반사광 감소

(3) 고발색성 소재
① 고발색성 소재의 정의 : 합성 섬유의 염색 제품에 색의 선명성(선명한 색상 부여)과 심색성(깊이 있는 색상 부여)을 부여하는 소재이다.

② 고발색성 소재를 만드는 방법
  ㉠ 이물질 추가에 의한 고분자 개질 : 고분자 단계에서 이물질을 추가하면 빛에 대한 굴절률이 균일하게 되고 발색성 향상
  ㉡ 저굴절률 수지를 이용한 표면 코팅 : 저굴절률 수지를 섬유 표면에 코팅하면 섬유의 굴절률이 낮아져 심색효과 향상
  ㉢ 섬유 표면의 조면화 : 고발색성 섬유는 미세요철을 섬유 표면에 형성시킴으로써 빛의 흡수, 굴절 등의 현상이 발생하여 빛의 표면 반사량이 줄어들어 발색성 증가
  ㉣ 섬유와 염료 간의 결합 양식의 개량 : 선명성과 견뢰도가 우수한 염기성염료 가염 폴리에스테르보다 강도와 태를 보완한 고발색성 소재를 내놓음

3 친환경 소재

(1) 거미줄 섬유
① 산성물질과 액체 단백질이 만나 분자 사이에 연결고리가 생기면서 질기고 탄력성이 좋은 거미줄이 만들어진다.
② 거미줄 지지용 성분은 강도가 케블라 수준에 달한다.

(2) 옥수수 섬유
① 옥수수 섬유의 정의 : 옥수수로부터 얻은 천연 식물성 글루코스 성분을 원료로 하여 만든 섬유이다.
② 옥수수 섬유의 특성 : 가연, 분산염료 염색, 스펀본드형 부직포 제조 가능, 생분해성이 있으며 환경친화성 섬유

(3) 치논
① 치논(chinon)의 정의 : 천연 단백질(우유 카제인)과 아크릴섬유의 원료인 아크릴로니트릴을 특수한 방법으로 그래프트 중합시켜 제조한 섬유이다.
② 치논의 특성 : 뛰어난 열 저항성(낮은 열 전도성), 보들보들하고 유연한 특성, 따뜻한 촉감의 부드러운 태, 우아하고 견과 같은 광택, 세탁 후 빨리 마르고 땀을 빠르게 흡수, 피부를 항상 건조하고 쾌적하게 유지, 염색성 우수, 입으면 가볍고 편한 느낌

(4) 리오셀
① 1980년 영국의 코틀즈(Courtaulds)사는 용제 방사식 셀룰로스 섬유를 얻어 이를 리오셀(lyocell)이라 명명하였다.
② 리오셀의 제조공정 : 셀룰로스를 아민옥사이드계 용제로 용해시켜 건·습식 방사법으로 방사하는 것이다.
③ 리오셀의 구조 : 결정 부분과 비결정 부분이 길고, 가는 결정들이 섬유축 방향으로 연결되어 있다.

추가 설명

친환경 섬유의 정의 : 제조과정이 환경에 유해하지 않으면서 생분해가 가능한 섬유를 말한다. 예 치논, 옥수수 섬유, 리오셀, 거미줄 섬유 등

추가 설명

친환경 웰빙 소재
- 식물성 : 리오셀, 폴리락틱섬유, 콩섬유, 대나무섬유, 바나나섬유, 유기면, 천연착색면, 해조섬유
- 동물성 : 밀크섬유, 키토산섬유, 거미줄섬유
- 광물성 : 황토섬유, 숯섬유
- 후가공에 의한 소재 : 비타민 소재, 알로에 소재, 발효맥아/녹차추출 소재, 삼림욕 소재, 쑥 추출물 소재, 감 추출물 소재, 콜라젠 소재, 실크 피브로인 소재, 스쿠알렌 소재

④ 리오셀의 성질
  ㉠ 습윤 상태에서는 기계적 마찰에 의해 피브릴이 쉽게 일어나며, 건조 상태에서는 강도와 신도가 뛰어나다.
  ㉡ 고온의 약산이나 진한 무기산에 가수분해되며, 알칼리 조건하에서는 팽윤 분리된 후 원상태로 재결합되지 않는다.

02 기능성 지향 소재

1 쾌적 지향 소재

(1) 흡수·흡습성 소재

① 흡수·흡습성 소재의 정의 : 땀을 빠르게 흡수하여 외기로 방출시킴으로써 쾌적성을 제공하는 소재이다.
② 흡수·흡습성 소재를 얻는 방법
  ㉠ 고분자의 친수화 : 폴리에스테르 합성 시 친수성 단량체를 써서 블록 공중합시키는 방법에 의해 친수성을 부여한다.
  ㉡ 심·초부 2층구조 : 다수의 미세공을 가진 흡수성 아크릴 섬유로 심·초부 2층구조를 만들면 흡수 속건성이 발휘되어 흡수성이 증가한다.
  ㉢ 이형 단면화 : 섬유의 단면 모양을 조절하여 모세관을 형성하고 흡수·흡습성을 부여하는 방식이다.
  ㉣ 표면의 조면화 : 표면의 조면화 결과 기공이 많아지면서 모세관 현상으로 인해 흡수·흡습성이 증가한다.
  ㉤ 친수성 화합물의 그래프트 중합
  ㉥ 섬유 표면에 친수성 층 형성

(2) 보온성 소재

① 보온성 소재의 종류
  ㉠ 소극적 보온 소재 : 금속물질을 직물에 코팅하여 복사열을 반사시키거나 공기층을 이용하여 전도율을 낮춤으로써 보온성을 향상시키는 것
  ㉡ 적극적 보온 소재 : 태양광을 흡수하여 열에너지로 전환·축적하거나 원적외선 방사 세라믹을 이용하여 신체에서 발산되는 열을 흡수하여 다시 원적외선으로 방출하여 보온성을 향상시키는 것
② 보온성 소재를 얻는 방법
  ㉠ 흡광축열성 금속화합물의 활용 : 금속화합물 중 탄화지르코늄과 산화지르코늄은 태양

추가 설명

기능성 소재
- 쾌적 소재 : 보온성 소재, 흡수·흡습성 소재, 투습·방수성 소재, 발수·발유성 소재
- 안전 소재 : 제전 도전성 소재, 자외선 차단 소재, 전자파 차단 소재, 재귀반사 소재, 난연 소재
- 건강 소재 : 항미생물 소재, 소취 소재, 건강증진 소재
- 운동기능성 소재 : 스트레치성 소재, 경량 소재
- 고성능 소재 : 고강도 소재, 방진·방제 소재, 고내열성 소재

추가 설명

투습·방수의 기본 원리 : 수증기와 물 입자의 크기 차이를 응용하여 직물에 수증기의 직경보다는 크고, 빗방울 크기보다는 작은 다공질 구조를 부여하는 것이다.

추가 설명

라미네이팅 : 직물이나 편직물 생지에 폴리우레탄이나 고무, 합성수지의 얇은 막을 접착하는 가공이다.

추가 설명

신장률에 따른 스트레치성 소재의 종류
- 컴포트 스트레치(Comfort stretch) : 가연 가공사, 코어 방적사로, 스웨터, 슬랙스, 스커트, 트레이닝웨어 등을 만든다.
- 파워 스트레치(Power stretch) : 탄성사, 베어사, 피복사로, 파운데이션, 수영복, 레오타드 등을 만든다.

광을 열에너지로 전환하여 축열하는 흡광축열성을 가지므로 이것을 섬유에 응용하면 적극적 보온성을 가지게 된다.

ⓒ 세라믹스의 활용 : 원적외선 방사체인 세라믹스를 섬유에 응용하면 적극적 보온소재를 얻을 수 있다.

ⓒ 거울면 반사를 응용하는 기술 : 몸에서 방출된 복사열이 금속 알루미늄을 포함하고 있는 미세다공층 면에 닿으면 반사시킴으로써 보온성을 유지하게 된다.

ⓔ 정지된 공기층을 부여하는 기술 : 공기는 섬유보다 열을 전달하기 어려운 물질이므로 정지공기층을 많이 생성시킴으로써 열 손실을 줄일 수 있다.

(3) 발수·발유성 소재

① 발수·발유성 소재의 정의 : 섬유의 표면에 불소계 또는 실리콘계 화합물 등을 처리하여 물에 대한 접촉각을 크게 만들어 물과 기름이 구르게 하는 성질을 갖는 소재이다.

② 발수·발유 소재를 얻기 위한 방법 : 연잎 표면의 물방울이 구르는 현상 응용, 실리콘계 발수·발유제의 이용, 불소계 발수·발유제의 이용

(4) 투습·방수성 소재

① 투습·방수성 소재의 정의 : 착용 시 쾌적성과 안정성을 만족시켜 주는 가공으로, 방수효과와 함께 수증기를 투과시키는 기능을 갖는 소재이다.

② 투습·방수성을 부여하는 가공법

ⓐ 고밀도 직물 제조 : 극세 필라멘트 섬유를 사용하여 고밀도 직물을 제직한 후 캘린더 가공으로 치밀한 구조를 만들거나 팽윤제나 열처리로 직물을 수축시켜 만든다.

ⓑ 코팅 : 코팅형은 수지의 에멀전을 만들어 코팅한 후 증발시키거나 수지를 용매에 용해하여 코팅한 후 용매를 제거하여 만든다.

ⓒ 라미네이팅 : 라미네이팅형 투습·방수 소재는 물과 친화력이 좋은 무다공 친수성 필름을 라미네이트하는 방법과 미다공을 가진 필름을 직물에 라미네이트하는 방법이 있다.

(5) 스트레치성 소재

① 스트레치성 소재의 분류

ⓐ 늘어나는 방향에 따른 분류 : 일방향 스트레치성 소재와 양방향 스트레치성 소재

ⓑ 신장률에 따른 분류 : 컴포트 스트레치, 파워 스트레치

② 스트레치성 소재를 만드는 방법

ⓐ 탄성사의 이용 : 탄성사는 신도가 500~700%이고, 탄성회복률이 우수하지만 촉감이 고무에 가까워 다른 섬유로 피복한 가공사로 사용한다.

ⓑ 가연사의 이용 : 가연 가공은 섬유나 실 단계에서 크림프를 부여하여 신축성을 얻는 방법이다.

ⓒ 고분자 합성 : 기존에는 폴리우레탄 고분자인 스판덱스가 주류를 이루었으나 최근에

는 PBT(Polybuthylene Terephthalate)나 PTT(Polytrimethylene Terephthlalate)와 같은 탄성 고분자를 제조하여 스트레치성 소재를 얻을 수 있다.

(6) 축열·방열 소재
① 축열·방열 소재의 정의 : 외부 환경 변화를 스스로 감지하여 열을 흡수·방출함으로써 의복 내의 온도를 쾌적하게 유지시켜 주는 소재이다.
② 축열·방열 소재를 얻기 위한 방법 : PEG(polyethylene glycole)와 파라핀류를 이용하는 방법이 있다.

2 건강·안전 지향 소재

(1) 방향성 소재
① 최근에는 마이크로캡슐화법, 서방형 방향가공법 등이 사용되고 있다.
② 방향성 소재를 만드는 방법
　㉠ 원사 혼입법 : 폴리에스테르 섬유 방사 시 향료를 담은 마이크로캡슐을 함께 방사 원액 속에 넣고 방사하여 방향성을 띤 섬유를 얻는 것이다.
　㉡ 후가공 방법 : 액상의 방향제를 마이크로캡슐에 충진시키고 섬유제품에 고정시키는 방법이다.

(2) 소취 소재
① 소취 소재의 정의 : 공기 중에 확산된 냄새물질을 산화반응과 중화반응을 이용하여 흡착, 분해에 의해 냄새를 없앤 소재이다.
② 소취 소재를 얻기 위한 방법
　㉠ 소취제를 고분자용액에 혼입하여 방사 시 잘 분산되어 악취물질과 접촉할 수 있어야 한다.
　㉡ 염색 가공 단계에서 소취제를 섬유의 표면에 고정시키는 방법으로는 침지법, 패딩법, 코팅법 및 프린트법, 분무법 등이 있다.
　㉢ 소취제와 섬유 사이 결합을 강하게 하기 위해 소취제를 마이크로캡슐화하는 방법이 있다.

(3) 항균·방취 소재
① 항균·방취 소재의 역할 : 균세포 내의 효소 대사기능 마비, 균의 재생능력 저하, 균의 번식 억제, 냄새 발생 저지
② 항균·방취 소재를 얻는 방법
　㉠ 복합 방사법 : 중합 단계 및 방사 단계에 항균성 금속이나 금속화합물의 미세분말을 혼합하여 제조하는 방법이다.
　㉡ 후처리 방법 : 항균 가공제가 첨가된 액 중에 침지하여 처리하는 침지법, 항균성 약제를 포함하는 액을 패딩하여 처리하는 패딩법, 항균성 약제를 스프레이에 의해 섬유에

추가 설명

향료의 기능과 종류
- 식욕 촉진용 : 백리향, 말린 생강, 바질, 레몬, 양파, 마늘 등
- 식욕 억제용 : 쑥기름, 로즈메리유, 유칼리유, 해송유 등
- 최면용 : 백단향, 라벤더 등
- 각성용 : 마늘, 박하, 샐비어, 장미, 레몬, 로즈메리, 재스민, 바질, 백리향 등
- 불안 해소용 : 로즈메리, 페퍼민트, 라벤더, 레몬, 재스민, 시나몬 등
- 최음성 : 코스타스유, 머스크 등
- 혐연용 : 레몬, 시나몬, 오렌지, 생강 등
- 항편두통용 : 박하, 로즈메리, 바질, 오렌지, 레몬, 라벤더, 페퍼민트, 장미 등

추가 설명

소취 가공 : 악취 성분을 물리·화학적 및 생화학적으로 흡착하거나 분해하여 무취화시키는 가공이다.

추가 설명

건강 안전 지향 소재의 종류 : 제전·도전성 소재, 자외선 차단 소재, 항균·방취 소재, 소취 소재, 방향성 소재, 전자파 차단 소재 등이 있다.

뿌리는 스프레이법, 코팅법 등이 있다. 이 중 침지법과 패딩법이 가장 널리 사용된다.

(4) 전자파 차단 소재

① 전자파 차폐(차단)재료 : 유전 손실 전파 흡수제, 은·니켈·탄소 섬유와 같은 전도성 손실제, 자성 손실 전파 흡수제가 있다.
② 전자파 차단 소재를 얻는 방법
　㉠ 무전해 도금법 : 전기를 이용하지 않고 화학적 방법으로 금속의 표면에 금속을 환원하고 석출시키는 도금 처리를 하는 방법이다.
　㉡ 전기 도금법 : 전자파 차단 성능을 부여하기 위해 전자파 차단 물질이나 전기 전도성을 띠고 있는 금속을 재료의 표면에 입히는 방법이다.
　㉢ 진공 증착법 : 고도의 진공 상태에서 금속, 주로 알루미늄을 가열하여 생성된 증기로 폴리에스테르 필름 위에 얇은 금속판을 형성하게 하는 방법이다.
　㉣ 전극 스퍼터링 : 일종의 방전 코팅으로 방전을 일으켜 재료 표면에 금속 원자들을 응축시켜 균일한 필름이 형성되도록 하는 방법이다.
　㉤ 라미네이팅 : 크기가 작은 제품의 차폐에 효과적인 처리 방법이다.

> **추가 설명**
> 전자파 차단 소재를 얻는 방법 : 무전해 도금법, 전기 도금법, 진공 증착법, 라미네이팅, 전극 스퍼터링

(5) 자외선 차단 소재

① 자외선 차단 가공 : 섬유에 자외선을 흡수 혹은 반사하는 재료를 부여해서 자외선 투과를 억제함으로써 자외선을 차단하는 방법이다.
② 자외선 차단 소재를 만드는 방법
　㉠ 자외선 흡수제 또는 마이크로캡슐화한 자외선 흡수제를 바인더를 사용하여 흡착이나 코팅법으로 섬유(주로 천연 섬유) 또는 직물의 표면에 도포하는 방법이 있다.
　㉡ 자외선 흡수체와 세라믹 등을 고온으로 흡수, 흡착시키는 방법이 있다.
　㉢ 무기물을 복합방사기술에 따라 섬유(주로 합성 섬유)의 심부에 미분산시키는 방법이 있다.

> **추가 설명**
> 의류가 자외선 차단 성능을 갖기 위한 조건
> • 자외선 차단성이 우수해야 한다.
> • 일광하에서의 착용감이 우수해야 한다.
> • 차단제는 독성이 없고 피부에 안전해야 한다.
> • 취급이 용이하고 내구성이 있어야 한다.

(6) 제전·도전성 소재

① 도전성이 나쁜 물체는 정전기를 분산시키지 못해 물체의 표면에 전하가 남게 되는 대전 현상이 나타나나, 도전성이 좋은 물체는 전기를 분산시킨다.
② 제전·도전성 섬유를 얻는 방법
　㉠ 친수성 고분자를 방사 시에 넣어 혼합 방사하는 방법이 있다.
　㉡ 제전성이 있는 친수성 중합체를 섬유와 결합시키거나, 섬유에 흡착시키는 방법이 있다.
　㉢ 도전성 섬유를 혼용하여 정전기를 방산시키는 방법이 있다.
　㉣ 섬유 표면에 도전성 물질을 코팅하거나, 도전성 섬유를 직물에 혼방·혼직하는 방법이 있다.

실전예상문제

1 다음 중 면, 마나 레이온과 같은 촉감과 청량감을 부여하고자 한 소재를 얻기 위한 방법에 해당되지 않는 것은?

① 다공질 중공사의 사용 ② 변동 복합가연 ③ 융착가연 ④ 천연 단백질 혼입

해설 드라이·쿨 터치 소재를 얻기 위한 방법 : 융착가연, 변동 복합가연, 다공질 중공사의 사용

2 다음 중 양모 섬유의 특징을 모방하여 초기탄성률이 낮은 섬유가 직물 표면이 부풀어지고 권축을 가지도록 한 것은?

① 피치스킨라이크 소재 ② 레더라이크 소재 ③ 뉴워스티드 소재 ④ 드라이·쿨 터치 소재

해설 뉴워스티드 소재 : 양모 섬유의 특징을 모방하여 초기탄성률이 낮은 섬유가 직물 표면이 부풀어지고 권축을 가지도록 한 것이다.

3 다음 중 두 가닥의 원사를 동시에 가연하여 양모 섬유의 부품성을 닮고자 한 가공은?

① 융착가연 ② 변동복합가연 ③ 복합가연 ④ 단일가연

해설 복합가연 : 뉴워스티드 소재의 핵심 기술로, 두 가닥의 원사를 동시에 가연하여 양모 섬유의 부품성을 닮고자 한 가공이다.

4 태·외관 지향 소재 중 견의 우아한 광택과 드레이프성을 모방한 소재는?

① 뉴실키 소재 ② 뉴워스티드 소재 ③ 피치스킨라이크 소재 ④ 드라이·쿨 터치 소재

해설 태·외관 지향 소재의 분류
- 뉴실키 소재 : 견의 우아한 광택과 드레이프성 모방
- 뉴워스티드 소재 : 양모와 같은 부품성을 가짐
- 피치스킨라이크 소재 : 기모가공을 하여 부드러운 촉감과 풍부한 표면감 추구
- 드라이·쿨 터치 소재 : 면·마나 레이온의 촉감과 청량감 추구
- 레더라이크 소재 : 천연 가죽 모방

정답 1.❹ 2.❸ 3.❸ 4.❶

5 다음 중 뉴실키 소재를 얻기 위한 방법이 아닌 것은?

① 삼각단면 방사   ② 극세 섬유 방사   ③ 섬유 표면 개질   ④ 융축가연

> **해설** 뉴실키 소재를 얻기 위한 방법 : 삼각단면 방사, 극세 섬유 방사, 섬유 표면 개질, 섬유 단면형상 개질, 이수축혼섬, 알칼리 감량 가공, 자발신장사의 사용, 섬유 형태 변화

6 다음 중 수축률이 서로 다른 섬유를 함께 사용하여 실을 만드는 기술을 무엇이라 하는가?

① 섬유 단면형상 개질   ② 이수축혼섬   ③ 에어제트텍스처링   ④ 복합가연

> **해설** 이수축혼섬 : 수축률이 서로 다른 섬유를 함께 사용하여 실을 만드는 기술로, 견직물이 가진 부품성과 유연성을 부여할 목적으로 개발되었다.

7 다음 중 초극세 섬유, 박막 코팅, 천연 단백질 혼입 등은 어떤 소재를 개발하기 위한 방법인가?

① 카멜레온 소재   ② 피치스킨라이크 소재   ③ 레더라이크 소재   ④ 고발색성 소재

> **해설** 레더라이크 소재의 개발을 위한 방법 : 초극세 섬유, 박막 코팅, 천연 단백질 혼입

8 다음 중 초극세 섬유를 이용하여 제직한 후 기모 가공을 하여 부드러운 촉감과 풍부한 표면감을 가지도록 한 소재를 얻기 위한 방법에 해당하는 것은?

① 기모가공   ② 박막 코팅   ③ 천연 단백질 혼입   ④ 복합가연

> **해설** 피치스킨라이크 소재를 얻기 위한 방법 : 초극세 섬유 방사, 기모 가공

9 다음 중 천연 피혁의 단점에 해당되지 않는 것은?

① 물에 젖으면 탈색, 수축, 경화가 일어난다.
② 곰팡이가 생기기 쉽다.
③ 무겁고 냄새가 난다.
④ 광택이 나쁘다.

> **해설** 천연 피혁의 장·단점 : 주름의 형태나 굴곡진 부위의 둥근 모양새가 매우 자연스럽고 광택이 우수하나, 무겁고 냄새가 나며 곰팡이가 생기기 쉽고 물에 젖으면 탈색, 수축, 경화가 일어나기 쉬워 드라이클리닝을 해야 한다.

10 다음 〈보기〉가 설명하고 있는 의류 소재는 무엇인가?

> **보기** 비단벌레, 진주조개껍데기, 몰포나비의 날개, 공작의 날개 등과 같이 보는 각도에 따라 빛의 간섭에 의하여 색이 변하는 원리를 모방하여 섬유에 적용시킨 소재이다.

① 뉴실키 소재　　② 뉴워스티드 소재　　③ 고발색성 소재　　④ 편광효과 소재

해설 〈보기〉는 편광효과 소재에 대한 서술이다.

11 다음 중 카멜레온 소재에 해당되지 않는 것은?

① 감온변색 소재　　② 감광변색 소재　　③ 감염변색 소재　　④ 뉴카멜레온 소재

해설 카멜레온 소재의 종류 : 감온변색 소재, 감습변색 소재, 감광변색 소재, 뉴카멜레온 소재

12 카멜레온 소재 중 물을 흡수하면 구조가 바뀌면서 색상이 달라지는 소재는?

① 감온변색 소재　　② 감광변색 소재　　③ 감습변색 소재　　④ 뉴카멜레온 소재

해설 감습변색(solvationchromism) 소재 : 물을 흡수하면 구조가 바뀌면서 색상이 달라지는 소재이다.

13 다음 중 카멜레온 소재를 얻기 위해 사용된 방법이 아닌 것은?

① 블렌드 방사　　② 마이크로캡슐화　　③ 침염　　④ 침지

해설 카멜레온 소재를 얻기 위한 방법 : 블렌드 방사, 마이크로캡슐화, 날염, 침지

14 다음 중 합성 섬유의 염색 제품에 색의 선명성과 심색성을 부여하는 시감 지향 소재를 무엇이라 하는가?

① 고발색성 소재　　② 감온변색 소재　　③ 카멜레온 소재　　④ 감전변색 소재

해설 고발색성 소재 : 합성 섬유의 염색 제품에 색의 선명성과 심색성을 부여하는 시감 지향 소재를 말한다.

15 다음 중 염색 제품의 선명성을 얻기 위한 방법으로 옳은 것은?

정답 5.④　6.②　7.③　8.①　9.④　10.④　11.③　12.③　13.③　14.①　15.①

① 특정 파장대의 빛의 흡수 향상 ② 특정 파장대의 빛의 흡수 감소
③ 표면 반사광의 감소 ④ 표면 반사광의 증대

해설 발색성 : 염색 제품에 대한 색의 선명성과 심색성을 의미한다. 선명성을 얻기 위해서는 특정 파장대의 빛의 흡수를 향상시켜야 하고 심색성을 얻기 위해서는 표면 반사광을 감소시켜야 한다.

16 다음 중 고발색성 소재를 만드는 방법에 해당되지 않는 것은?
① 섬유와 염료 간의 결합 양식의 개량 ② 섬유 표면의 조면화
③ 고굴절률 수지를 이용한 표면 코팅 ④ 이물질 추가에 의한 고분자 개질

해설 고발색성 소재를 만드는 방법 : 섬유와 염료 간의 결합 양식의 개량, 섬유 표면의 조면화, 저굴절률 수지를 이용한 표면 코팅, 이물질 추가에 의한 고분자 개질

17 다음 중 친환경 섬유에 해당하지 않는 것은?
① 리오셀 ② 옥수수 섬유 ③ 거미줄 섬유 ④ 테프론

해설 친환경 섬유의 종류 : 리오셀, 치논, 옥수수 섬유, 거미줄 섬유 등이 있다.

18 다음 중 천연 단백질과 아크릴로니트릴을 그래프트 중합시켜 제조한 섬유는?
① 리오셀 ② 치논 ③ 옥수수 섬유 ④ 거미줄 섬유

해설 치논(chinon) : 천연 단백질과 아크릴 섬유의 원료인 아크릴로니트릴을 특수한 방법으로 그래프트 중합시켜 제조한 섬유이다.

19 다음 중 치논의 특징으로 옳지 않은 것은?
① 입으면 가볍고 편한 느낌을 준다. ② 젖은 즉시 수분을 빠르게 흡수하고 내보낸다.
③ 높은 열 전도성을 갖는다. ④ 따뜻한 촉감의 부드러운 태를 갖는다.

해설 치논은 견과 유사한 낮은 열 전도성 때문에 뛰어난 열 저항성을 갖는다.

20 다음 중 리오셀이 차세대 섬유로 촉망받는 이유라고 볼 수 없는 것은?

① 사용 후 생분해가 가능하기 때문에 폐기물 처리가 용이하다.
② 소프트한 촉감, 드레이프성, 반발 탄력성 등의 특성이 뛰어나다.
③ 내산성이 강해 데님 직물과 같은 워시아웃 가공이 가능하다.
④ 전체 공정에 소요되는 시간이 짧다.

해설 리오셀은 내알칼리성이 강해 데님 직물과 같은 워시아웃 가공이 가능하고 촉감이 천연섬유와 같이 부드럽고 섬유 단면이 가늘며 결정화도가 높아 가공성이 우수하다.

21 다음 중 리오셀에 대한 설명으로 옳지 않은 것은?

① 결정 부분과 비결정 부분이 길고, 가는 결정들이 섬유축 방향으로 연결되어 있다.
② 건조 상태에서 기계적 마찰에 의해 피브릴이 쉽게 일어난다.
③ 고온의 약산이나 진한 무기산에 가수분해된다.
④ 알칼리 조건하에서는 팽윤 분리된 후 원상태로 재결합되지 않는다.

해설 리오셀은 건조 상태에서는 강도와 신도가 뛰어나며, 습윤상태에서는 기계적 마찰에 의해 피브릴이 쉽게 일어난다.

22 다음 중 쾌적 지향 소재에 대한 설명으로 틀린 것은?

① 우아한 광택과 드레이프성이 좋다.
② 비나 눈으로부터 의복이 젖지 않게 한다.
③ 움직임 시 인체를 구속하지 않아야 한다.
④ 외부 환경 변화로부터 의복 내 기후를 쾌적하게 유지시켜 준다.

해설 쾌적 지향 소재의 특성
  • 비나 눈으로부터 의복이 젖지 않게 한다.
  • 움직임 시 인체를 구속하지 않아야 한다.
  • 외부 환경 변화로부터 의복 내 기후를 쾌적하게 유지시켜 준다.

23 다음 중 쾌적 지향 소재에 해당되지 않는 것은?

① 보온성 소재   ② 투습 · 방수성 소재   ③ 발수 · 발유성 소재   ④ 피치스킨라이크 소재

해설 쾌적 지향 소재의 종류 : 축열 · 방열 소재, 발수 · 발유성 소재, 보온성 소재, 흡수 · 흡습성 소재, 투습 · 방수성 소재, 스트레치성 소재 등

정답 16.❸ 17.❹ 18.❷ 19.❸ 20.❸ 21.❷ 22.❶ 23.❹

24 다음 중 흡수 · 흡습성 소재를 얻는 방법이라고 볼 수 없는 것은?

① 이형 단면화　　② 심 · 초부 2층구조　　③ 고분자의 친수화　　④ 라미네이팅

해설 흡수 · 흡습성 소재를 얻는 방법 : 표면의 조면화, 이형 단면화, 심 · 초부 2층구조, 고분자의 친수화, 섬유 표면에 친수성 층을 형성, 친수성 화합물의 그래프트 중합

25 다음 중 보온성 소재를 얻는 방법에 해당되지 않는 것은?

① 이형 단면화
② 세라믹스의 활용
③ 거울면 반사를 응용하는 기술
④ 흡광축열성 금속화합물의 활용

해설 보온성 소재를 얻는 방법 : 정지된 공기층을 부여하는 기술, 세라믹스의 활용, 거울면 반사를 응용하는 기술, 흡광축열성 금속화합물의 활용

26 다음 중 투습 · 방수성을 부여하는 가공법이라고 볼 수 없는 것은?

① 라미네이팅　　② 코팅　　③ 고밀도 직물 제조　　④ 고분자 합성

해설 투습 · 방수성을 부여하는 가공법 : 라미네이팅, 코팅, 고밀도 직물 제조

27 다음 중 파운데이션, 수영복, 레오타드 등에 이용되는 소재에 해당되지 않는 것은?

① 탄성사　　② 피복사　　③ 가연 가공사　　④ 베어사

해설 신장률에 따른 스트레치성 소재의 종류
- 컴포트 스트레치(Comfort stretch) : 가연 가공사, 코어 방적사로, 스웨터, 슬랙스, 스커트, 트레이닝웨어 등을 만든다.
- 파워 스트레치(Power stretch) : 탄성사, 베어사, 피복사로, 파운데이션, 수영복, 레오타드 등을 만든다.

28 외부 환경 변화를 스스로 감지하여 열을 흡수하고 방출함으로써 의복 내의 온도를 쾌적하게 유지시켜 주는 소재를 무엇이라 하는가?

① 발수 · 발유성 소재　　② 축열 · 방열 소재　　③ 스트레치성 소재　　④ 항균 · 방취 소재

해설 축열 · 방열 소재의 정의 : 외부 환경 변화를 스스로 감지하여 열을 흡수 · 방출함으로써 의복 내의 온도를 쾌적하게 유지시켜 주는 소재이다.

29 다음 중 건강 · 안전 지향 소재에 해당되지 않는 것은?

① 소취 소재　　　② 제전 · 도전성 소재　　　③ 자외선 차단 소재　　　④ 흡수 · 흡습성 소재

해설 건강 · 안전 지향 소재의 종류 : 제전 · 도전성 소재, 자외선 차단 소재, 항균 · 방취 소재, 소취 소재, 방향성 소재, 전자파 차단 소재 등이 있다.

30 다음 중 각성용 향료에 해당되지 않는 것은?

① 생강　　　② 레몬　　　③ 박하　　　④ 로즈메리

해설 향료의 기능과 종류
- 각성용 : 박하, 샐비어, 장미, 마늘, 레몬, 로즈메리, 재스민, 바질, 백리향 등
- 최음성 : 코스타스유, 머스크 등
- 식욕 억제용 : 쑥기름, 로즈메리유, 유칼리유, 해송유 등
- 식욕 촉진용 : 백리향, 말린 생강, 바질, 레몬, 양파, 마늘 등
- 항편두통용 : 라벤더, 박하, 로즈메리, 바질, 레몬, 오렌지, 페퍼민트, 장미 등
- 혐연용 : 레몬, 오렌지, 시나몬, 생강 등
- 최면용 : 백단향, 라벤더 등
- 불안 해소용 : 로즈메리, 페퍼민트, 라벤더, 레몬, 재스민, 시나몬 등

31 다음 중 소취 소재를 얻기 위한 방법에 해당되지 않는 것은?

① 소취제를 마이크로캡슐화하는 방법
② 염색 가공 단계에서 소취제를 섬유의 표면에 고정시키는 방법
③ 섬유를 방사할 때에 소취제를 혼입하는 방법
④ 항균성 약제를 포함하는 액을 패딩 처리하는 방법

해설 소취 소재를 얻기 위한 방법
- 섬유를 방사할 때에 소취제를 혼입하는 방법
- 염색 가공 단계에서 소취제를 섬유의 표면에 고정시키는 방법
- 소취제를 마이크로캡슐화하는 방법

32 다음 중 항균 · 방취 소재의 효과라고 볼 수 없는 것은?

① 균의 재생능력 저하　　　② 균세포 내의 효소 대사기능 마비
③ 악취 성분을 흡착하거나 분해　　　④ 균의 번식 억제

해설 항균 · 방취 소재의 효과 : 균의 재생능력 저하, 균세포 내의 효소 대사기능 마비, 균의 번식 억제, 균을 제거함으로써 냄새 발생 저지

정답 24.④　25.①　26.④　27.③　28.②　29.④　30.①　31.④　32.③

33 다음 항균제를 적용시키는 후처리 방법 중 항균 가공제가 첨가된 액 중에 침지하여 처리하는 방법은?

① 스프레이법　　② 침지법　　③ 패딩법　　④ 코팅법

해설 항균제를 적용시키는 후처리 방법
- 스프레이법 : 항균성 약제를 스프레이에 의해 섬유에 뿌리는 것
- 침지법 : 항균 가공제가 첨가된 액 중에 침지하여 처리하는 것
- 패딩법 : 항균성 약제를 포함하는 액을 패딩하여 처리하는 것
- 코팅법

34 다음 중 전자파 차단 소재를 얻는 방법에 해당되지 않는 것은?

① 전극 스퍼터링　　② 라미네이팅　　③ 전기 전도성 흡착법　　④ 진공 증착법

해설 전자파 차단 소재를 얻는 방법 : 진공 증착법, 전기 도금, 무전해 도금법, 라미네이팅, 전극 스퍼터링

35 다음 중 의류가 자외선 차단 성능을 갖기 위한 조건이라고 볼 수 없는 것은?

① 무해하고 유연성이 있어야 한다.
② 차단제는 독성이 없고, 피부에 안전해야 한다.
③ 일광하에서의 착용감이 우수해야 한다.
④ 자외선 차단성이 우수해야 한다.

해설 의류가 자외선 차단 성능을 갖기 위한 조건
- 차단제는 독성이 없고 피부에 안전해야 한다.
- 자외선 차단성이 우수해야 한다.
- 일광하에서의 착용감이 우수해야 한다.
- 취급이 용이하고 내구성이 있어야 한다.

36 다음 중 제전·도전성 섬유를 얻는 방법이라고 볼 수 없는 것은?

① 친수성 고분자를 마이크로캡슐에 충진시키는 방법
② 친수성 고분자를 방사 시에 넣어 혼합 방사하는 방법
③ 제전성이 있는 친수성 중합체를 섬유와 결합시키는 방법
④ 도전성 섬유를 혼용하여 정전기를 방산시키는 방법

해설 제전·도전성 섬유를 얻는 방법
- 친수성 고분자를 방사 시에 넣어 혼합 방사하는 방법
- 제전성이 있는 친수성 중합체를 섬유와 결합시키거나, 섬유에 흡착시키는 방법
- 도전성 섬유를 혼용하여 정전기를 방산시키는 방법
- 섬유 표면에 도전성 물질을 코팅하거나, 도전성 섬유를 직물에 혼방·혼직하는 방법

정답 33. ②　34. ③　35. ①　36. ①

부록
최종모의고사

제1회 모의고사

1 다음 중 각 섬유와 그 원료중합체가 바르게 짝지어진 것은?

① 나일론 — 피브로인 ② 헤어섬유 — 합성중합체
③ 마섬유 — 글루코스 ④ 면섬유 — 셀룰로스

[해설] 면, 아마, 모시 등 식물성 섬유와 목재 펄프나 면 린터로 만들어진 레이온 등은 셀룰로스(cellulose, 섬유소)라는 화합물로 되어 있다.

2 다음 중 양모, 사람의 모발, 기타 헤어섬유 등을 구성하고 있는 단백질은?

① 카제인 ② 알부민 ③ 케라틴 ④ 피브로인

[해설] 견은 피브로인으로 되어 있고, 양모는 케라틴으로 되어 있다.

3 다음 중 섬유의 분류체계로 옳은 것은?

① 무기섬유 — 아세테이트 ② 셀룰로스섬유 — 아마
③ 합성섬유 — 알긴산섬유 ④ 재생섬유 — 아크릴

[해설] ① 아세테이트 : 재생섬유, ③ 알긴산섬유 : 재생섬유, ④ 아크릴 : 합성섬유

4 다음 중 의복재료로 사용되는 섬유들을 이루고 있는 중합체가 그 내부에서 많은 결정을 형성하고 있을 때 나타나는 특성은?

① 신도와 흡습성이 커진다. ② 잘 늘어나지만 흡습성은 작아진다.
③ 염색이 아주 잘 된다. ④ 강도와 탄성률이 커진다.

[해설] 섬유 내 결정이 잘 발달되어 있으면 섬유의 강도와 탄성률이 커지고, 섬유 내 분자와 결정이 잘 배향되어 있어야 강도가 좋아진다.

5 다음 중 실이나 섬유의 굵기를 나타내는 데 사용되는 데니어(denier)에 대한 설명으로 알맞은 것은?

① 1파운드의 무게를 840야드로 나타낸 것으로 수치가 클수록 가늘다.
② 항장식 표시법으로 1km의 길이를 kg수로 표시한 것이다.
③ 항중식 표시법으로 1g의 길이를 m로 나타낸 것이다.

정답 1.④ 2.③ 3.② 4.④ 5.④

④ 9000m의 길이를 g수로 표시한 것으로 수치가 클수록 굵다.

해설 섬유의 굵기를 표시하는 단위 : 섬유의 굵기를 표시하는 데는 섬유의 폭, 즉 직경을 마이크로미터로 표시하기도 하지만 데니어(denier)와 텍스(tex)가 보다 널리 사용되고 있다.
- 데니어 : 9,000m의 섬유(또는 실)의 무게를 g수로 표시한 것으로 섬유와 실의 굵기를 표시하는 데 사용된다. 따라서 수치가 클수록 굵다.
- 텍스 : 1km의 섬유의 무게를 g수로 표시한 것이다.

6 다음 중 스테이플과 필라멘트의 특성에 대한 설명으로 옳은 것은?

① 스테이플로 된 실은 치밀하여 함기량이 크다.
② 스테이플로 된 실은 통기성이 좋고 촉감이 차다.
③ 필라멘트로 된 실은 함기량이 많아서 따뜻하다.
④ 필라멘트로 된 실은 치밀하며 광택이 좋다.

해설
- 스테이플 파이버 : 면, 양모, 마섬유처럼 한정된 길이를 가진 섬유로 함기량이 많아서 따뜻하고 촉감이 부드러우며, 통기성과 투습성이 필라멘트사보다 좋다.
- 필라멘트 파이버 : 견섬유와 같이 무한히 긴 섬유로 치밀하며 광택이 좋고 촉감이 차다.

7 다음 중 섬유의 단면 형태에 따라 변화하는 옷감의 성능 변화에 대한 설명으로 알맞은 것은?

① 단면이 원형이거나 원형에 가까우면 피복성은 나빠지고 필링이 잘 생긴다.
② 면은 편평한 단면을 가지고 있어 오구가 확대되어 보인다.
③ 아세테이트의 단면은 비스코스레이온에 비해 굴곡이 심하다.
④ 비스코스레이온의 단면형이 심하게 주름잡혀 있으면 촉감이 매우 부드럽다.

해설 ① 섬유의 단면이 원형이거나 원형에 가까우며 촉감이 부드러운 반면 투명하여 피복성은 나빠지고 필링이 잘 생긴다.
② 오구가 확대되어 보이는 단면은 원형단면일 경우이다.
③ 아세테이트 단면은 비스코스레이온처럼 주름이 날카롭지 않고 둥글기 때문에 보다 부드럽다.
④ 비스코스레이온의 단면형이 심하게 주름잡혀 있으면 촉감이 거칠다.

8 다음 현미경의 섬유 단면 사진 중 면섬유의 단면 형태는?

①    ②

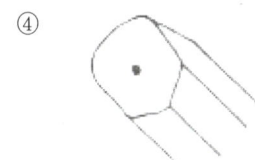

해설 면섬유를 현미경으로 자세히 살펴보면 측면은 리본상으로 되어 있으며 꼬임을 가지고 있다. 이 꼬임을 천연꼬임이라고 하며, 섬유에 좋은 방적성, 탄력 등 기타 방적용 섬유로서의 좋은 특성을 가져다 준다. 면섬유의 단면은 편평에 가까운 관상으로 되어 있으며 중앙에는 중공이 있다.
①은 나일론, 폴리에스테르, 폴리프로필렌섬유, ②는 견섬유, ④는 아마섬유의 단면이다.

9 다음 중 옷감의 유연성 또는 강직성(강연성)의 정도를 나타낼 수 있는 섬유의 성질로 가장 적합한 것은?
① 리질리언스 ② 초기 탄성률 ③ 비중 ④ 탄성

해설 초기 탄성률은 신장의 초기, 다시 말해서 아주 작은 신장의 범위에서 단위신장에 필요한 힘을 나타내는 단위가 되므로 초기 탄성률은 섬유의 유연 또는 강직의 정도를 나타낸다.

10 직물을 다림질할 때는 재료 섬유의 어떤 특성에 가장 크게 영향을 받는가?
① 보온성 ② 방적성 ③ 강도 ④ 열가소성

해설 섬유의 열가소성은 열과 힘의 작용으로 영구적인 변형을 생기게 하는 것으로 열고정이 가능한 이유가 된다. 그러나 열가소성은 내열성과는 서로 다른 개념으로 안전다림질 온도와는 비례하지 않는다. 열가소성을 이용한 열처리 공정을 열고정이라고 하는데, 폴리에스테르 주름치마, 나일론 스타킹, 스트레치사 등은 열고정을 이용한 것이다.

11 다음 중 섬유별 내약품성에 대한 설명으로 옳은 것은?
① 셀룰로스계 섬유는 모두 염소계 표백제를 사용하지 못한다.
② 단백질섬유는 알칼리에는 약하지만 산에는 강하다.
③ 레이온은 셀룰로스계 섬유이므로 산·알칼리 모두에 아주 강하다.
④ 나일론은 염소계 표백제 사용이 가능하다.

해설 셀룰로스로 된 섬유는 대체로 알칼리에는 견디나 산에는 비교적 약하다. 이에 반하여 단백질섬유는 알칼리에는 약하지만 산에는 강한 편이다. 셀룰로스섬유는 염소계 표백제를 사용하여도 무방하나 단백질섬유와 나일론 등 일부 합성섬유, 그리고 요소계 수지로 가공된 섬유나 그 제품은 염소계 표백제를 사용해서는 안 된다.

정답 6.④ 7.① 8.③ 9.② 10.④ 11.②

12 다음 중 면섬유의 의복 소재로서의 단점과 그 개선 방법이 바르게 연결된 것은?

① 탄성과 리질리언스가 나쁨 → 수지가공
② 흡습성 낮음 → 친수화 가공
③ 비중이 낮음 → 위생가공
④ 염색성이 나쁨 → 열고정 가공

해설 면섬유는 탄성이 좋지 못해서 2% 신장 후의 탄성회복률은 74%, 5% 신장 후의 탄성 회복률은 50%에 불과하며 리질리언스도 좋지 못하다. 따라서 구김이 잘 생기고 형체 안정성도 좋지 못하다. 이것이 면섬유의 큰 결점으로 인정되고 있으나, 수지가공의 발달로 많이 개선할 수 있게 되었다.

13 면섬유에 머서화가공(mercerization)을 했을 때 나타나는 변화는?

① 섬유의 천연적 꼬임이 풀리며 단면이 원형에 가까워진다.
② 수소결합이 절단되어 거칠어진다.
③ 섬유가 치밀해지며 광택이 감소한다.
④ 섬유의 일부분이 가수분해되어 강도가 현저히 감소된다.

해설 면섬유를 짙은 알칼리용액으로 처리하면 섬유는 크게 팽윤되어 수축되면서 섬유의 단면이 원형으로 변하고, 천연꼬임이 없어지며 투명도가 증가한다. 이때 긴장시켜 수축을 방지하면 광택이 증가하고 흡습성, 염색성도 향상된다. 이러한 처리를 '머서화(mercerization)'라고 한다.

14 다음의 〈보기〉에 나타난 사항들은 어떤 섬유에 관한 것인가?

보기
• 나선상 구조를 이룬다.
• 스케일이라는 표피세포층이 있다.
• 케라틴이라고 부르는 단백질로 되어 있다.

① 나일론　　② 면　　③ 견　　④ 양모

해설 양모섬유의 형태
• 케라틴(keratin)이라는 단백질로 되어 있다.
• 시스틴결합과 조염결합 등의 분자간 기교가 있어 탄성과 리질리언스가 좋다.
• 메리노 양모가 가장 섬세하고 권축도 발달되어 있으며, 다른 재래종이나 잡종과는 달리 켐프(kemp : 거칠고 백색인 일종의 사모(死毛))를 함유하고 있지 않다.
• 단면은 원형 또는 타원형이며 3층으로 되어 있다. 가장 밖에는 스케일(scale)이라는 표피 세포층이 있는데, 이것은 방적성을 좋게 하고 양모가 축융되는 원인이 된다.

15 다음 중 견섬유의 특성에 대한 설명으로 옳은 것은?

① 세리신을 함유하고 있어 뻣뻣한 느낌을 주므로, 강알칼리와 강산을 교대로 처리한다.
② 길고 섬세한 섬유로 천연섬유 중 유일한 필라멘트이며, 좋은 강도와 우아한 광택을 가졌다.

③ 길고 섬세한 섬유이지만 강도가 약해 일반 의류용으로는 적당하지 않다.
④ 일광에도 잘 견디며, 좋은 강도와 적당한 탄성을 가지고 있다.

해설 견섬유는 섬유의 여왕으로 불리워지는데, 이것은 부드러운 촉감과 우아한 광택을 가졌기 때문이다. 케라틴이 아닌 피브로인이라는 단백질로 되어 있다. 내산성은 비교적 좋은 편이며, 일광에는 약하다.

16 다음 중 레이온의 의류 소재로서의 특성에 대한 설명으로 옳은 것은?

① 보온성이 크므로 겨울용 의류에 널리 사용되며, 나일론과의 혼방에 효과적이다.
② 탄성과 리질리언스가 좋아 형체안정성이 우수하다.
③ 단면이 불규칙하게 주름잡혀 있으며, 습윤강도가 크게 저하한다.
④ 순수한 셀룰로스로 되어 있으므로 천연섬유에 속한다.

해설 보통 비스코스레이온은 단면이 불규칙하게 주름이 잡혀 있으며 측면에는 이 주름에 의한 평행된 선을 볼 수 있다. 그리고 보통 습윤되면 강도는 반으로 떨어진다.

17 의복의 재료로서 합성섬유를 천연섬유와 비교할 때 장점이 되는 것은?

① 보온성이 특히 크다. ② 관리하기가 용이하다.
③ 아름다운 광택을 가졌다. ④ 위생적이다.

해설 합성섬유의 특성
• 장점 : 관리가 편리하다. 구김도 잘 생기지 않고 세탁 후 쉽게 건조되며, 물에 의해 변형이 생기지도 않을 뿐 아니라 알칼리에도 비교적 강하고 열가소성이 있고 강도가 크다.
• 단점 : 흡습성이 작기 때문에 위생적인 성능은 좋지 않으며, 사용 후 버렸을 때 썩지 않고 열에 민감하다.

18 폴리에스테르섬유로 된 직물로 주름치마를 만들 때 관련되는 성질은?

① 열가소성 ② 열전도성 ③ 탄성률 ④ 내열성

해설 폴리에스테르섬유는 좋은 열가소성을 가지므로 열고정에 의해 형체의 안정성뿐만 아니라 항구적인 주름을 줄 수 있다.

19 다음 중 실을 만들 때 꼬임을 많이 줄 경우 실의 특성 변화로 옳은 것은?

① 함기율이 크고 부드럽다. ② 딱딱하고 까실까실해진다.
③ 광택이 증가한다. ④ 강도가 약해진다.

정답 12.① 13.① 14.④ 15.② 16.③ 17.② 18.① 19.②

해설 실을 만들 때 꼬임을 많이 주면 딱딱하고 까실까실하다. 그리고 실의 꼬임은 실의 광택과도 밀접한 관계를 가지고 있어 꼬임이 많아질수록 광택은 줄어든다.

20 어떤 실 18,000m의 무게가 4g이었다. 이 실의 굵기는?

① 1데니어 ② 2데니어 ③ 40수 ④ 80수

해설 실의 일정한 길이를 무게로 나타낸 것이 항장식 굵기 표시법이다. 이 중 데니어가 가장 많이 쓰이며, 9,000m의 무게가 1g일 때 1데니어이다. 문제는 18,000m가 4g이므로 9,000m는 2g이다. 따라서 2데니어이다. 데니어는 숫자가 커질수록 실이 굵어진다.

21 다음 중 20수 카드사와 40수 코머사의 차이에 대한 설명으로 옳은 것은?

① 코머사보다 카드사가 가늘고 섬세하다.
② 40수는 20수보다 굵지만 더 매끈하다.
③ 카드사보다 코머사가 가늘고 품질이 좋다.
④ 카드사는 코머사보다 광택이 좋아 가격이 높다.

해설 카드사와 코머사는 모두 면사로 면사 제조 공정 중 정소면 과정을 거친 실을 코머사(combed yarn)라고 하는 반면, 소면 공정만을 거친 실을 카드사(carded yarn)라고 한다. 대체로 정소면 공정에서는 10~30%의 낙면이 생기므로 코머사는 카드사보다 가격이 비싸진다.

22 소모사와 방모사의 차이에 대한 설명으로 가장 적합한 것은?

① 방모사는 매끈하지 않지만 얇고 부드럽다.
② 소모사가 더 두껍지만 보온성이 좋다.
③ 방모사는 더 두껍지만 광택이 좋고 일반적으로 가격이 비싸다.
④ 소모사가 더 얇고 매끈한 느낌을 가진다.

해설 방적방법에 따른 모사의 구분
- 소모사(梳毛絲) : 품질이 좋은 양모를 사용하여 카딩, 길링, 코밍, 전방, 정방 등의 공정을 거친 실로, 실을 이루는 섬유들이 평행으로 잘 배열되어 있다.
- 방모사 : 섬유장이 짧은 비교적 저질의 양모와 재생모를 원료로 사용하여 카딩이 끝나면 길링과 코밍을 생략하고 곧 전방·정방공정으로 넘겨 완성된 실을 얻는다. 따라서 실의 섬유 배향이 좋지 못해 실이 균일하지 못하고, 강도도 소모사보다 미숙하며 표면에 보풀이 많아 외관도 좋지 못하다. 따라서 모사로 된 옷감은 축융가공을 해서 사용해야 한다.

23 의류 소재 중 직물에 비해 편성물의 장점은 무엇인가?

① 신축성이 좋아 편성물 의류를 착용하면 구속감이 없고 활동이 자유롭다.
② 단단한 옷감을 얻을 수 있다.
③ 함기율이 적으므로 여름용 소재에 적합하다.
④ 직물에 비해 형태유지가 잘 되며 다림질이 필요하지 않다.

해설 편성물은 한 올 또는 여러 올의 실의 바늘에 의해 고리를 만들면서 연결되어 이루어진 옷감을 말한다. 직물 다음으로 많이 쓰이는 옷감이고, 의생활의 간편화와 함께 수요가 증대되었다. 편성물은 제조 속도가 직물에 비해 매우 빠르며, 다공성이고 유연하다. 또한 신축성도 크고 구김이 잘 안생긴다.

24 다음 중 옷감의 성능에 대한 설명으로 옳지 않은 것은?

① 인장강도는 옷감을 찢는 데 필요한 힘으로 나타낸다.
② 흡수성은 옷감이 물을 흡수하는 성능이다.
③ 드레이프성은 의복을 제작하였을 때의 자연스러운 곡선을 나타내는 성능이다.
④ 강연성은 옷감의 부드러움과 뻣뻣함을 나타내는 성능이다.

해설 옷감을 찢는 데 필요한 힘은 인열강도이다.

25 어린이용, 노인용 의복이나 실내 장식용 섬유 제품에서 중요시되고 있으며 화재가 났을 때 섬유 제품으로 인한 유독 가스가 발생될 수 있는 곳에 적용할 수 있는 가공은?

① 털 태우기　　② 축융가공　　③ 방오가공　　④ 방염가공

해설 방염가공의 특징
- 어린이용, 노인용 의복이나 실내 장식용 섬유 제품에서 중요시되고 있다.
- 화재가 났을 때 섬유 제품으로 인한 유독 가스가 발생될 수 있는 곳에 적용할 수 있다.
- 옷감에 처리하면 산소가 차단되어 불꽃 발생을 방지하여 잘 타지 않는다.

26 다음 중 직물의 구조에 대한 설명으로 옳은 것은?

① 가공이나 세탁 후 위사방향으로 더 많이 수축된다.
② 직물의 경사방향은 위사방향에 비해 강도는 약하고 부드럽다.
③ 위사는 풀을 먹여 사용해야 하며, 경사보다 가는 것이 일반적이다.
④ 경사는 위사보다 꼬임이 많고 강한 실을 사용한다.

정답 20.② 21.③ 22.④ 23.① 24.① 25.④ 26.④

해설 경사(날실)는 직물의 변 또는 길이 방향에 평행되게 배열된 세로 방향의 실이고, 위사(씨실)는 직물의 폭방향으로 걸쳐 진 가로 방향의 실이다. 직물의 위사 방향은 경사 방향에 비해 강도는 약하며, 신축성이 크고, 경사는 위사에 비해 꼬임이 많은 실이 사용되므로, 경사 방향이 위사 방향보다 경직된다. 또한 제직 시에 경사는 장력을 받고, 그후의 정리·가공 시에도 주로 경사 방향에 장력이 작용하고 있기 때문에 완성된 직물은 경사 방향으로 더 많이 수축된다.

27 다음 중 직물의 삼원조직이란?

① 평직, 사직, 능자직 ② 능직, 사직, 중합직 ③ 평직, 능직, 수자직 ④ 평직, 수자직, 사직

해설 직물의 조직 중 기본이 되는 평직, 능직, 수자직을 삼원조직이라 한다.

28 다음의 〈보기〉와 관계가 깊은 조직은?

> 보기 평직에 비해 실의 자유도가 커서 유연하며, 조직점이 사선 방향으로 연결되어 사문선을 나타낸다.

① 능직 ② 수자직 ③ 바스켓직 ④ 태비직

해설 능직(사문직) : 경사 또는 위사가 계속하여 2올 또는 그 이상의 올이 업·다운으로 교차되어 조직점이 사선 방향으로 연결되어 있어 조직점이 능선(사문선)을 나타내며, 이 능선이 위사와 이루는 각을 능선각이라 한다.

29 다음 중 수자직의 특성으로 볼 수 없는 것은?

① 마찰강도가 강하다. ② 구김이 덜 생겨 장식 효과가 좋다.
③ 광택이 좋고 매끄럽다. ④ 굴곡이 적고 부드럽다.

해설 수자직의 특징
- 조직점이 적고 띄엄띄엄 있으며, 실의 굴곡이 가장 적어서 부드럽고 매끄러워 광택이 좋다.
- 조직점이 적어서 구김이 덜 생기고 장식효과가 좋다.
- 강도 특히 마찰에 약해서 실용적이지 않다.
- 수자직물에는 공단, 도스킨, 비니션이 있다.

30 다음 중 능직만으로 묶인 것은?

① 진, 서지, 버버리, 공단 ② 그로그레인, 포플린, 브로드
③ 드릴, 진, 브로드, 당목 ④ 진, 데님, 서지, 개버딘

해설 능직 : 경사 또는 위사 중 어느 것이 2올 또는 그 이상씩 교차하여 직조한 것으로 조직점이 능선으로 나타나는 것으로 사문직이라고도 하며, 드릴, 진, 데님, 버버리, 서지, 개버딘, 슈러, 헤링본 등이 있다.

31 다음 중 평직과 사직이 일정한 간격으로 배합되고 가로선이 나타나며 견 외에 합성섬유도 사용되고 생사로도 제작되는 것은?

① 항라   ② 숙고사   ③ 데님   ④ 갑사

해설 항라 : 평직과 사직이 일정한 간격으로 배합되어 가로선이 나타나는 직물이며, 평직부분의 위사 올 수에 따라 삼월려, 오월려 등으로 구분한다. 견 외에 합성섬유도 사용되며 생사로 촘촘히 짠 것을 당항라, 중간에 무늬가 있는 것을 문항라라고 부른다.

32 다음 중 편성물의 게이지(gauge)에 대한 설명으로 적합한 것은?

① 루프의 형태와 크기를 나타내며, 수치가 큰 것이 강도가 크다.
② 편성물의 신축성을 나타내는 데 사용되는 지수이다.
③ 편성기 전체에 있는 편침 밀도로 값이 클수록 느슨한 편성물이다.
④ 직물에서의 밀도와 같은 것으로 값이 클수록 조밀한 편성물이다.

해설 편성물의 게이지(gauge) : 직물에서의 밀도에 해당하는 것으로 편성기의 단위 너비 사이에 있는 편침 밀도로 정의할 수 있다. 즉 게이지값이 클수록 편성물의 밀도는 커 조밀한 편성물이 된다.

33 다음의 〈보기〉가 설명하고 있는 옷감은?

보기 가볍고 통기성이 좋으며, 절단부분이 풀리지 않아 솔기처리가 필요하지 않지만 강도나 유연성은 부족하여 일반의복보다 심감, 위생용품 등에 널리 쓰인다.

① 부직포   ② 브레이드   ③ 접합포   ④ 레이스

해설 부직포 : 방적, 제직, 편성을 거치지 않고 화학적 또는 기계적인 처리에 의하여 섬유를 시트(sheet)상으로 접착시켜 만든 옷감을 말한다. 부직포는 가볍고 통기성, 보온성, 형체안정성이 우수하며 절단된 부분이 풀어지지 않는 등 장점이 인정되어 그 용도가 확대되고 있다.

34 다음 중 아세테이트 직물의 가공에 대한 설명으로 옳지 않은 것은?

① 아세테이트 직물은 열, 알칼리 및 강산, 장력에 약하므로 가공 조건을 선정함에 있어서 세심한 주의가

필요하다.
② 습열 처리에서는 75℃ 이하로, 건열 처리에서는 160℃ 이하로 조건 설정해주는 것이 좋다.
③ 아세테이트는 가소성이 좋으므로 직물을 펼친 상태로 가공하는 것이 바람직하다.
④ 정련, 표백, 큐어링이 끝난 직물은 디커타이징이나 캘린더링으로 광택을 낸다.

해설 아세테이트 직물은 90℃ 이상의 고열에 강도 저하와 광택의 손실이 있으므로 습열 처리에서는 85℃ 이하로, 건열 처리에서는 140℃ 이하로 조건을 설정해주는 것이 좋다.

35 다음 중 모직물을 축융·기모하여 표면의 털을 조밀하게 일으켜 세운 다음 일정한 길이로 잘라서 표면을 가지런하게 정리하는 가공법은?

① 냅 가공   ② 샌딩 가공   ③ 벨벳 가공   ④ 벨루어 가공

해설 벨루어 가공(velour finish) : 모직물을 축융·기모하여 표면의 털을 조밀하게 일으켜 세운 다음 일정한 길이로 잘라서 표면을 가지런하게 정리하는 가공법이다.

36 다음 중 면이나 마직물에 액체 암모니아 처리를 하고 직물의 길이 방향으로 압축하여 세탁에 의한 수축을 방지하고 탄력을 주는 가공방법은?

① 리그멜 가공   ② 샌퍼라이즈 가공   ③ DP 가공   ④ 세리신 수축 가공

해설 샌퍼라이즈 가공 : 면이나 마직물에 액체 암모니아 처리를 하고 직물의 길이 방향으로 압축하여 세탁에 의한 수축을 방지하는 가공이다.

37 착색제 중 안료와 염료의 차이에 대한 설명으로 옳은 것은?

① 안료는 여러 가지 섬유에 쉽게 염색된다.
② 안료는 바인더로 섬유에 고착시켜야 한다.
③ 안료는 물에는 잘 녹지만, 용제에는 잘 녹지 않는다.
④ 안료는 침염에, 염료는 날염에 주로 쓰인다.

해설 염색에 쓰이는 착색제로서 염료와 안료가 있는데, 전자는 일반적으로 물에 용해 또는 분산하여 섬유에 친화력이 있어 염착되는 것이고, 후자는 물에 불용성이고 친화력이 없으므로 합성수지, 글루(glue), 대두즙, 난단백 등과 같은 섬유와의 결합제(binder)로 섬유에 결합시켜 염색의 목적을 달성한다.

38 다음 중 침염과 날염에 대한 설명으로 가장 적합한 것은?

① 침염은 일반적으로 무지염을, 날염은 무늬를 나타낸다.

② 침염은 값싼 염색법이나 날염은 비싼 염색법이다.
③ 침염은 염료를, 날염은 안료를 사용하는 것이다.
④ 침염은 상온에서 하지만 날염은 항상 고온에서 해야 한다.

해설 날염 : 착색제, 염색용 약제, 염색매체, 호료 등으로 만들어지는 날염호를 원하는 무늬로 음각한 날염 롤러나 원하는 무늬대로 액이 통과할 수 있게 마련된 형지, 스크린 등을 써서 피염물에 날인한 뒤 건조하고 수증기로 가열하여 염착시킨 다음 수세하여 착색제 이외의 물질을 제거해 주는 염색법이다.

39 다음 중 섬유와 주된 사용 염료가 바르게 나열된 것은?

① 면섬유, 직접염료　② 견섬유, 배트염료　③ 아세테이트, 산성염료　④ 모섬유, 직접염료

해설 직접염료 — 섬유소섬유(면섬유), 산성염료 — 양모섬유, 염기성염료 — 아크릴 섬유

40 다음 중 천연 피혁의 단점에 해당되지 않는 것은?

① 물에 젖으면 탈색, 수축, 경화가 일어난다.　② 곰팡이가 생기기 쉽다.
③ 무겁고 냄새가 난다.　④ 광택이 나쁘다.

해설 천연 피혁의 장·단점 : 주름의 형태나 굴곡진 부위의 둥근 모양새가 매우 자연스럽고 광택이 우수하나, 무겁고 냄새가 나며 곰팡이가 생기기 쉽고 물에 젖으면 탈색, 수축, 경화가 일어나기 쉬워 드라이클리닝을 해야 한다.

정답 35.④ 36.② 37.② 38.① 39.① 40.④

제2회 모의고사

1 다음 중 나일론, 스판덱스, 폴리에스테르 등은 어떤 중합체로 된 섬유들인가?

① 공중합체　　② 망상중합체　　③ 부가중합체　　④ 축합중합체

해설 합성중합체는 중합의 방법에 따라 축합중합체와 부가중합체로 나누어진다. 나일론·폴리에스테르·스판덱스는 축합중합체 섬유이고, 아크릴·폴리비닐알코올(비닐론)·폴리프로필렌 등은 부가중합체 섬유이다. 공중합체란 단독중합체의 상대적인 개념으로 한 가지 단량체만을 사용하는 것이 아니고, 두 가지 이상의 단량체를 같이 혼합하여 만든 중합체를 말한다.

2 다음 중 섬유가 비결정부분을 많이 가질 경우 섬유에 나타나는 특성은?

① 신도가 작아지지만, 탄성률이 커진다.　　② 탄성률과 탄성이 좋아진다.
③ 강도와 탄성률이 커진다.　　④ 염색성, 흡습성이 좋다.

해설 섬유 내에 결정이 발달되어 있으면 섬유의 강도와 탄성률이 커지며, 비결정부분이 많으면 신도가 커진다. 또 섬유내에 비결정부분이 많으면 흡습성, 염색성 등이 좋아진다.

3 다음 중 필라멘트 섬유로 된 직물의 특성으로 가장 알맞은 것은?

① 매끈하고 두껍고 부드럽다.　　② 함기량이 많아 보온성이 좋다.
③ 부드럽고 함기량이 많다.　　④ 매끈하고 광택이 좋다.

해설 필라멘트 파이버 : 견섬유와 같이 무한히 긴 섬유로 치밀하며 광택이 좋고 촉감이 차다.

4 다음 중 섬유의 신도를 표시하는 단위는?

① %　　② denier　　③ g/d　　④ tex

해설 신도는 섬유에 절단하중이 가해졌을 때, 섬유가 절단되기까지 늘어나는 길이를 원섬유의 길이의 백분율(%)로 나타낸 것이다.

5 다음 중 섬유 제품을 열고정(heat set)하는 데 필요한 소재의 성질은 어느 것인가?

① 대전성　　② 강도　　③ 내열성　　④ 열가소성

해설 섬유의 열가소성은 열과 힘의 작용으로 영구적인 변형이 생기게 하는 것으로 열고정이 가능한 이유가 된다.

6 의복을 착용할 때 안감과 겉감이 서로 달라붙어 문제가 되는 경우 재료의 어떤 성질이 중요하게 관여하는가?

① 난연성　　　② 대전성　　　③ 내추성　　　④ 내일광성

해설 섬유가 대전되면 속옷과 겉옷이 달라붙고, 오염이 잘되고 세탁에 의해서도 깨끗이 오염이 제거되지 않으며, 옷을 입거나 벗을 때 방전하여 불쾌하게 느끼게 한다. 섬유의 대전성은 섬유 자체의 화학적 조성에도 관계가 있으나 섬유의 흡습성과 밀접한 관계가 있어 대체로 흡습성이 작은 섬유일수록, 대기가 건조할수록 대전이 심하게 나타난다.

7 다음 중 면섬유 형태에 대한 설명으로 옳지 않은 것은?

① 중앙에는 중공이 있다.　　　② 표면에 스케일이 있다.
③ 천연 꼬임을 가졌다.　　　④ 단면은 편평에 가까운 관상이다.

해설 ②에서 표면에 스케일이 있는 것은 양모이다.

8 다음 중 어떤 셀룰로스를 현미경으로 관찰하였더니 단면이 다각형 모형을 갖고 있었으며 중심에 작은 점이 보였다면 이 섬유는?

① 아마　　　② 견　　　③ 양모　　　④ 면

해설 단면의 형태가 다각형이며 중심에 중공을 가진 것은 아마이다.

9 다음 중 축융성(felting) 때문에 사용, 관리에 있어 특별히 유의해야 할 섬유는?

① 아라미드　　　② 견　　　③ 양모　　　④ 폴리우레탄

해설 양모섬유를 현미경으로 보면 가장 밖에 스케일이라는 표피층이 있다. 이 스케일은 고기비늘 모양의 각질세포로 되어 있어 섬유 내부를 보호한다. 또한 섬유 사이의 마찰을 크게 해서 방적성을 좋게 해주지만 양모섬유가 축융되는 원인이 되기도 한다.

10 다음 중 견섬유의 단면 형태가 섬유의 특성에 미치는 영향을 가장 잘 설명한 것은?

① 원형 단면 - 큰 신도와 부드러운 촉감　　② 원형 단면 - 큰 강도와 투명성
③ 삼각 단면 - 투명성과 부드러운 촉감　　④ 삼각 단면 - 우아한 광택과 좋은 촉감

해설 정련견의 단면은 삼각형에 가까운데 견의 우아한 광택과 촉감이 좋은 원인이 이 삼각형의 단면에서 기인되고 있다.

정답 1.④　2.④　3.④　4.①　5.④　6.②　7.②　8.①　9.③　10.④

11 다음의 〈보기〉가 설명하는 섬유는?

> **보기** 매끄럽고 광택이 좋으며, 표면 전기의 발생도 없어 안감으로 널리 쓰이며, 합성섬유와 혼방하여 일반 의복용으로 널리 쓰이는 섬유이지만 습윤 강도는 아주 낮다.

① 면 ② 아세테이트 ③ 나일론 ④ 레이온

해설 레이온은 의류 및 실내 장식용으로 널리 사용된다. 매끄럽고 광택이 좋을 뿐 아니라 표면전기의 발생도 없으므로 안감으로 가장 우수한 섬유이다. 레이온은 내구성이 좋지 못해서 물과 약품이 자주 접하는 곳, 예를 들면, 어망, 로프, 또는 빨아야 하는 속옷 등에는 적합하지 못하다.

12 다음 중 아세테이트 섬유의 특성을 가장 잘 설명한 것은?

① 좋은 드레이프성과 부드러운 촉감을 가진다.
② 셀룰로스의 수산기가 아세틸화되어 친수성이 증가한다.
③ 현재 사용되는 섬유 중 내일광성이 가장 우수하다.
④ 구김이 전혀 생기지 않고, 열에 아주 강하다.

해설 아세테이트섬유의 단면은 주름이 잡혀 있기는 하나 비스코스레이온처럼 날카롭지 않고 둥글기 때문에 촉감이 비스코스레이온보다 부드럽다.

13 다음 중 피복 재료용 섬유로서 나일론의 가장 두드러진 특성은?

① 탄성과 리질리언스가 좋지 않다. ② 직접염료로 염색된다.
③ 마찰강도가 크다. ④ 내일광성이 좋다.

해설 나일론은 신도가 크고 마찰강도가 큰 것이 특성이다. 대체적으로 초기 탄성률이 낮아 부드럽지만 옷이 쳐지므로 정장 옷감 직물로는 적당하지 않다.

14 다음의 〈보기〉와 같은 특성을 가진 섬유로 적합한 것은?

> **보기**
> • 내일광성이 가장 좋은 섬유이다.   • 열에 대한 준안전성을 가진다.
> • 아크릴로니트릴 85% 이상과 15% 이하의 다른 단량체로 된 공중합체로 만들어진 섬유이다.

① 폴리우레탄 ② 폴리에스테르 ③ 나일론 ④ 아크릴

해설 아크릴섬유는 가볍고 부드러워서 널리 쓰이며 내일광성이 특히 좋다. 아크릴섬유는 열에 대한 준안정성을 가지고 있어 하이벌크사를 얻을 수 있다.

15 무기섬유에 해당하는 것은?

① 유리섬유　　② 레이온　　③ 아세테이트　　④ 폴리우레탄

해설 무기섬유에는 암면, 유리섬유, 금속섬유, 탄소섬유 등이 있다.

16 다음 면사(綿絲) 중 가장 가늘고 섬세한 것은 무엇인가?

① 10수　　② 20수　　③ 30수　　④ 40수

해설 실의 굵기를 나타내는 표시 방식으로는 40's(40수), 80's(80수) 등으로 표시되는 영국식 변수가 있고, 데니어(denier), 텍스(tex) 등으로 표시되는 미터법 방식이 있다. 영국에서 산업 혁명이 시작되면서, 오늘날 전 세계가 사용하는 면사 표기 방식은 영국의 방직공장에서 만들어졌다. 10수, 20수, 30수, 40수 등으로 표시되고, 숫자가 많을수록 가늘어진다.

17 무게 1파운드의 면사의 길이를 재어보니 16,800야드였다. 이 면사의 번수는?

① 2번수　　② 4번수　　③ 20번수　　④ 40번수

해설 면사에는 항중식 굵기표시법을 사용하며, 1파운드의 섬유에서 8400야드의 실을 뽑았을 때 1번수라고 한다. 따라서 1파운드의 면사의 길이가 16,800야드라면 이 실은 20번수이다. 번수는 데니어와 달리 숫자가 커질수록 가늘어지는데 반해 데니어는 숫자가 커질수록 실이 굵어진다.

18 다음 중 카딩(carding)이란 어떤 공정인가?

① 섬유에 꼬임을 주는 공정　　② 섬유를 방사하는 공정
③ 섬유를 빗질하는 공정　　④ 섬유를 뽑아 늘리는 공정

해설 카딩(carding) : 섬유를 빗질하여 불순을 제거하고 엉킨 섬유를 평행 방향으로 늘려서 배열해야 한다. 이 공정을 카딩(carding)이라고 한다.

19 다음 중 면사를 만들 때 정소면 공정을 거친 실의 특성으로 가장 알맞은 것은?

① 실이 한층 더 섬세하고 품질이 우수하다.　　② 실의 굵기가 더 굵고 강하다.
③ 실은 강하지만 가격이 더 저렴하다.　　④ 실은 약하지만 광택이 좋다.

해설 카드사와 코머사는 모두 면사로 면사 제조 공정 중 정소면 과정을 거친 실을 코머사(combed yarn)라고 하는 반면, 소면 공정만을 거친 실을 카드사(carded yarn)라고 한다. 대체로 정소면 공정에서는 10~30%의 낙면이 생기므로 코머사는 카드사보다 가격이 비싸진다.

정답 11.④　12.①　13.③　14.④　15.①　16.④　17.③　18.③　19.①

20 다음 중 하이벌크사 제조용 섬유로 가장 알맞은 것은?

① 폴리우레탄　　② 나일론　　③ 양모　　④ 아크릴

해설 하이벌크사는 함기량이 많은 인조섬유 방적사를 총칭하는 말이다. 주로 아크릴섬유로부터 만들어지는데 퍼록 방법이나 패시픽 컨버터에 열연신장치를 붙여서 만들 수 있다. 하이벌크 아크릴 섬유사는 편성물을 만드는 데 주로 사용된다.

21 다음 중 옷감의 구성 방법이 나머지 셋과 다른 옷감은?

① 브레이드　　② 편성물　　③ 부직포　　④ 레이스

해설 옷감의 구성방법에 따른 분류
- 실로 만든 옷감 : 직물, 편성물, 레이스, 브레이드
- 섬유로부터 직접 구성된 옷감 : 펠트, 부직포
- 원료중합체로 직접 만든 옷감 : 플라스틱 필름, 인조가죽, 스폰지(폼)

22 다음 중 옷감의 수축을 방지하기 위한 가공에 해당되지 않는 것은?

① 런던 슈렁크　　② 염소 처리법　　③ 퍼머넌트 프레스 가공　　④ 샌퍼라이징

해설 ①, ②, ④는 방축가공이고, ③은 구김방지가공이다.

23 다음 중 섬유제품에 대해 곰팡이의 발생 및 땀, 오염에 의한 악취 발생을 방지하는 가공은?

① 방축가공　　② 오염가공　　③ 방충가공　　④ 위생가공

해설 위생가공 : 섬유제품에 대해 곰팡이의 발생과 땀, 오염에 의한 나쁜 냄새의 발생을 방지하거나, 흡습성이 적은 섬유의 흡수성을 증가시키는 가공 등을 말한다.

24 다음 중 직물에서 식서(selvage)의 역할은?

① 원재료와는 다른 섬유를 사용해야 한다.
② 직물의 가격은 식서에 따라 결정된다.
③ 직물의 짜임새, 즉 촘촘한 정도를 나타낸다.
④ 제직, 가공, 정리시에 양쪽에서 당기는 힘에 견딘다.

해설 식서 : 직물 가장자리에 5mm 정도의 너비를 가진 촘촘한 부분으로 직물의 제직, 가공, 정리시에 양쪽에서 당기는 힘은 이 부분에 걸리게 된다.

25 다음 중 광목이나 깅엄 등 평직의 조직 특성으로 가장 알맞은 것은?

① 제직이 간단하며 튼튼하고 실용적이다.
② 직물 표면의 왼쪽 아래에서 오른쪽 위로 사선이 나타난다.
③ 조직점은 가능한 한 적게 하여 연결시킨다.
④ 매우 반짝거리며 아주 부드럽다.

해설 평직 : 조직점이 가장 많은 직물로, 광목, 깅엄, 니농, 당목, 덕, 디미티, 론, 보일, 브로드 클로스, 쉬엔통, 오건디, 옥스포드 등이 있는데, 평직의 특징은 다음과 같다.
- 조직점이 많아서 실의 자유도가 작으므로 구김이 잘 생긴다.
- 조직점이 많아서 경직하다.
- 조직점이 많아서 강하고 실용적이다.
- 제직이 간단하다.
- 쉽게 변화하는 직물을 얻을 수 있다.
- 표면이 좀 거칠고 광택이 나쁘다.
- 겉과 안이 동일하다.

26 다음 중 하나의 개구에 두 올 또는 그 이상을 함께 넣어 제작하는 것으로 위사방향 또는 경사방향의 이랑이 나타나는 것은?

① 사문직   ② 주자직   ③ 두둑직   ④ 주야 수자직

해설 두둑직 : 위사를 2올 또는 그 이상을 투입하면 위사방향의 이랑이 나타나고(경두둑직), 경사를 2올 또는 그 이상을 나란히 업·다운시키면 경사방향의 이랑이 나타난다(위두둑직).

27 다음 그림과 같은 조직으로 된 옷감 이름끼리 나열된 것은?

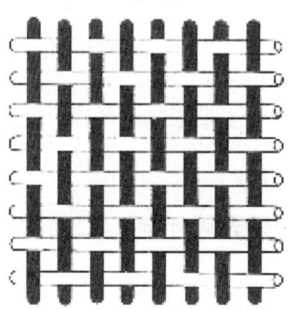

① 광목, 깅엄   ② 공단, 광목   ③ 개버딘, 광목   ④ 광목, 서지

해설 평직 : 제직이 간단하고 조직점이 많으며, 강하고 실용적인 조직으로, 광목, 깅엄, 니농, 당목(唐木), 덕, 디미티, 론, 보일, 브로드클로스, 쉬엔통, 오건디, 옥스포드, 옥양목, 태피터, 그로그레인, 포플린, 하부타에, 홈스펀 등이 있다.

정답 20.④ 21.③ 22.③ 23.④ 24.④ 25.① 26.③ 27.①

28 다음 중 양단, 다마스크 등과 같이 복잡하고 화려한 무늬를 나타내기 위한 제직 장치는 무엇인가?

① 족답직기　　② 바디　　③ 자카드직기　　④ 도비직기

해설 자카드직기 : 큰 무늬, 곡선의 표현 등을 위하여 사용되는 직기로서, 종광틀을 사용하지 않고 하나하나의 종광이 독립적으로 상하운동을 하여 무늬를 놓은 것이다. 자카드직기로 만들어지는 대표적인 직물로는 다마스크, 브로케이드, 양단이 있다.

29 다음 중 편성물의 특성에 대한 설명으로 적합한 것은?

① 신축성이 작다.　　② 가볍고 내마찰성이 좋다.
③ 함기율이 대단히 크며 유연하다.　　④ 잘 구겨진다.

해설 편성물은 제조속도가 직물에 비해 매우 빠르며, 부드럽고 유연하다. 또한 신축성도 크고 구김이 잘 안생긴다.

30 방적이나 제직, 편성이 아닌 접착이나 용융에 의해 얻은 옷감은?

① 부직포　　② 편성물　　③ 합성피혁　　④ 펠트

해설 부직포 : 방적, 제직, 편성을 거치지 않고 화학적 또는 기계적인 처리에 의하여 섬유를 시트(sheet)상으로 접착시켜 만든 옷감을 말한다. 부직포는 가볍고 통기성, 보온성, 형체안정성이 우수하며 절단된 부분이 풀어지지 않는 등 장점이 인정되어 그 용도가 확대되고 있다.

31 다음 중 직물에 나뭇결 모양, 파도 모양, 물이 지나간 흔적과 같은 무늬가 나타나게 하는 가공법은?

① 무아레 가공　　② 시레 가공　　③ 슈라이너 가공　　④ 코팅 가공

해설 무아레(moire) 가공 : 직물에 나뭇결 모양, 파도 모양, 물이 지나간 흔적과 같은 무늬가 나타나게 하는 가공법이다.

32 다음 중 직물에 산이나 알칼리 등의 화학약품을 써서 부분적으로 수축시켜 울퉁불퉁한 무늬를 만드는 가공을 무엇이라고 하는가?

① 리플 가공　　② 염축 가공　　③ 가먼트 워싱　　④ 번아웃

해설 리플(ripple) 가공 : 직물에 산이나 알칼리 등의 화학약품을 써서 부분적으로 수축시켜 울퉁불퉁한 무늬를 만드는 가공이다. 특히 만들어진 무늬가 줄무늬인 경우를 플리세(plissé) 가공이라고 한다.

33 다음 중 모직물의 고정 가공의 대표적인 방법에 해당되지 않는 것은?

① 샌퍼라이즈 가공　　② 포팅　　③ 데카타이징　　④ 자융

해설 모직물의 고정 가공의 예 : 자융(crabbing), 데카타이징(decatizing), 포팅(potting, wet decatizing)

34 다음 중 불연성 섬유에 해당되지 않는 것은?

① 석면　　　　② 탄소섬유　　　　③ 유리섬유　　　　④ 나일론

해설 섬유의 연소성 분류
- 불연성 : 유리섬유, 탄소섬유, 금속섬유, 석면
- 내연성 : 테플론, 방향족 폴리아마이드, 난연가공면, 난연레이온
- 난연성 : 염화비닐(PVC), 난연 폴리에스터, 난연나일론, 모다크릴, 난연아크릴, 양모
- 가연성 : 나일론, 폴리에스터
- 이연성 : 아크릴, 아세테이트, 레이온, 면, 마, 견

35 다음 중 옷감 내에 존재하는 불순물을 제거하는 공정을 무엇이라고 하는가?

① 호발　　　　② 정련　　　　③ 표백　　　　④ 날인

해설 정련 : 옷감 내에 존재하는 불순물을 제거하는 공정으로 섬유의 종류에 따라 불순물은 각각 다르다.

36 다음 중 어떤 염료의 명칭 앞에 'extra'라는 기호가 있는 경우 이 염료의 특성으로 적합한 것은?

① 균염성이 높다.　　　　② 염료의 유효분이 적다.
③ 두 가지 색이 나타난다.　　　　④ 순도가 높다.

해설 순도, 곧 염료의 농도를 표시하는 경우 : Extra, Conc, Conz, Strong, O, K, X 등 어느 것이나 순도가 높음을 표시한다.

37 다음 중 염기성염료의 특성에 대한 설명으로 가장 옳은 것은?

① 일광이나 세탁 등 모든 견뢰도가 우수하다.
② 가능한 한 고온에서 염색하는 것이 좋다.
③ 양이온성 물질과 함께 사용하면 침전이 생길 수 있다.
④ 색이 선명하고 색농도가 크다.

해설 염기성염료 : 염색할 때 색이 매우 선명하여, 색농도(色濃度, intensity)가 크다.

정답 28.❸　29.❸　30.❶　31.❶　32.❶　33.❶　34.❹　35.❷　36.❹　37.❹

38 다음 염색방법 중 어떤 직물을 한 가지 색으로 염색해 놓고 발염제를 함유한 날염호로 날인하여 부분적으로 색을 빼내어 무늬를 나타내는 것은?

① 방염날염　　　② 직접날염　　　③ 승화전사날염　　　④ 발염날염

> **해설** 발염날염의 정의 : 섬유품을 발염할 수 있는 염료로 침염으로 염색한 뒤 적절한 발염제를 함유한 날염호로 날인하여 바닥의 색을 빼냄으로써 무늬가 나타나도록 하는 날염법이며, 백색발염과 착색발염이 있다.

39 다음 중 카멜레온 소재를 얻기 위해 사용된 방법이 아닌 것은?

① 블렌드 방사　　　② 마이크로캡슐화　　　③ 침염　　　④ 침지

> **해설** 카멜레온 소재를 얻기 위한 방법 : 블렌드 방사, 마이크로캡슐화, 날염, 침지

40 다음 중 쾌적 지향 소재에 대한 설명으로 틀린 것은?

① 우아한 광택과 드레이프성이 좋다.
② 비나 눈으로부터 의복이 젖지 않게 한다.
③ 움직임 시 인체를 구속하지 않아야 한다.
④ 외부 환경 변화로부터 의복 내 기후를 쾌적하게 유지시켜 준다.

> **해설** 쾌적 지향 소재의 특성
> • 비나 눈으로부터 의복이 젖지 않게 한다.
> • 움직임 시 인체를 구속하지 않아야 한다.
> • 외부 환경 변화로부터 의복 내 기후를 쾌적하게 유지시켜 준다.

정답 38. ④　39. ③　40. ①